백점

BOOK 1 개념북

사회 4·2

구성과 특징

BOOK ❶ 개념북

검정 교과서를 통합한 개념 학습

2022년부터 초등 3~4학년 사회 교과서가 국정 교과서에서 **11종 검정 교과서**로 바뀌었습니다.

'백점 사회'는 **검정 교과서의 개념과 자료를 통합적으로 학습**할 수 있도록 구성하였습니다. 단원별 검정 교과서 학습 내용을 확인하고 **개념 학습, 문제 학습, 마무리 학습**으로 이어지는 3단계 학습을 통해 검정 교과서의 통합 개념을 익혀 보세요.

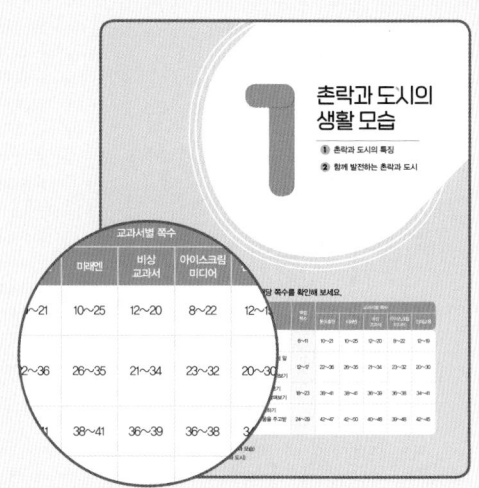

1 개념 학습

◇ 검정 교과서의 내용을 통합한 **핵심 개념**을 익힐 수 있습니다.

◇ **교과서 통합 대표 자료**를 통해 다양한 자료를 학습할 수 있습니다.

◇ QR코드를 통해 개념 이해를 돕는 **개념 강의**가 제공됩니다.

2 문제 학습

◇ **기본 개념 문제**로 개념을 파악합니다.

◇ **교과서 공통 핵심 문제**로 여러 출판사의 공통 개념을 익힐 수 있습니다.

◇ **교과서별 문제**를 풀면서 다양한 교과서의 개념을 학습할 수 있습니다.

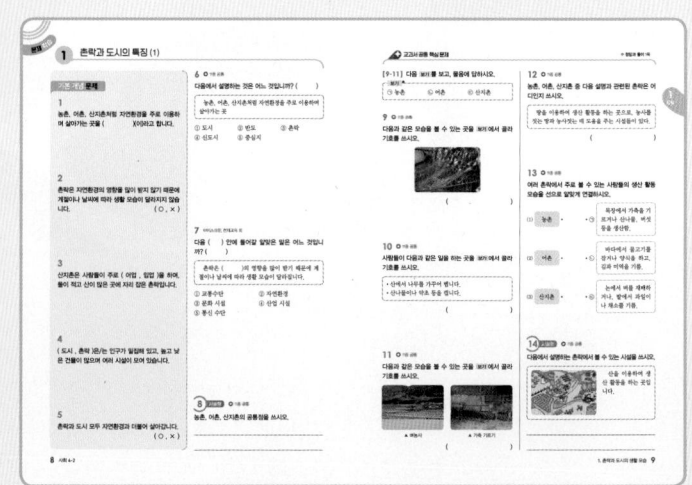

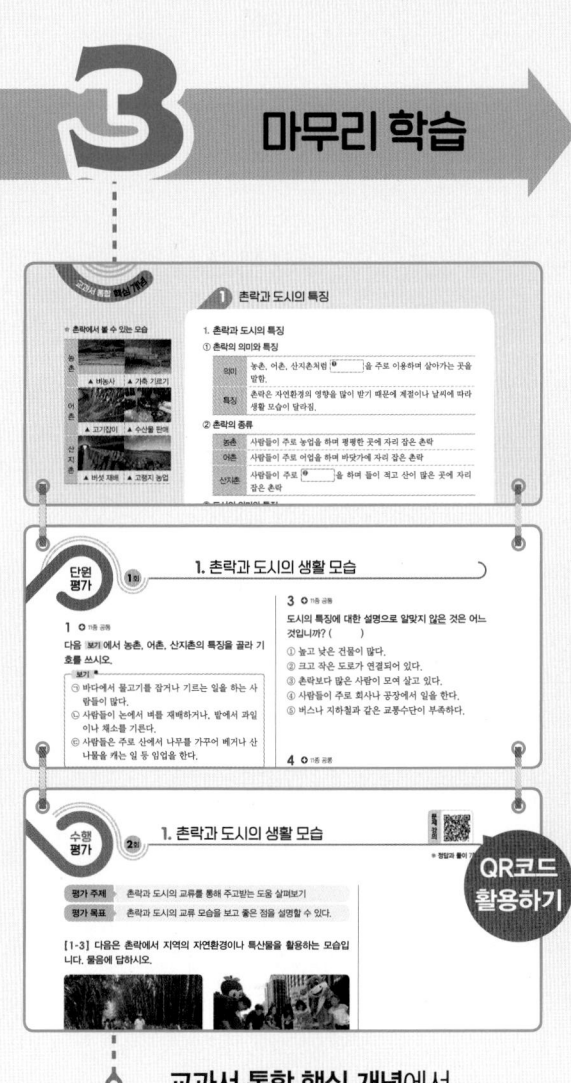

3 마무리 학습

교과서 통합 핵심 개념에서
단원의 개념을 한눈에
정리할 수 있습니다.

단원 평가와 **수행 평가**를 통해
단원을 최종 마무리할 수 있습니다.

BOOK ② 평가북

학교 시험에 딱 맞춘 평가대비

묻고 답하기 / 중단원 평가

묻고 답하기를 통해 핵심 개념을 다시 익히고, 중단원
평가를 통해 자신의 실력을 확인할 수 있습니다.

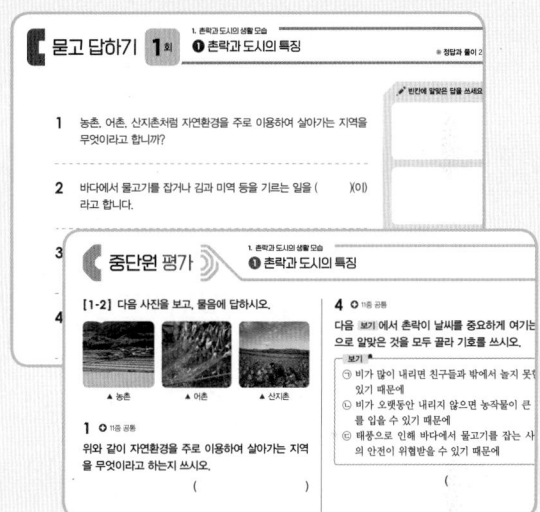

대단원 평가 / 수행 평가

대단원 평가와 수행 평가를 통해 학교 시험에 대비할
수 있습니다.

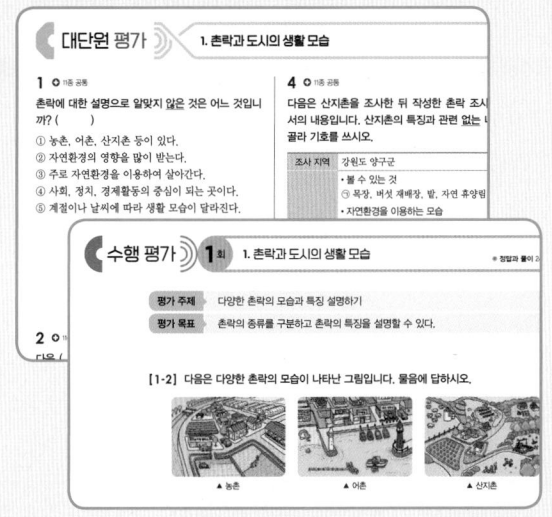

차례

1 촌락과 도시의 생활 모습

1 촌락과 도시의 특징

2 함께 발전하는 촌락과 도시

▶ **단원별 학습 내용과 교과서별 해당 쪽수를 확인해 보세요.**

단원	학습 내용	백점 쪽수	교과서별 쪽수				
			동아출판	미래엔	비상 교과서	아이스크림 미디어	천재교육
1 촌락과 도시의 특징 (1)	• 촌락의 특징 알아보기 • 도시의 특징 알아보기	6~11	10~21	10~25	12~20	8~22	12~19
1 촌락과 도시의 특징 (2)	• 촌락과 도시의 공통점과 차이점 알아보기 • 도시의 문제점과 해결 방안 알아보기	12~17	22~36	26~35	21~34	23~32	20~30
2 함께 발전하는 촌락과 도시 (1)	• 교류의 의미와 필요성 알아보기 • 촌락과 도시의 교류 모습 살펴보기	18~23	38~41	38~41	36~39	36~38	34~41
2 함께 발전하는 촌락과 도시 (2)	• 촌락과 도시의 교류 조사하기 • 촌락과 도시가 서로 도움을 주고받는 모습 조사하기	24~29	42~47	42~50	40~48	39~48	42~45

[단원명이 다른 교과서]

1 단원: 비상교과서(촌락과 도시의 특징과 모습)

2 단원: 교학사(함께 살아가는 촌락과 도시)

1 촌락과 도시의 특징 (1)

개념 강의

1 촌락의 의미와 특징

① **촌락의 의미**: 농촌, 어촌, 산지촌처럼 자연환경을 주로 이용하며 살아가는 곳을 말합니다. ➕

② **촌락의 특징**

- 촌락은 자연환경의 영향을 많이 받기 때문에 계절이나 날씨에 따라 생활 모습이 달라집니다.
- 지역의 자연환경과 사람들이 주로 하는 일에 따라 농촌, 어촌, 산지촌으로 나눌 수 있습니다.

2 촌락의 종류 [자료 1]

농촌	• 사람들이 주로 농업을 하며 평평한 곳에 자리 잡은 촌락임. • 사람들이 논에서 벼를 재배하거나, 밭에서 과일이나 채소를 기름. 또한 소, 돼지, 닭 등 가축을 기르거나, 특산품을 활용해 농촌 체험 활동이나 축제를 꾸림.
어촌	• 사람들이 주로 어업을 하며 바닷가에 자리 잡은 촌락임. • 사람들이 물고기를 잡거나 양식을 하는 등 바다를 이용해 생산 활동을 함. 또한 어촌의 특색을 살려 체험 행사를 열거나 축제를 개최함.
산지촌	• 사람들이 주로 임업을 하며 들이 적고 산이 많은 곳에 자리 잡은 촌락임. • 사람들이 목장을 만들어 가축을 기르거나 밭농사를 지음. 또한 산나물, 버섯, 약초, 목재, 석탄 등을 생산하고 캠핑장이나 스키장에서 일함.

3 도시의 의미와 특징

① **도시의 의미**: 사람들이 모여 살며 사회, 정치, 경제활동의 중심이 되는 곳을 말합니다. ➕

② **도시의 특징**

- 인구가 밀집해 있고 높고 낮은 건물이 많습니다.
- 여러 시설과 공공 기관 등이 모여 있습니다.
- 문화 시설이 많아서 사람들이 취미 생활과 여가 생활을 할 수 있습니다.
- 버스나 지하철 등이 잘 갖춰져 있어서 교통이 편리합니다.

③ **도시에 사는 사람들이 하는 일**

- 사람들이 주로 회사나 공장에서 일을 합니다.
- 대형 할인점이나 문화 시설 등에서 사람들의 생활을 편리하게 해 주는 일을 하기도 합니다.

4 촌락과 도시 비교하기 [자료 2] → 디지털 영상 지도, 지도, 지역 사진 등을 이용해 촌락과 도시의 모습을 살펴볼 수 있어요.

공통점	• 여러 사람이 모여 삶. • 모두 자연환경과 더불어 살아감.
차이점	• 촌락에는 높은 건물이 적고, 도시에는 높은 건물이 많음. • 촌락보다 도시에 사람들이 많이 삶.

➕ 다양한 촌락의 모습

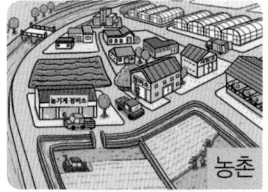
농촌

어촌

산지촌

➕ 도시의 다양한 모습

▲ 밀집한 인구

▲ 편리한 교통

도시에서는 좁은 땅에 많은 사람이 모여 살고 있기 때문에 높은 건물과 아파트 등이 많습니다. 또한 버스나 지하철과 같은 교통수단이 발달했습니다.

용어 사전

- **농업** 논과 밭에서 곡식이나 채소를 기르는 일.
- **특산품** 어떤 지역에서 특별히 생산되는 물품.
- **어업** 바다에서 물고기를 잡거나 김과 미역 등을 기르는 일.
- **양식** 물고기나 해조, 버섯 따위를 인공적으로 길러서 번식하게 함.
- **임업** 산에서 나무를 가꾸어 베거나 산나물을 캐는 일.

자료 1 다양한 촌락에서 볼 수 있는 모습

농촌	▲ 벼농사	▲ 가축 기르기	▲ 과일 재배
어촌	▲ 고기잡이	▲ 수산물 판매	▲ 소금 생산
산지촌	▲ 버섯 재배	▲ 고랭지 농업	▲ 목장 운영

▶ 촌락은 자연환경과 인문 환경, 사람들이 주로 하는 일 등에서 공통점과 차이점이 있습니다.

┗ 다른 지역에 비해 서늘한 산지촌의 여름철 기후를 이용해 감자나 배추 등을 재배하는 농업이에요.

자료 2 촌락과 도시 비교하기

구분	촌락	도시
모습		
집의 모양	낮은 집이 많으며, 마을 규모가 작고 집들이 흩어져 있는 경우가 많음.	아파트와 높은 건물이 많으며, 사람들이 사는 지역을 계획적으로 만든 곳이 많음.
사람들이 하는 일	주로 자연환경을 이용해 농업, 어업, 임업을 하는 사람들이 많음.	주로 회사나 공장에서 일하는 사람들이 많음.
땅의 이용 모습	논과 밭, 산과 나무 등이 많으며 넓은 면적의 땅을 드문드문 이용하는 모습이 나타남.	높은 건물 등을 중심으로 좁은 면적의 땅을 다양한 방법으로 이용하는 모습이 나타남.
대중교통 이용 모습	대중교통을 적게 이용함.	버스, 지하철, 기차 등 다양한 대중교통을 이용함.

▶ 촌락과 도시를 비교하려면 집의 모양, 사람들이 하는 일, 땅의 이용 모습, 대중교통 이용 모습 등을 살펴볼 수 있습니다.

• 우리나라 주요 도시의 위치

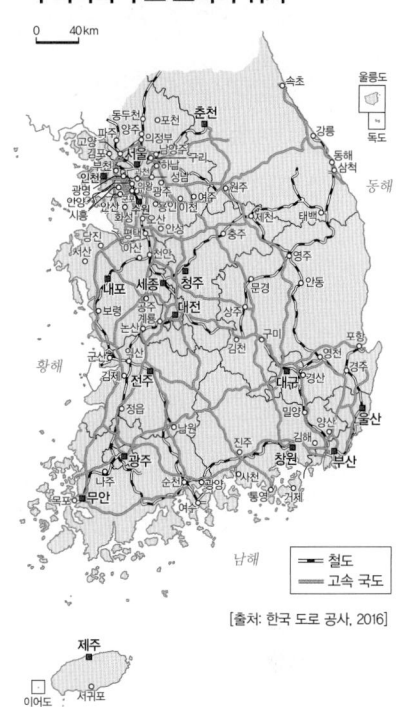

[출처: 한국 도로 공사, 2016]

우리나라의 주요 도시들은 주로 평평한 곳에 위치합니다. 또한 주로 교통로와 가까운 곳에 도시가 위치합니다.

• 촌락과 도시에서 볼 수 있는 모습

▲ 촌락

▲ 도시

촌락과 도시 모두 사람들이 생활하는 데 필요한 시설이 있습니다. 하지만 지역마다 조금씩 모습이 다릅니다.

1 촌락과 도시의 특징 (1)

기본 개념 문제

사회 4-2

1

농촌, 어촌, 산지촌처럼 자연환경을 주로 이용하며 살아가는 곳을 (　　　　)(이)라고 합니다.

2

촌락은 자연환경의 영향을 많이 받지 않기 때문에 계절이나 날씨에 따라 생활 모습이 달라지지 않습니다. 　　　　　　　　　　(○ , ×)

3

산지촌은 사람들이 주로 (어업 , 임업)을 하며, 들이 적고 산이 많은 곳에 자리 잡은 촌락입니다.

4

(도시 , 촌락)은/는 인구가 밀집해 있고, 높고 낮은 건물이 많으며 여러 시설이 모여 있습니다.

5

촌락과 도시 모두 자연환경과 더불어 살아갑니다. 　　　　　　　　　　(○ , ×)

6 ➕ 11종 공통

다음에서 설명하는 것은 어느 것입니까? (　　　)

> 농촌, 어촌, 산지촌처럼 자연환경을 주로 이용하며 살아가는 곳

① 도시　　　　② 반도　　　　③ 촌락
④ 신도시　　　⑤ 중심지

7 아이스크림, 천재교육 외

다음 (　　) 안에 들어갈 알맞은 말은 어느 것입니까? (　　　)

> 촌락은 (　　　　)의 영향을 많이 받기 때문에 계절이나 날씨에 따라 생활 모습이 달라집니다.

① 교통수단　　　　　② 자연환경
③ 문화 시설　　　　　④ 산업 시설
⑤ 통신 수단

8 서술형 ➕ 11종 공통

농촌, 어촌, 산지촌의 공통점을 쓰시오.

_____

_____

_____

[9-11] 다음 보기 를 보고, 물음에 답하시오.

> 보기
> ㉠ 농촌　　　　㉡ 어촌　　　　㉢ 산지촌

9 ➕ 11종 공통

다음과 같은 모습을 볼 수 있는 곳을 보기 에서 골라 기호를 쓰시오.

(　　　　　　)

10 ➕ 11종 공통

사람들이 다음과 같은 일을 하는 곳을 보기 에서 골라 기호를 쓰시오.

> • 산에서 나무를 가꾸어 벱니다.
> • 산나물이나 약초 등을 캡니다.

(　　　　　　)

11 ➕ 11종 공통

다음과 같은 모습을 볼 수 있는 곳을 보기 에서 골라 기호를 쓰시오.

▲ 벼농사 　　　　　　 ▲ 가축 기르기

(　　　　　　)

12 ➕ 11종 공통

농촌, 어촌, 산지촌 중 다음 설명과 관련된 촌락은 어디인지 쓰시오.

> 땅을 이용하여 생산 활동을 하는 곳으로, 농사를 짓는 땅과 농사짓는 데 도움을 주는 시설들이 있다.

(　　　　　　)

13 ➕ 11종 공통

여러 촌락에서 주로 볼 수 있는 사람들의 생산 활동 모습을 선으로 알맞게 연결하시오.

(1) 농촌 • 　　　　• ㉠ 목장에서 가축을 기르거나 산나물, 버섯 등을 생산함.

(2) 어촌 • 　　　　• ㉡ 바다에서 물고기를 잡거나 양식을 하고, 김과 미역을 기름.

(3) 산지촌 • 　　　　• ㉢ 논에서 벼를 재배하거나, 밭에서 과일이나 채소를 기름.

14 서술형 ➕ 11종 공통

다음에서 설명하는 촌락에서 볼 수 있는 시설을 쓰시오.

산을 이용하여 생산 활동을 하는 곳입니다.

15 ⊕ 11종 공통

농촌의 모습과 특징으로 알맞은 내용을 두 가지 고르시오. (　　,　　)

① 농사짓는 땅을 이용하여 생산 활동을 한다.
② 넓은 들판, 강 등의 자연환경을 볼 수 있다.
③ 바다, 갯벌, 모래사장 등의 자연환경을 볼 수 있다.
④ 바다에서 물고기를 잡거나 기르는 일을 하는 사람이 많다.
⑤ 울창한 숲에서 나무를 가꾸어 베거나 산나물을 캐는 일을 한다.

16 서술형 ⊕ 11종 공통

다음과 같은 모습을 볼 수 있는 촌락에 살고 있는 사람들이 하는 일을 한 가지만 쓰시오.

_____

_____

17 ⊕ 11종 공통

도시의 특징으로 알맞지 <u>않은</u> 것은 어느 것입니까?
(　　　)

① 문화 시설이 많다.
② 높고 낮은 건물이 많다.
③ 여러 시설과 공공 기관이 모여 있다.
④ 촌락보다 많은 사람이 모여 살고 있다.
⑤ 버스나 지하철과 같은 교통수단이 부족하다.

18 ⊕ 11종 공통

다음은 우리나라 주요 도시의 위치에 대한 설명입니다. (　　) 안에 들어갈 알맞은 말을 쓰시오.

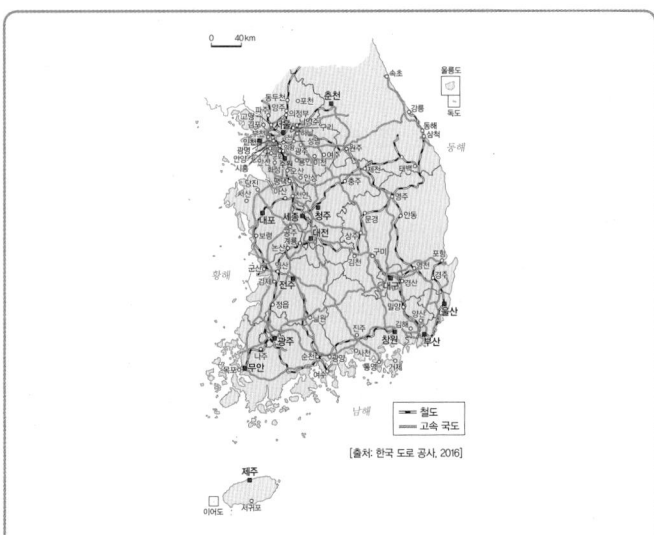

[출처: 한국 도로 공사, 2016]

　우리나라의 주요 도시들은 주로 평평한 곳에 위치합니다. 또한 주로 (　　　)와/과 가까운 곳에 도시가 위치합니다.

(　　　　　　　)

19 ⊕ 11종 공통

다음 보기 에서 도시의 특징을 모두 골라 기호를 쓰시오.

보기
㉠ 다양한 시설　　㉡ 밀집한 인구
㉢ 불편한 교통　　㉣ 경제활동의 중심

(　　　　　　　)

20 서술형 ⊕ 11종 공통

도시에 사는 사람들이 하는 일을 쓰시오.

_____

_____

[21-22] 다음 (가), (나)를 보고, 물음에 답하시오.

(가)

(나)

21 ⊕ 11종 공통

위 (가), (나) 중 도시의 모습이 나타난 사진을 골라 기호를 쓰시오.

(   )

22 서술형 ⊕ 11종 공통

위 두 지역에 사는 사람들의 일하는 모습의 차이점을 쓰시오.

_____

_____

23 미래엔, 비상교과서 외

다음 (   ) 안에 들어갈 알맞은 말에 ○표 하시오.

(도시 , 촌락)에는 많은 사람이 모여 살고 있고, 높고 낮은 건물이 많습니다.

24 ⊕ 11종 공통

촌락과 도시의 공통점을 알맞게 말한 친구를 두 명 골라 이름을 쓰시오.

▲ 현규   여러 사람이 모여 삽니다.

▲ 지영   높은 건물을 쉽게 볼 수 있습니다.

▲ 원희   주로 농업이나 임업을 하는 사람들이 많습니다.

▲ 윤수   사람들이 자연환경과 더불어 살아가고 있습니다.

(   )

25 ⊕ 11종 공통

촌락과 도시의 특징을 선으로 알맞게 연결하시오.

(1) 도시 •

• ㉠ 주로 자연환경을 이용하는 산업이 발달함.

(2) 촌락 •

• ㉡ 물건을 만들거나 편리한 생활을 도와주는 산업이 발달함.

1
단원

1 촌락과 도시의 특징 (2)

1 촌락의 문제점과 해결 방안

① **촌락의 인구 감소**: 도시가 발달하면서 촌락 사람들이 일자리를 찾아 도시로 이동하여 촌락의 인구는 점점 줄어들게 되었습니다. +

② **촌락의 여러 가지 문제** 자료1

- 일을 할 수 있는 사람이 줄어들면서 일손이 부족해졌습니다.
- 외국에서 값싼 농수산물이 들어오면서 농수산물의 가격이 내려가 촌락에 사는 사람들의 수입이 줄어들었습니다.
- 대중교통이나 문화 시설 등 여러 시설의 부족 문제가 발생하고 있습니다.

③ **촌락의 문제를 해결하기 위한 노력**

다양한 기계 이용	다양한 기계를 이용하여 일손 부족 문제를 해결하고 생산량을 늘리기 위해 노력하고 있음.
귀촌 지원	귀촌 박람회나 귀촌 지원 정책 등을 통해 촌락 생활에 관련된 다양한 정보를 제공하고, 귀촌을 하려는 사람들이 촌락에 잘 적응하며 살아갈 수 있도록 적극적으로 지원함.
시설 확충	• 시청이나 군청 등 공공 기관에서는 도시보다 부족한 문화 시설이나 대중교통을 보충하기 위해 노력함. • 폐교나 마을 회관을 정비하여 필요한 시설로 만들기도 함.
품질 좋은 농수산물 생산	품질 좋은 농수산물을 생산하거나, 축제를 활용해 소득을 높이려고 노력함.
체험 프로그램 운영	촌락의 환경을 활용해 다양하고 특색 있는 체험 프로그램을 운영하여 지역을 발전시키고 홍보함.

2 도시의 문제점과 해결 방안

① **도시의 인구 증가**: 전체 인구 중 도시에 사는 인구가 많아지면서 여러 가지 문제가 발생하고 있습니다. + → 편리한 교통, 풍부한 일자리, 다양한 편의 시설 등의 이유로 많은 사람이 도시에 모여 살아요.

② **도시의 여러 가지 문제**: 주택 문제, 교통 문제, 환경 문제, 범죄 문제, 일자리 부족 문제 등이 발생하고 있습니다. 자료2

③ **도시의 문제를 해결하기 위한 노력** 자료3

주택 문제	• 낡은 주택이 모여 있는 지역을 새롭게 정비함. • 높은 건물을 짓거나, 나라에서 주택을 지어 주변보다 낮은 가격에 사람들에게 제공하여 사람들이 쉽게 집을 구할 수 있게 함.
교통 문제	• 버스가 빠르게 다닐 수 있는 전용 차로를 만들고, 차량 2부제와 차량 요일제 등을 실시함. + • 자전거를 편리하게 이용할 수 있도록 도움.
환경 문제	• 쓰레기 처리 시설이나 하수 처리 시설을 늘림. • 자동차에서 나오는 배기가스를 줄이기 위해 친환경 전기 자동차의 보급을 늘림. • 태양열, 풍력 등 자연에서 얻을 수 있는 에너지를 사용하기 위해 노력함.

+ 촌락의 인구 변화

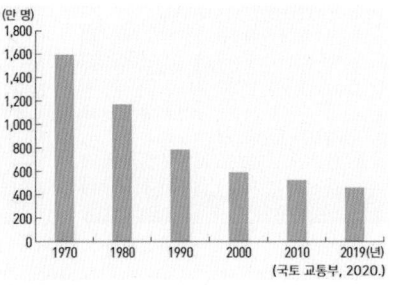

(국토 교통부, 2020.)

촌락의 인구가 점점 감소하고 있습니다. 촌락에서는 젊은 사람들이 일자리를 찾아 도시로 이동하면서 노인 인구가 늘어나고 있습니다.

+ 촌락과 도시의 인구

	촌락 인구	도시 인구	(단위: %)
1970년	50	50	
1980년	31	69	
1990년	18	82	
2000년	12	88	
2010년	9	91	
2019년	8	92	

(국토 교통부, 2020.)

1960년대부터 일자리를 찾아 사람들이 도시로 모이면서 전체 인구 가운데 도시에 사는 인구가 매우 많습니다.

+ 차량 2부제와 차량 요일제

차량 2부제	차량 등록 번호의 끝자리를 홀수와 짝수로 나누어 홀수일에는 홀수 차량만, 짝수일에는 짝수 차량만 운행하는 제도
차량 요일제	일주일 중 하루를 쉬는 날로 정해서 해당 요일에는 차를 운행하지 않는 제도

용어사전

● **귀촌** 도시에 사는 사람이 촌락으로 삶의 터전을 옮기는 일.

● **소득** 일한 결과로 얻은 정신적, 물질적 이익.

● **하수** 빗물이나 집, 공장 등에서 쓰고 버리는 더러운 물.

● **보급** 널리 펴서 많은 사람들에게 골고루 미치게 하여 누리게 함.

자료1 촌락에서 나타나는 어려움

버스가 언제 오려나.

촌락 사람들이 일자리를 찾아 도시로 이동하여 촌락의 인구가 줄어들고 일손이 부족함.	외국에서 값싼 농수산물이 들어와서 촌락에 사는 사람들의 수입이 줄어듦.	대중교통, 문화 시설, 의료 시설 등 여러 시설이 부족하여 생활에 어려움을 겪음.

자료2 도시에서 나타나는 어려움

도시의 인구 증가로 주택이 부족함. 오래되고 낡은 주택이 많음.	도로에 차가 많아서 복잡하고 주차할 공간이 부족함.	공장과 자동차가 늘어나면서 공기와 물이 오염됨. 쓰레기가 많아짐.

자료3 도시 문제 해결을 위한 노력

도시 문제	해결을 위한 노력
▲ 낡고 오래된 주택	▲ 지역 재개발 사업
▲ 교통 혼잡	▲ 버스 전용 차로
▲ 수질 오염	▲ 하수 처리 시설

보충 자료

○ **촌락 문제 해결을 위한 노력**

▲ 농업의 기계화

▲ 귀촌 박람회

▲ 지역 특산물 홍보 축제

▲ 어촌 체험 프로그램

○ **도시의 환경 오염 문제를 해결하기 위한 노력**

개인	• 쓰레기를 직접 분리배출함. • 길거리에 함부로 쓰레기를 버리지 않음. • 쓰레기 줄이기 캠페인을 함.
공공 기관	• 자연에서 얻을 수 있는 에너지를 사용하는 방법을 연구함. • 쓰레기를 무단으로 버리는 사람에게 과태료를 부과함.

1 촌락과 도시의 특징 (2)

기본 개념 문제

1

촌락 사람들이 일자리를 찾아 도시로 이동하면서 촌락에서 사는 사람들이 (늘어나고 , 줄어들고) 있습니다.

2

촌락에서는 일손 부족 문제를 해결하기 위해 도시에서 촌락으로 삶의 터전을 옮기는 (   ) 을/를 지원하고 있습니다.

3

촌락에서는 품질 좋은 농수산물을 생산하여 (   )을/를 높이려고 노력하고 있습니다.

4

우리나라는 전체 인구 중 (도시 , 촌락)에 사는 인구가 많아지면서 여러 가지 문제가 발생하고 있습니다.

5

도시에서는 (교통 , 주택) 문제를 해결하기 위해 낡은 주택이 모여 있는 지역을 새롭게 정비합니다.

6 ➕ 11종 공통

다음 ㉠, ㉡에 들어갈 내용이 알맞게 짝지어진 것은 어느 것입니까? (   )

> 옛날에는 촌락에 많은 사람들이 살았습니다. 그러나 도시가 발달하면서 촌락 사람들이 (㉠) 을/를 찾아 도시로 이동하여 촌락의 (㉡)는 줄어들었습니다.

	㉠	㉡			㉠	㉡
①	주택	인구		②	일손	문제
③	일손	일자리		④	일자리	인구
⑤	일자리	쓰레기				

7 ➕ 11종 공통

다음 자료를 통해 알 수 있는 촌락에서 나타나는 문제는 어느 것입니까? (   )

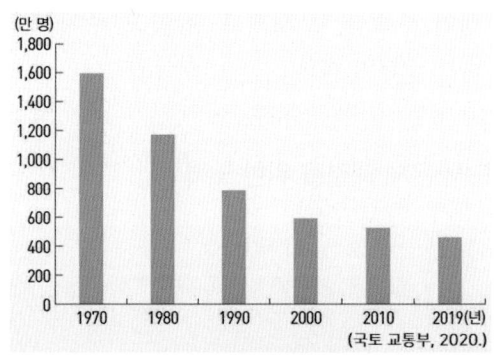

▲ 촌락의 인구 변화

① 소음 문제　　　　② 교통 혼잡 문제
③ 일손 부족 문제　　④ 주택 부족 문제
⑤ 환경 오염 문제

8 서술형 ➕ 11종 공통

촌락에서 나타나는 문제를 한 가지만 쓰시오.

_____

_____

9 ✚ 11종 공통

다음 보기 에서 촌락에서 나타나는 문제를 두 가지 골라 기호를 쓰시오.

보기 ●

㉠ 일을 할 수 있는 사람이 줄어들고 있다.
㉡ 사람들이 살 수 있는 주택이 매우 부족하다.
㉢ 인구의 증가로 쓰레기 문제가 발생하고 있다.
㉣ 대중교통, 문화 시설 등 여러 시설의 부족 문제가 발생하고 있다.

(   )

10 ✚ 11종 공통

다음 (   ) 안에 들어갈 알맞은 말을 골라 ○표 하시오.

외국에서 값싼 농수산물이 들어오면서 농수산물 가격이 (내려가 , 올라가) 촌락에 사는 사람들의 수입이 줄어들었습니다.

11 ✚ 11종 공통

촌락 사람들의 소득을 높이기 위한 노력으로 알맞은 것은 어느 것입니까? (   )

① 쓰레기 처리 시설을 늘린다.
② 품질 좋은 농수산물을 생산한다.
③ 일자리를 찾아 도시로 이동한다.
④ 폐교나 마을 회관을 문화 시설로 바꾼다.
⑤ 외국에서 수입한 값싼 농수산물을 구매한다.

12 ✚ 11종 공통

다음 (   ) 안에 들어갈 알맞은 말은 어느 것입니까? (   )

촌락에서는 일할 수 있는 사람이 줄어들어 어려움을 겪기도 합니다. 그렇지만 다양한 기계를 이용하여 (   ) 문제를 해결하고 있습니다.

① 교통 혼잡　　　② 시설 부족
③ 일손 부족　　　④ 주택 부족
⑤ 환경 오염

13 미래엔, 천재교육 외

다음 촌락 문제와 이를 해결하기 위한 노력을 알맞게 선으로 연결하시오.

(1) 소득 감소 문제 •　　• ㉠ 폐교나 마을 회관을 정비함.

(2) 시설 부족 문제 •　　• ㉡ 축제를 활용해 지역의 농수산물을 홍보함.

14 ✚ 11종 공통

다음에서 설명하는 것은 무엇인지 쓰시오.

도시에 살던 사람들이 촌락으로 삶의 터전을 옮기는 것으로, 최근에는 도시에서 촌락으로 이사하는 사람들이 늘어나고 있습니다.

(   )

15 동아출판, 아이스크림 외

촌락과 도시 중 다음 그래프의 ㉠, ㉡에 들어갈 알맞은 지역이 어디인지 각각 쓰시오.

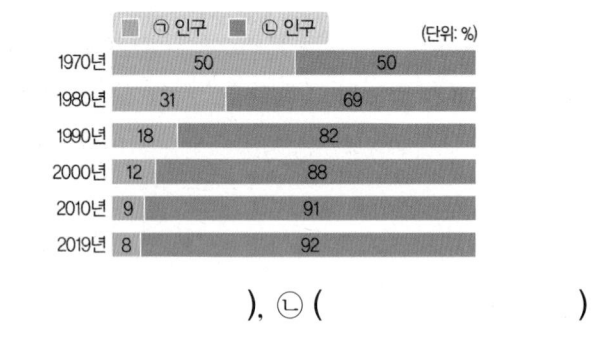

	㉠ 인구	㉡ 인구	(단위: %)
1970년	50	50	
1980년	31	69	
1990년	18	82	
2000년	12	88	
2010년	9	91	
2019년	8	92	

㉠ (   ), ㉡ (   )

16 ⊕ 11종 공통

도시 문제가 발생하는 까닭으로 알맞은 것은 어느 것입니까? (   )

① 도시 사람들이 아이를 낳지 않기 때문에
② 우리나라 전체 인구가 줄어들고 있기 때문에
③ 우리나라의 수입과 수출이 줄어들고 있기 때문에
④ 우리나라 전체 인구 중 도시에 사는 인구가 매우 많기 때문에
⑤ 도시에 사는 노인 인구는 줄고, 어린이 인구는 늘고 있기 때문에

17 ⊕ 11종 공통

도시에서 발생하는 문제가 아닌 것은 어느 것입니까? (   )

① 쓰레기 문제   ② 교통 혼잡 문제
③ 시설 부족 문제   ④ 환경 오염 문제
⑤ 일자리 부족 문제

18 ⊕ 11종 공통

다음 보기 에서 도시에서 발생하는 문제를 골라 기호를 쓰시오.

보기 ●
㉠ 인구 감소 문제   ㉡ 일손 부족 문제
㉢ 주택 부족 문제   ㉣ 대중교통 부족 문제

(   )

[19-20] 다음 그림을 보고, 물음에 답하시오.

19 ⊕ 11종 공통

위의 그림과 관련된 도시의 문제는 어느 것입니까?
(   )

① 소음 공해 문제   ② 환경 오염 문제
③ 소득 감소 문제   ④ 일자리 부족 문제
⑤ 교통사고 증가 문제

20 ⊕ 11종 공통

위 **19**번 답의 문제를 해결하고자 공공 기관에서 할 수 있는 노력을 보기 에서 골라 기호를 쓰시오.

보기 ●
㉠ 길거리에 함부로 쓰레기를 버리지 않는다.
㉡ 같은 반 친구들과 함께 쓰레기 줄이기 캠페인을 한다.
㉢ 자연에서 얻을 수 있는 에너지를 사용하는 방법을 연구한다.

(   )

21 + 11종 공통

다음과 같은 노력은 도시의 어떤 문제를 해결하기 위한 것인지 쓰시오.

▲ 버스 전용 차로

▲ 공공 자전거

• 버스가 빠르게 다닐 수 있는 전용 차로를 만들고, 차량 2부제와 차량 요일제 등을 실시합니다.
• 자전거를 편리하게 이용할 수 있도록 돕습니다.

( )

22 + 11종 공통

도시 문제를 해결하기 위한 개인의 노력을 알맞게 말한 친구를 두 명 골라 이름을 쓰시오.

하수 처리 시설을 설치합니다.
▲ 경석

쓰레기를 직접 분리배출합니다.
▲ 이정

불법 주차를 한 차량을 직접 단속합니다.
▲ 진우

길거리에 함부로 쓰레기를 버리지 않습니다.
▲ 해민

( )

23 + 11종 공통

도시에서 다음과 같은 노력을 하는 까닭으로 알맞은 것은 어느 것입니까? ( )

▲ 하수 처리 시설 설치

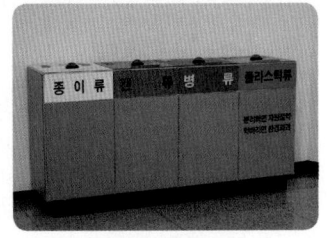
▲ 분리 배출 실시

① 범죄 문제
② 교통 혼잡 문제
③ 인구 감소 문제
④ 일손 부족 문제
⑤ 환경 오염 문제

24 + 11종 공통

다음은 도시 문제에 대한 설명입니다. ( ) 안에 들어갈 알맞은 말을 골라 ○표 하시오.

• 도시의 인구 (감소 , 증가)로 주택이 부족하고, 오래되고 낡은 주택이 많습니다.
• 도로에 차가 많아서 복잡하고 주차할 공간이 (많습니다 , 부족합니다).

25 서술형 + 11종 공통

다음과 같은 도시 문제를 해결하기 위한 노력을 한 가지만 쓰시오.

▲ 많은 쓰레기

_____

_____

2 함께 발전하는 촌락과 도시 (1)

1 교류의 의미와 필요성

① **교류의 의미**: 사람들이 오고 가거나 물건, 문화, 기술 등을 서로 주고받는 것을 말합니다. → 교류는 촌락과 촌락, 도시와 도시, 나라와 나라 사이에도 이뤄져요.

② **교류의 필요성** 자료1

- 지역마다 생산물, 기술, 문화 등이 다르기 때문에 교류가 이루어집니다.
- 우리가 생활하는 데 필요한 것을 어느 한 지역에서만 구할 수 없기 때문에 교류가 필요합니다. → 촌락과 도시에 사는 사람들은 서로 필요한 물건을 교류하면서 상호 의존해요.

③ **촌락과 도시의 교류 모습** +

- 다른 지역에서 생산된 것들이 우리 지역에서도 팔립니다.
- 사람들은 공부나 일을 하려고 다른 지역으로 이동하기도 합니다.
- 서로 다른 문화를 경험하거나 각자의 문화를 알리려고 사람들이 오고 가기도 합니다.

2 촌락과 도시가 교류하는 모습 조사하기

① **촌락과 도시의 교류 모습 조사 방법**

공공 기관 누리집 검색하기	지역의 공공 기관 누리집에서 '교류'를 검색하거나 자매결연과 관련된 자료를 확인함. → 교류, 농수산물 직거래 장터, 지역 축제, 자매결연 등을 검색할 수 있어요.
지역 홍보 자료 살펴보기	지역에서 발행하는 홍보 자료를 살펴보며 촌락과 도시의 교류 모습을 조사함. 자료2
공공 기관 담당자 면담하기	교류에 대해 잘 알고 있는 도청이나 시·군청의 담당자와 면담함.
교류 장소 답사하기	촌락과 도시가 교류하는 장소를 직접 찾아가서 조사함.

② **촌락과 도시의 교류 모습 조사 보고서**

조사 지역	○○ 지역(도시)
조사 방법	인터넷 조사 자료3
조사 내용	• 교류하는 모습 ▲ 전통문화 체험　　▲ 여가 즐기기 • 교류하며 우리 지역이 얻는 점 + – 우리 지역의 전통문화를 알릴 수 있습니다. – 관광 소득을 얻을 수 있습니다. – 다른 지역의 문화를 체험하고 여가를 즐길 수 있습니다.
알게 된 점이나 느낀 점	• 촌락과 도시가 교류를 하면서 서로 부족한 점을 채울 수 있습니다. • 우리 지역의 자랑거리를 많은 사람에게 알릴 수 있어서 우리 지역에 대한 자부심이 높아졌습니다.

+ **다양한 교류의 모습**

△△에서 막 잡아 온 싱싱한 생선입니다.

이 세탁기는 △△시에 있는 공장에서 만들어졌구나.

교류는 개인과 개인 사이뿐만 아니라 촌락과 도시 등 지역이나 단체 사이에도 할 수 있습니다.

+ **촌락이 도시와 교류하여 얻는 좋은 점**

- 농촌 체험 마을을 운영하여 촌락을 방문한 도시 사람들로부터 소득을 얻을 수 있습니다.
- 지역 축제를 열어 도시 사람들이 촌락을 방문해 다양한 촌락의 시설을 이용하여 촌락의 경제에 도움이 됩니다.

용어 사전

- **기술** 과학 이론을 실제로 적용하여 사물을 인간 생활에 쓸모 있도록 만드는 것.
- **자매결연** 한 지역이나 단체가 다른 지역이나 단체와 서로 돕거나 교류하기 위하여 관계를 맺는 일.

자료 1 촌락과 도시 간에 교류가 일어나는 까닭

도시를 벗어나 깨끗한 휴양림에서 주말을 보내니까 정말 좋다.

최신 의료 장비가 없어서 정확하게 판단하기가 어렵네요. 도시의 큰 병원에 가 보시는 게 좋겠어요.

▶ 우리가 생활하는 데 필요한 것을 어느 한 지역에서만 구할 수는 없습니다. 그래서 촌락에서 생산된 것들이 도시에서 팔리기도 하고, 도시의 생산물을 촌락에 사는 사람들이 사 가기도 합니다.

▶ 이처럼 촌락과 도시의 생산물이나 기술, 문화 등이 다르기 때문에 교류가 이루어집니다.

자료 2 지역 축제를 통한 촌락과 도시의 교류 모습

▲ △△시의 지역 축제에서 ○○군의 사과를 홍보하는 모습

○○군은 지난달 △△시의 시청 광장에서 열리는 지역 축제에 참가했다. 이를 통해 ○○ 사과의 우수성을 알리고 사과를 판매할 수 있었다.

이처럼 ○○군은 도시 지역의 도움을 받아 사과 농가의 어려움을 해결할 수 있었으며, △△시는 축제를 더욱 활성화할 수 있었다.

자료 3 체험 마을을 통한 촌락과 도시의 교류 모습

새로운 휴식 문화 지역으로 떠오르고 있는 촌락

▲ 농촌 체험 마을에서 학생들이 모내기를 하는 모습

촌락에서 생활을 하며 전통문화를 배우고 다양한 체험 활동을 하는 도시 사람들이 늘어나고 있다.

도시에 사는 사람들은 촌락에서 생활하면서 촌락의 정겨움과 자연의 아름다움을 누릴 수 있다. 또한 촌락에 사는 사람들은 도시에서 온 사람들로 인해 소득이 늘어나고 지역의 농산물을 판매할 수 있어서 경제적으로 도움을 얻을 수 있다.

보충 자료

● 생활 속 교류의 모습

▲ 백화점에서 물건 사기

농촌에 살고 계신 삼촌네 가족은 지난 주말에 도시에 있는 승연이네 집에 놀러 왔습니다. 삼촌은 직접 재배한 옥수수를 가져오셨습니다. 승연이네 가족은 삼촌네 가족과 놀이동산에 가고 궁궐에도 다녀왔습니다. 삼촌네 가족은 백화점에서 필요한 물건을 샀습니다.

● 자매결연 사례

▲ 자매결연을 맺은 지역 간의 직거래 장터가 열린 모습

전라북도 ○○군 주민들은 ☆☆시에서 농산물 직거래 장터를 열었습니다. 장터를 방문한 주민은 "자매결연을 한 곳의 농산품이라 신뢰가 가고, 맛있고 품질 좋은 상품을 살 수 있어서 좋다."라며 장터를 반겼습니다.

○○군 주민들도 "중간 상인을 거치지 않고 농산품을 직접 판매함으로써 높은 소득을 올릴 수 있다."라고 말했습니다.

2 함께 발전하는 촌락과 도시 (1)

기본 개념 문제

1

사람들이 오고 가거나 물건, 문화, 기술 등을 서로 주고받는 것을 ( )(이)라고 합니다.

2

지역마다 생산물, 기술, 문화 등이 같기 때문에 교류가 이루어집니다. (○ , ×)

3

서로 다른 문화를 경험하거나 각자의 문화를 알리려고 사람들이 오고 가는 경우도 있습니다.

(○ , ×)

4

공공 기관 ( )에서 '교류'를 검색하거나 자매결연과 관련된 자료를 확인하여 촌락과 도시가 교류하는 모습을 조사할 수 있습니다.

5

촌락과 도시의 교류 모습을 조사하기 위해 교류하는 장소를 직접 찾아가서 조사하는 ( )을/를 할 수 있습니다.

[6-7] 다음 글을 읽고, 물음에 답하시오.

> 농촌에 살고 계신 삼촌네 가족은 지난 주말에 도시에 있는 승연이네 집에 놀러 왔습니다. 삼촌은 직접 재배한 옥수수를 가져오셨습니다. 승연이네 가족은 삼촌네 가족과 놀이동산에 가고 궁궐에도 다녀왔습니다. 삼촌네 가족은 백화점에서 필요한 물건을 샀습니다.

6 미래엔, 천재교과서 외

승연이네 가족과 삼촌네 가족 사이에 서로 오고 간 것을 두 가지 고르시오. (,)

① 사람 ② 기술 ③ 물건
④ 시장 ⑤ 자연환경

7 ➕ 11종 공통

윗글과 같이 지역 간에 다양한 것을 서로 주고받는 활동을 무엇이라고 하는지 쓰시오.

( )

8 서술형 ➕ 11종 공통

지역끼리 교류하는 모습을 한 가지만 쓰시오.

_____

_____

9 ✚ 11종 공통

다음 중 교류의 모습으로 알맞은 내용을 골라 ○표 하시오.

(1) 혼자 도서관에 가서 다른 지역에 관한 책을 읽었습니다. ( )

(2) 우리 고장의 문화 시설을 이용하기 위해 다른 고장에서 온 사람들이 많습니다. ( )

10 ✚ 11종 공통

다음 중 다른 지역에 우리 지역의 문화를 알리는 교류의 모습은 어느 것입니까? ( )

11 ✚ 11종 공통

다음 보기 에서 교류의 사례로 알맞은 것을 두 가지 골라 기호를 쓰시오.

보기
㉠ 방과 후 집에서 학교 숙제를 한다.
㉡ 도시 사람들이 촌락에 가서 촌락 생활을 체험한다.
㉢ 다른 지역에서 생산된 과일을 사서 가족과 함께 먹는다.

( )

12 ✚ 11종 공통

다음 ( ) 안에 들어갈 알맞은 말을 두 가지 쓰시오.

지역 간에 교류가 이루어지는 까닭은 지역마다 ( ) 등이 다르기 때문입니다.

( )

13 ✚ 11종 공통

도시 사람들이 촌락 사람들과 교류하는 모습으로 알맞지 않은 것은 어느 것입니까? ( )

① 지역 축제에 참여한다.
② 휴양림에서 여가를 즐긴다.
③ 외국에서 들어온 농수산물만 먹는다.
④ 자연환경을 이용한 여가 활동을 한다.
⑤ 농촌 체험 마을에 방문하여 참여한다.

14 서술형 ✚ 11종 공통

다음 자료를 보고 알 수 있는 촌락과 도시의 관계를 쓰시오.

_____

_____

15 ➕ 11종 공통

촌락이 도시와 교류하여 얻는 좋은 점을 <u>잘못</u> 말한 친구를 골라 이름을 쓰시오.

> • 인지: 촌락의 문화를 체험하며 여가 생활을 즐길 수 있습니다.
> • 상훈: 농촌 체험 마을을 운영하여 촌락을 방문한 도시 사람들로부터 소득을 얻을 수 있습니다.
> • 나래: 지역 축제를 열어 도시 사람들이 촌락을 방문해 다양한 촌락의 시설을 이용하여 촌락의 경제에 도움이 됩니다.

(   )

16 아이스크림, 천재교육 외

촌락과 도시의 교류 모습을 조사하는 방법과 관련하여 다음 (   ) 안에 들어갈 알맞은 말을 쓰시오.

> 지역의 공공 기관 (   )에서 '교류'를 검색하거나 자매결연과 관련된 자료를 확인합니다.

(   )

17 서술형 아이스크림, 천재교육 외

촌락과 도시의 교류 모습을 조사하는 방법을 두 가지 쓰시오.

_____

_____

18 ➕ 11종 공통

다음 보기 에서 촌락과 도시의 교류 모습 조사 보고서에 들어가야 할 내용으로 알맞은 것을 모두 골라 기호를 쓰시오.

> **보기**
> ㉠ 준비물 ㉡ 조사 방법
> ㉢ 조사 지역 ㉣ 알게 된 점

(   )

19 서술형 아이스크림, 천재교육 외

다음은 촌락과 도시의 교류 모습을 조사한 후 작성한 조사 보고서입니다. ㉠에 들어갈 내용을 한 가지만 쓰시오.

조사 지역	○○ 지역(도시)
조사 방법	인터넷 조사
조사 내용	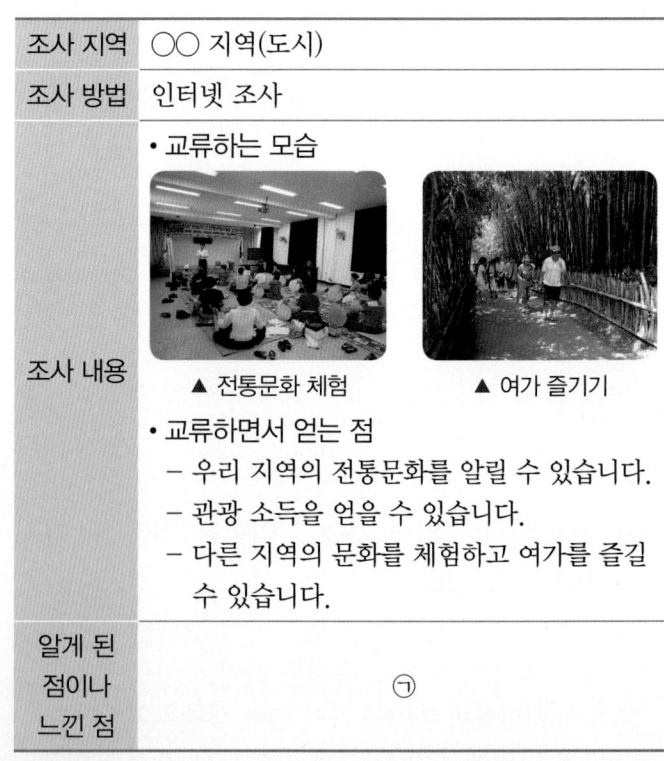 ▲ 전통문화 체험 ▲ 여가 즐기기 • 교류하면서 얻는 점 ‒ 우리 지역의 전통문화를 알릴 수 있습니다. ‒ 관광 소득을 얻을 수 있습니다. ‒ 다른 지역의 문화를 체험하고 여가를 즐길 수 있습니다.
알게 된 점이나 느낀 점	㉠

조사 내용: • 교류하는 모습

20 ➕ 11종 공통

다음에서 설명하는 것은 무엇인지 쓰시오.

> 한 지역이나 단체가 다른 지역이나 단체와 서로
> 돕거나 교류하기 위하여 관계를 맺는 일을 말합니다.

(   )

21 ➕ 11종 공통

촌락과 도시의 교류 모습에 대한 설명으로 알맞은 것에 ○표, 알맞지 <u>않은</u> 것에 ×표 하시오.

(1) 촌락과 도시는 자매결연을 하여 교류하기도 한다.
(   )

(2) 촌락과 도시가 교류를 하면서 서로 부족한 점을 채울 수 있다. (   )

(3) 농수산물 직거래 장터를 통해 도시 사람들은 높은 소득을 올릴 수 있다. (   )

22 서술형 ➕ 11종 공통

다음과 같은 직거래 장터를 통해 촌락과 도시 사람들이 얻는 좋은 점을 각각 쓰시오.

▲ 직거래 장터가 열린 모습

_____

_____

[23-25] 다음 자료를 보고, 물음에 답하시오.

  최근 촌락이 새로운 휴식 문화 지역으로 떠오르고 있습니다. 촌락에서 생활을 하며 전통문화를 배우고 다양한 체험 활동을 하는 도시 사람들이 늘어나고 있습니다.

23 ➕ 11종 공통

위와 같이 촌락에서 도시 사람들이 다양한 촌락 생활을 체험할 수 있는 마을이 무엇인지 쓰시오.

(   )

24 ➕ 11종 공통

윗글을 읽고 알 수 있는 도시 사람들이 촌락에 가는 까닭으로 알맞은 것은 어느 것입니까? (   )

① 공연을 보기 위해
② 백화점을 이용하기 위해
③ 종합 병원을 이용하기 위해
④ 다양한 체험 활동을 하기 위해
⑤ 도청이나 시청을 방문하기 위해

25 서술형 ➕ 11종 공통

위와 같은 교류를 통해 촌락 사람들이 얻는 좋은 점을 쓰시오.

_____

_____

2 함께 발전하는 촌락과 도시 (2)

1 촌락과 도시의 사람들이 도움을 주고받는 모습

① 도시 사람들이 촌락에 가는 까닭 [자료1] ┌─ 촌락에서는 관광 산업을 발달시켜 지역의 전통과 문화를 알리고자 노력해요.

지역 축제 참여	지역의 전통과 문화를 알리거나 자연환경, 특산물을 활용하는 촌락의 지역 축제에 참여하기 위해 촌락을 찾음.
전통문화 체험	촌락에 남아 있는 전통문화를 체험하기 위해 촌락을 찾음.
자연환경 이용	촌락의 깨끗한 자연환경을 이용하여 휴식과 여가를 즐기려고 촌락을 찾음.
체험 마을 참여	촌락의 생활을 체험해 볼 수 있는 체험 마을에 참여하기 위해 촌락을 찾음.

② 촌락 사람들이 도시에 가는 까닭 [자료2] ┌─ 촌락 사람들은 다양한 시설과 공공 기관을 이용하려고 도시를 찾아요.

상업 시설 이용	백화점, 대형 할인점 등의 시설에서 필요한 물건을 사려고 도시에 감.
의료 시설 이용	첨단 기계를 갖춘 의료 시설을 이용하고, 대형 종합 병원에서 검사를 받으려고 도시에 감.
공공 기관 이용	시청, 도청, 법원 등 다양한 공공 기관에서 일을 처리하기 위해 도시에 감.
문화 시설 이용	문화 공연을 보거나 복지 시설을 이용하기 위해 도시에 감.

2 함께 발전하는 촌락과 도시

① 서로 돕는 촌락과 도시의 모습 [자료3]

직거래 장터	• 촌락 사람들이 재배한 농수산물을 도시 사람들에게 직접 판매하여 교류함. [+] • 촌락과 도시 사람들 모두에게 경제적으로 도움이 되며, 서로 소통하고 이해할 수 있는 기회가 됨.
자매결연, 봉사 활동	• 도시의 기업이나 단체는 촌락의 마을과 자매결연을 하여 일손 돕기 봉사 활동을 하기도 함. [+] • 자매결연을 통해 촌락 사람들의 일손 부족 문제가 해결될 수 있음.
주말 농장	촌락 사람들은 농사를 짓지 않는 땅을 도시 사람들에게 빌려주고, 도시 사람들은 휴일에 촌락에서 과일이나 채소를 가꿀 수 있음.
체험 학습	촌락 사람들은 도시 사람들에게 지역을 홍보할 수 있고, 도시 사람들은 촌락을 체험할 수 있음.
문화 공연	촌락 사람들은 도시의 문화 공연을 볼 수 있고, 도시 사람들은 공연할 기회가 생김.

② 촌락과 도시가 교류하면 좋은 점 [+]

• 도시 사람들이 촌락에서 다양한 체험을 하면서 주변 상점들을 이용하기 때문에 촌락의 경제에 도움이 됩니다.

• 촌락 사람들이 도시의 다양한 시설을 이용하면서 주변 상점들도 이용하기 때문에 도시의 경제활동을 더욱 활발하게 합니다.

• 도시 사람들은 촌락의 자연환경과 문화를 경험할 수 있고, 촌락에서는 관광 산업이 발달할 수 있습니다.

[+] 농수산물 직거래 장터

촌락에서 생산한 곡식, 채소, 생선 등을 도시 사람들에게 직접 판매하는 장터입니다. 직거래 장터에서 도시 사람들은 값싸고 질 좋은 농수산물을 살 수 있고, 촌락 사람들은 지역의 특산품을 홍보하고 판매하여 소득을 얻을 수 있습니다.

[+] 촌락 봉사 활동 참여하기

• 도시 사람들은 일손 돕기, 공연 활동, 의료 봉사 등의 촌락 봉사 활동에 참여할 수 있습니다.
• 봉사를 하면서 보람과 긍지를 느끼며, 마음이 따뜻해집니다.
• 봉사를 하면서 촌락 사람들과도 친밀하게 지내고 여러 가지 교류 활동을 활발하게 할 수 있습니다.

[+] 촌락과 도시의 상호 의존 관계

촌락과 도시에 사는 사람들은 서로 부족한 것들을 채워 주면서 상호 의존하고 있습니다.

용어 사전

● **특산물** 한 지역에서만 나는 특별한 생산물.
● **첨단** 유행의 맨 앞장.

자료 1 촌락을 찾는 도시 사람들

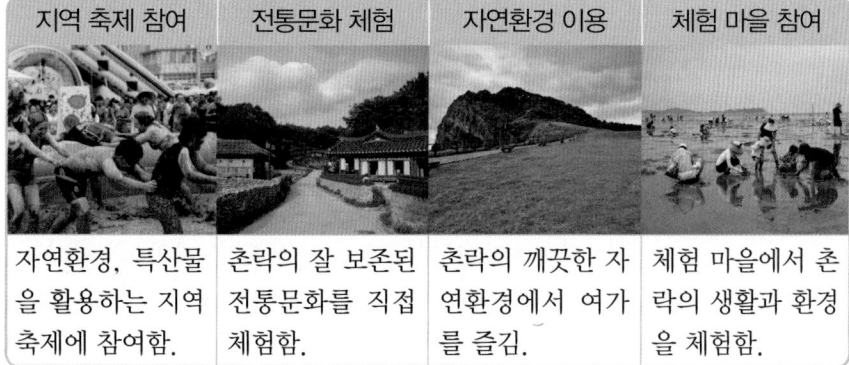

지역 축제 참여	전통문화 체험	자연환경 이용	체험 마을 참여
자연환경, 특산물을 활용하는 지역 축제에 참여함.	촌락의 잘 보존된 전통문화를 직접 체험함.	촌락의 깨끗한 자연환경에서 여가를 즐김.	체험 마을에서 촌락의 생활과 환경을 체험함.

자료 2 도시를 찾는 촌락 사람들

상업 시설 이용	의료 시설 이용	공공 기관 이용	문화 시설 이용
대형 할인점에서 필요한 물건을 살 수 있음.	대형 종합 병원에서 아픈 곳을 치료할 수 있음.	법원, 시청 등의 공공 기관을 이용할 수 있음.	영화관, 박물관 등에서 문화 공연을 볼 수 있음.

자료 3 서로 돕는 촌락과 도시의 교류 모습

촌락 사람들은 일손 문제가 해결되어 좋아요.

도시 사람들은 봉사를 하면서 보람을 느낄 수 있어요.

자매결연

농축수산물 직거래

도시 사람들은 믿을 수 있는 싱싱한 농축수산물을 싸게 살 수 있어요.

직거래 장터

촌락에서 생산한 농축수산물을 많은 사람들에게 팔 수 있어요.

보충 자료

◦ 다양한 지역 축제

▲ 울릉도 오징어 축제(경상북도 울릉군)

▲ 한방 약초 축제(경상남도 산청군)

▲ 고창 청보리밭 축제(전라북도 고창군)

촌락과 도시 사람들은 다양한 축제에 참여하여 자연환경을 즐기거나 특색 있는 문화를 체험합니다.

◦ 자매결연을 통한 교류

○○군은 자매결연을 한 △△시 지역의 주민을 초청해 농촌 일손 돕기 행사를 열었습니다. 이번 행사는 기온 문제로 피해를 본 과일 재배 농가의 어려움을 알리고, 농사철 일손 부족을 조금이나마 덜기 위해 이루어졌습니다.

2 함께 발전하는 촌락과 도시 (2)

기본 개념 문제

1

도시 사람들은 지역의 전통과 문화를 알리거나 자연환경, 특산물을 활용하는 지역 (   )에 참여하기 위해 촌락을 찾습니다.

2

도시 사람들은 시청, 도청, 법원 등 다양한 공공 기관에서 일을 처리하기 위해 촌락에 갑니다.

(○ , ×)

3

촌락 사람들은 문화 공연을 보거나 복지 시설을 이용하려고 (   )을/를 찾습니다.

4

도시에서는 촌락 사람들이 재배한 농수산물을 직접 구매할 수 있는 (   )이/가 열립니다.

5

촌락과 도시의 교류를 통해 도시 사람들은 촌락의 자연환경과 문화를 경험할 수 있고, 촌락에서는 관광 산업이 발달할 수 있습니다.

(○ , ×)

6 ➕ 11종 공통

도시 사람들이 촌락의 체험 마을을 방문하는 까닭으로 알맞은 것은 어느 것입니까? (   )

① 촌락으로 귀촌할 수 있다.
② 촌락 생활을 체험할 수 있다.
③ 도시의 문화를 전달할 수 있다.
④ 촌락 사람들에게 도시를 소개할 수 있다.
⑤ 촌락의 시설 부족 문제를 해결할 수 있다.

7 ➕ 11종 공통

도시 사람들이 촌락에 가는 까닭으로 알맞지 <u>않은</u> 것은 어느 것입니까? (   )

①  ②

③  ④

8 ➕ 11종 공통

다음 글을 읽고 촌락의 지역 축제가 촌락 사람들에게 주는 도움에는 '촌락', 도시 사람들에게 주는 도움에는 '도시'라고 쓰시오.

(1) 지역 축제에 참여해 여가를 즐겁고 보람 있게 보낼 수 있습니다. (   )

(2) 지역 축제가 열리는 주변의 식당이나 상점, 숙박 시설을 통해 소득을 올립니다. (   )

9 ✚ 11종 공통

다음 ㉠, ㉡에 들어갈 알맞은 말을 각각 쓰시오.

> 촌락에서는 (㉠) 산업을 발달시켜 지역의 전통과 문화를 알리고자 노력합니다. 또한 자연환경과 특산물을 활용해 (㉡)을/를 열어 소득을 올리기도 합니다.

㉠ (   ), ㉡ (   )

10 ✚ 11종 공통

도시 사람들이 촌락 사람들과 교류하는 모습으로 알맞지 <u>않은</u> 것은 어느 것입니까? (   )

① 지역 축제에 참여해 촌락의 전통문화를 체험한다.
② 촌락에서 낚시, 등산, 야영을 하며 여가를 보낸다.
③ 해외에 나가 굶주린 어린이를 돌보는 봉사 활동을 한다.
④ 촌락의 마을과 자매결연을 하여 일손 돕기 봉사 활동을 한다.
⑤ 농수산물 직거래 장터에서 싱싱한 농수산물을 싸게 구매한다.

11 서술형 ✚ 11종 공통

다음 촌락에 있는 장소에서 도시 사람들이 체험할 수 있는 것을 한 가지만 쓰시오.

▲ 깨끗한 자연환경

_____

12 ✚ 11종 공통

다음 ( ) 안에 들어갈 알맞은 말을 쓰시오.

> 촌락에 사는 사람들은 도청이나 시청, 법원 등 다양한 ( )에서 일을 처리하기 위해 도시에 갑니다.

(   )

13 ✚ 11종 공통

촌락 사람들이 도시로 이동해 이용하는 시설로 알맞지 <u>않은</u> 것은 어느 것입니까? (   )

① 법원   ② 시청
③ 백화점   ④ 정미소
⑤ 종합 병원

14 ✚ 11종 공통

촌락 사람들이 도시에 가는 까닭으로 알맞은 것을 보기 에서 두 가지 골라 기호를 쓰시오.

> **보기**
> ㉠ 종합 병원을 이용하기 위해서
> ㉡ 공연을 보거나 문화 체험을 하기 위해서
> ㉢ 자연환경을 이용하여 휴식과 여가를 즐기기 위해서

(   )

15 비상교과서, 비상교육 외

촌락 사람들이 도시에 있는 다음과 같은 장소에 가서 하는 일은 무엇입니까? ( )

▲ 대형 할인점

① 농사짓기
② 물건 구입하기
③ 봉사 활동하기
④ 지역 축제 열기
⑤ 농수산물 판매하기

16 ➕ 11종 공통

도시 사람들이 촌락에서 일손 돕기 봉사 활동에 참여하여 얻는 좋은 점은 어느 것입니까? ( )

① 도시의 경제에 도움을 줄 수 있다.
② 친환경 농산물을 싸게 구입할 수 있다.
③ 촌락의 자연환경에 대해 잘 알 수 있다.
④ 촌락의 환경 오염 문제를 해결할 수 있다.
⑤ 촌락을 도우며 보람과 긍지를 느낄 수 있다.

17 서술형 동아출판, 천재교육 외

촌락 사람들이 도시에 있는 다음과 같은 시설을 이용하여 도시에 주는 영향을 쓰시오.

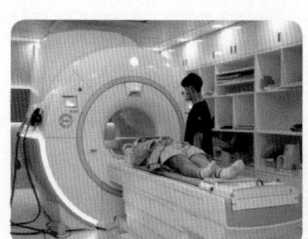 

_____

_____

18 ➕ 11종 공통

다음 보기 는 촌락과 도시가 서로 주고받는 것들입니다. 촌락에서 도시에 제공하는 것과 도시에서 촌락에 제공하는 것을 알맞게 짝지은 것은 어느 것입니까?
( )

> **보기**
> ㉠ 농수산물　　　　㉡ 문화 시설
> ㉢ 의료 시설　　　　㉣ 깨끗한 자연환경

	촌락에서 도시에 제공하는 것	도시에서 촌락에 제공하는 것
①	㉠, ㉡	㉢, ㉣
②	㉠, ㉣	㉡, ㉢
③	㉡, ㉢	㉠, ㉣
④	㉡, ㉣	㉠, ㉢
⑤	㉢, ㉣	㉠, ㉡

19 미래엔, 비상교과서 외

다음은 촌락에 사는 은유가 도시를 방문한 모습입니다. 은유가 도시에서 이용한 시설은 어느 것입니까?
( )

이번에는 ○○합창단의 공연 순서입니다.

① 법원
② 도청
③ 공연장
④ 도서관
⑤ 대형 할인점

20 ➕ 11종 공통

다음 ( ) 안에 들어갈 알맞은 말을 쓰시오.

> 촌락과 도시에 사는 사람들은 서로 부족한 것들을 채워 주면서 ( )하고 있습니다.

( )

21 ✚ 11종 공통

다양한 시설을 이용하기 위해 도시로 이동한 촌락 사람으로 보기 어려운 사람은 누구입니까? ( )

① 종합 병원에 진료를 받으러 왔어요.

② 백화점에서 새 옷을 사기 위해 왔어요.

③ 도청에서 필요한 서류를 받기 위해 왔어요.

④ 깨끗한 자연환경에서 여가를 즐기러 왔어요.

22 ✚ 11종 공통

촌락과 도시 사람들의 다양한 교류 모습을 선으로 알맞게 연결하시오.

(1) 자매결연을 통한 교류 •

(2) 직거래 장터를 통한 교류 •

• ㉠ 싱싱한 농수산물을 직접 사고팔 수 있음.

• ㉡ 도시의 단체가 촌락에 가서 일손 돕기 봉사 활동을 함.

23 서술형 ✚ 11종 공통

다음은 촌락과 도시의 교류 모습입니다. 도시와 촌락 사람들이 이와 같은 교류를 통해 얻을 수 있는 좋은 점을 각각 쓰시오.

▲ 직거래 장터

_____

_____

24 ✚ 11종 공통

도시 사람들이 촌락 사람들과 교류하는 모습으로 알맞지 않은 것은 어느 것입니까? ( )

① 자매결연을 통한 교류
② 주말 농장을 통한 교류
③ 지역 축제를 통한 교류
④ 직거래 장터를 통한 교류
⑤ 다른 나라와의 거래를 통한 국제 교류

25 ✚ 11종 공통

촌락과 도시가 서로 교류하는 까닭으로 알맞지 않은 것은 어느 것입니까? ( )

① 필요한 시설을 이용하기 위해서이다.
② 각 지역에서 생산된 물건이 다르기 때문이다.
③ 각 지역마다 가지고 있는 자원이 다르기 때문이다.
④ 각 지역에서 즐길 수 있는 체험거리가 다르기 때문이다.
⑤ 도시 사람들이 촌락 사람들을 도와주어야 하기 때문이다.

1 촌락과 도시의 특징

★ 촌락에서 볼 수 있는 모습

농촌	▲ 벼농사	▲ 가축 기르기
어촌	▲ 고기잡이	▲ 수산물 판매
산지촌	▲ 버섯 재배	▲ 고랭지 농업

1. 촌락과 도시의 특징

① 촌락의 의미와 특징

| 의미 | 농촌, 어촌, 산지촌처럼 ❶ [ ]을 주로 이용하며 살아가는 곳 |
| 특징 | 촌락은 자연환경의 영향을 많이 받기 때문에 계절이나 날씨에 따라 생활 모습이 달라짐. |

② 촌락의 종류

농촌	사람들이 주로 농업을 하며 평평한 곳에 자리 잡은 촌락
어촌	사람들이 주로 어업을 하며 바닷가에 자리 잡은 촌락
산지촌	사람들이 주로 ❷ [ ]을 하며 들이 적고 산이 많은 곳에 자리 잡은 촌락

③ 도시의 의미와 특징

| 의미 | 사람들이 모여 살며 사회, 정치, 경제활동의 중심이 되는 곳 |
| 특징 | • 인구가 밀집해 있고 높고 낮은 건물이 많음.
• 여러 시설과 공공 기관 등이 모여 있음.
• 문화 시설이 많아서 사람들이 취미 생활과 여가 생활을 할 수 있음.
• 버스나 지하철 등이 잘 갖춰져 있어서 ❸ [ ]이 편리함. |

④ 촌락과 도시 비교하기

| 공통점 | • 여러 사람이 모여 삶.
• 모두 자연환경과 더불어 살아감. |
| 차이점 | • 촌락에는 높은 건물이 적고, 도시에는 높은 건물이 많음.
• 촌락보다 도시에 사람들이 많이 삶. |

★ 촌락의 인구

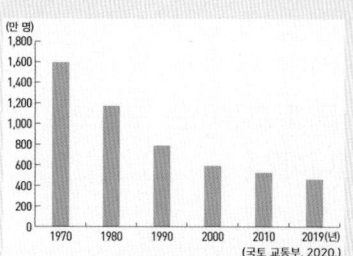

(만 명)

촌락의 인구가 점점 감소하고 있습니다. 촌락에서는 젊은 사람들이 일자리를 찾아 도시로 이동하면서 노인 인구가 늘어나고 있습니다.

2. 촌락과 도시의 문제점과 해결 방안

① 촌락의 문제점과 해결 방안

| 문제점 | • 일을 할 수 있는 사람이 줄어들면서 일손이 부족해짐.
• 외국에서 값싼 농수산물이 들어오면서 농수산물의 가격이 내려가 촌락에 사는 사람들의 수입이 줄어듦.
• 대중교통이나 문화 시설 등 여러 시설의 부족 문제가 발생함. |
| 해결 방안 | 다양한 기계 이용, 귀촌 지원, 시설 확충, 품질 좋은 농수산물 생산, 체험 프로그램 운영 등 |

② 도시의 문제점과 해결 방안

| 문제점 | 주택 문제, 교통 문제, 환경 문제, 범죄 문제, 일자리 부족 문제 등이 발생하고 있음. |
| 해결 방안 | • 주택 문제: 낡은 주택이 모여 있는 지역을 새롭게 정비함.
• 교통 문제: 전용 차로, 차량 2부제와 차량 요일제 등을 실시함.
• ❹ [ ] 문제: 쓰레기 처리 시설이나 하수 처리 시설을 늘림, 친환경 전기 자동차의 보급을 늘림. |

★ 촌락과 도시의 인구

▨ 촌락 인구	▨ 도시 인구	(단위: %)
1970년	50	50
1980년	31	69
1990년	18	82
2000년	12	88
2010년	9	91
2019년	8	92

(국토 교통부, 2020.)

1960년대부터 일자리를 찾아 사람들이 도시로 모이면서 전체 인구 가운데 도시에 사는 인구가 매우 많습니다.

② 함께 발전하는 촌락과 도시

● 정답과 풀이 4쪽

1. 촌락과 도시의 교류

① 교류의 의미와 필요성

의미	사람들이 오고 가거나 물건, 문화, 기술 등을 서로 주고받는 것
필요성	지역마다 생산물, 기술, 문화 등이 다르기 때문에 교류가 이루어짐.

② 교류의 모습
• 다른 지역에서 생산된 것들이 우리 지역에서도 팔립니다.
• 사람들은 공부나 일을 하려고 다른 지역으로 이동하기도 합니다.
• 서로 다른 문화를 경험하거나 각자의 문화를 알리려고 사람들이 오고 가기도 합니다.

③ 촌락과 도시의 교류 모습 조사 방법: 공공 기관 [❺   ] 검색하기, 지역 홍보 자료 살펴보기, 공공 기관 담당자 면담하기, 교류 장소 답사하기 등

2. 촌락과 도시의 사람들이 도움을 주고받는 모습

① 도시 사람들이 촌락에 가는 까닭

지역 축제 참여	촌락에서 열리는 지역 축제에 참여하기 위해
전통문화 체험	촌락에 남아 있는 전통문화를 체험하기 위해
자연환경 이용	촌락의 깨끗한 자연환경에서 휴식과 여가를 즐기기 위해
체험 마을 참여	촌락의 생활을 체험해 볼 수 있는 체험 마을에 참여하기 위해

② 촌락 사람들이 도시에 가는 까닭

[❻] 이용	백화점, 대형 할인점 등에서 필요한 물건을 사기 위해
의료 시설 이용	첨단 기계를 갖춘 의료 시설을 이용하고, 대형 종합 병원에서 검사를 받기 위해
공공 기관 이용	다양한 공공 기관에서 일을 처리하기 위해
문화 시설 이용	문화 공연을 보거나 복지 시설을 이용하기 위해

③ 서로 돕는 촌락과 도시의 모습

[❼]	촌락 사람들이 재배한 농수산물을 도시 사람들에게 직접 판매하여 교류함.
자매결연, 봉사 활동	도시의 기업이나 단체는 촌락의 마을과 자매결연을 하여 일손 돕기 봉사 활동을 하기도 함.

④ 촌락과 도시가 교류하면 좋은 점
• 도시 사람들이 촌락에서 다양한 체험을 하면서 주변 상점들을 이용하기 때문에 촌락의 경제에 도움이 됩니다.
• 촌락 사람들이 도시의 다양한 시설을 이용하면서 주변 상점들도 이용하기 때문에 도시의 [❽   ]을 더욱 활발하게 합니다.
• 도시 사람들은 촌락의 자연환경과 문화를 경험할 수 있고, 촌락에서는 관광 산업이 발달할 수 있습니다.

★ 다양한 교류의 모습

• 교류는 개인과 개인 사이뿐만 아니라 촌락과 도시 등 지역이나 단체 사이에도 할 수 있습니다.
• 나라와 나라 사이에도 필요한 것을 주고받기 위해 교류를 합니다.

★ 농수산물 직거래 장터

직거래 장터에서 도시 사람들은 값싸고 질 좋은 농수산물을 살 수 있고, 촌락 사람들은 지역의 특산품을 홍보하고 판매하여 소득을 얻을 수 있습니다.

★ 다양한 지역 축제

▲ 울릉도 오징어 축제
(경상북도 울릉군)
촌락과 도시 사람들은 다양한 축제에 참여하여 자연환경을 즐기거나 특색 있는 문화를 체험합니다.

1 ⊕ 11종 공통

다음 [보기]에서 농촌, 어촌, 산지촌의 특징을 골라 기호를 쓰시오.

[보기]
⊙ 바다에서 물고기를 잡거나 기르는 일을 하는 사람들이 많다.
⊙ 사람들이 논에서 벼를 재배하거나, 밭에서 과일이나 채소를 기른다.
⊙ 사람들은 주로 산에서 나무를 가꾸어 베거나 산나물을 캐는 일 등 임업을 한다.

(1) 농촌: (   )
(2) 어촌: (   )
(3) 산지촌: (   )

2 [서술형] 아이스크림, 천재교육 외

다음과 같은 촌락의 특징이 나타나는 까닭이 무엇인지 쓰시오.

> 촌락은 계절이나 날씨에 따라 생활 모습이 달라져요.

_____

3 ⊕ 11종 공통

도시의 특징에 대한 설명으로 알맞지 <u>않은</u> 것은 어느 것입니까? (   )

① 높고 낮은 건물이 많다.
② 크고 작은 도로가 연결되어 있다.
③ 촌락보다 많은 사람이 모여 살고 있다.
④ 사람들이 주로 회사나 공장에서 일을 한다.
⑤ 버스나 지하철과 같은 교통수단이 부족하다.

4 ⊕ 11종 공통

다음 두 지역의 공통점으로 알맞은 것을 [보기]에서 두 가지 골라 기호를 쓰시오.

▲ 촌락　　　　　▲ 도시

[보기]
⊙ 여러 사람이 모여 산다.
⊙ 바닷가에 위치한 지역이다.
⊙ 자연환경과 더불어 살아간다.
⊙ 논과 밭에서 곡식과 채소를 기르는 일인 농업이 발달한 지역이다.

(   )

5 ⊕ 11종 공통

촌락과 도시의 특징을 선으로 알맞게 연결하시오.

(1) 촌락 ・

・⊙ 주로 자연환경을 직접 이용하는 산업이 발달함.

(2) 도시 ・

・⊙ 물건을 만들거나 편리한 생활을 도와주는 산업이 발달함.

6 ➕ 11종 공통

다음 그래프와 관련하여 촌락에서 겪고 있는 문제점은 어느 것입니까? (　　　)

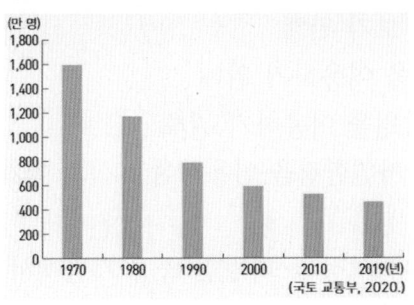

▲ 촌락의 인구 변화

① 소득 증가　　　　② 일손 부족
③ 주택 부족　　　　④ 폐교 감소
⑤ 일자리 부족

7 ➕ 11종 공통

촌락에서 발생하는 문제를 해결하기 위한 노력으로 알맞은 것을 두 가지 고르시오. (　　,　　)

① 귀촌을 금지한다.
② 품질 좋은 농수산물을 생산한다.
③ 농약을 많이 써서 농사를 짓는다.
④ 폐교를 정비하여 편의 시설을 만든다.
⑤ 논이나 밭에 공장을 지어 일자리를 만든다.

8 서술형 ➕ 11종 공통

촌락 사람들이 다음과 같은 노력을 하는 까닭을 쓰시오.

▲ 다양한 기계 이용

_____

_____

9 ➕ 11종 공통

다음 사진과 같은 노력은 도시의 어떤 문제를 해결하기 위한 것입니까? (　　　)

▲ 지역 재개발 사업

① 미세 먼지 문제
② 범죄 증가 문제
③ 주택 부족 문제
④ 쓰레기 처리 문제
⑤ 자동차 수 증가 문제

10 ➕ 11종 공통

다음 신문 기사에 나타난 도시 문제를 해결하기 위해 개인이 해야 할 노력으로 알맞은 것은 어느 것입니까?
(　　　)

○○신문	20△△년 △△월 △△일

　○○시 쓰레기 매립장에 들어오는 쓰레기는 하루에 수백 톤에 달한다. 내년이면 이 쓰레기 매립장에 더 이상 쓰레기를 묻을 곳이 없게 된다. 그러나 새로운 쓰레기 매립장을 만들기도 쉽지 않아 ○○시는 고민에 빠졌다.

① 쓰레기를 분리배출한다.
② 다른 나라에 도움을 요청한다.
③ 쓰레기 분리배출과 관련된 법을 만든다.
④ 쓰레기를 분리배출할 수 있는 시설을 만든다.
⑤ 쓰레기를 무단으로 버리는 사람에게 과태료를 내게 한다.

[11-12] 다음 그림을 보고, 물음에 답하시오.

▲ 다른 지역에서 온 공연 보기   ▲ 다른 지역에서 온 물건 사기

11 ➕ 11종 공통

위 ㉠, ㉡ 중 문화를 주고받은 모습을 골라 기호를 쓰시오.

(   )

12 서술형 ➕ 11종 공통

위와 같은 교류를 통해 얻는 좋은 점을 쓰시오.

_____

_____

13 ➕ 11종 공통

다음 선생님의 질문에 알맞게 대답한 친구를 두 명 고르시오. (,   )

> 선생님: 지역 간에 교류가 이루어지는 까닭은 무엇일까요?

① 재은: 지역마다 문화가 다르기 때문입니다.
② 민호: 지역마다 생산물이 다르기 때문입니다.
③ 소민: 지역의 고유한 지명이 다르기 때문입니다.
④ 지원: 사람들이 원하는 물건이 비슷하기 때문입니다.
⑤ 원영: 지역 사람들이 가지고 있는 기술이 비슷하기 때문입니다.

14 ➕ 11종 공통

촌락 사람들이 도시로 이동하는 까닭으로 알맞지 <u>않은</u> 것은 어느 것입니까? (   )

① 공연을 보기 위해
② 백화점을 이용하기 위해
③ 종합 병원을 이용하기 위해
④ 깨끗한 자연환경을 이용하여 휴식과 여가를 즐기기 위해
⑤ 도청이나 시청 등 다양한 공공 기관에서 일을 처리하기 위해

15 ➕ 11종 공통

다음 밑줄 친 부분에 들어갈 내용으로 알맞은 것은 어느 것입니까? (   )

> 도시 사람들이 촌락의 축제에 참여하는 동안 촌락에 있는 식당이나 상점, 숙박 시설을 많이 이용하기 때문에 _____

① 촌락의 특산물이 유명해진다.
② 촌락 사람들이 도시로 이동한다.
③ 도시 사람들의 귀촌이 늘어난다.
④ 촌락의 자연환경을 보호할 수 있다.
⑤ 촌락의 경제에 도움을 주기도 한다.

1 서술형 ● 11종 공통

다음 촌락의 공통점을 쓰시오.

▲ 농촌

▲ 어촌

▲ 산지촌

_____

_____

2 ● 11종 공통

촌락의 특징을 살펴볼 수 있는 질문으로 가장 알맞은 것은 어느 것입니까? (　　　)

① 사람들은 주로 무슨 일을 하나요?
② 사람들이 좋아하는 음식은 무엇인가요?
③ 촌락에서 가장 가까운 도시는 어디인가요?
④ 사람들이 주로 사용하는 언어는 무엇인가요?
⑤ 촌락 사람들이 좋아하는 계절은 언제인가요?

3 ● 11종 공통

우리나라에서 도시가 위치한 곳의 특징으로 알맞은 것을 두 가지 고르시오. (　　,　　)

① 평평한 곳
② 교통이 불편한 곳
③ 날씨가 따뜻한 곳
④ 경치가 아름다운 곳
⑤ 사람과 물건의 이동이 편리한 곳

4 ● 11종 공통

촌락과 도시 중 다음과 같은 모습을 볼 수 있는 지역은 어디인지 쓰시오.

▲ 높은 건물

▲ 편리한 교통

(　　　　　　　　　)

5 ● 11종 공통

다음 보기 에서 도시의 특징으로 알맞은 것을 두 가지 골라 기호를 쓰시오.

보기
㉠ 촌락에 비해 적은 사람이 모여 살고 있다.
㉡ 버스나 지하철 등이 잘 갖춰져 있어서 교통이 편리하다.
㉢ 높고 낮은 건물이 많고 여러 시설과 공공 기관이 모여 있다.
㉣ 농업, 어업 등 자연환경을 직접 이용한 생산 활동을 하는 사람들이 많다.

(　　　　　　　　　)

6 ⊕ 11종 공통

촌락에서 발생하는 문제를 잘못 말한 친구는 누구입니까? (   )

① 젊은 사람들이 많아서 일자리가 부족해.
② 일손이 모자라서 농사짓기가 힘들어.
③ 대중교통이나 문화 시설이 부족해.
④ 외국에서 값싼 농산물이 들어와서 걱정이야.

7 ⊕ 11종 공통

촌락에서 발생하는 문제를 해결하기 위한 방법으로 알맞은 것을 두 가지 고르시오. (,   )

① 주택을 짓는다.
② 주차장을 만든다.
③ 귀촌하는 사람들을 지원한다.
④ 생활에 필요한 시설을 만든다.
⑤ 대기 오염을 줄일 수 있는 시설을 만든다.

8 ⊕ 11종 공통

다음 보기 에서 귀촌에 대한 설명으로 알맞은 것을 모두 골라 기호를 쓰시오.

┌─ 보기 ●
│ ㉠ 최근에 점점 늘어나고 있다.
│ ㉡ 지역 사회에서 적극적으로 지원하고 있다.
│ ㉢ 촌락의 전통과 문화를 알리고자 하는 노력이다.
│ ㉣ 도시에 살던 사람들이 촌락으로 삶의 터전을 옮기는 것을 말한다.

(   )

9 동아출판, 아이스크림 외

다음 그래프에 나타난 현상으로 인해 도시에서 발생하는 문제로 볼 수 없는 것은 어느 것입니까?

(   )

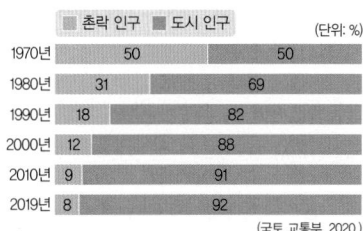

	촌락 인구	도시 인구	(단위: %)
1970년	50	50	
1980년	31	69	
1990년	18	82	
2000년	12	88	
2010년	9	91	
2019년	8	92	

(국토 교통부, 2020.)

▲ 촌락과 도시의 인구

① 쓰레기 문제
② 교통 혼잡 문제
③ 일손 부족 문제
④ 주택 부족 문제
⑤ 환경 오염 문제

10 서술형 ⊕ 11종 공통

도시에서 발생하는 교통 문제를 해결하기 위한 방안을 두 가지 쓰시오.

_____

_____

11 🔵 11종 공통

교류에 대한 설명으로 알맞은 것에 ◯표, 알맞지 <u>않은</u> 것에 ✕표 하시오.

(1) 사람들이 서로 주고받는 것에는 물건만 있습니다.

( )

(2) 이웃 고장의 과일을 사는 것은 물건을 교류한 것 입니다. ( )

(3) 교류는 개인과 개인 사이뿐만 아니라 촌락과 도시 등 지역이나 단체 사이에도 이루어집니다.

( )

12 서술형 🔵 11종 공통

다음 설명을 읽고, 지역 간에 교류가 이루어지는 까닭 을 쓰시오.

> 우리가 살아가려면 다양한 물건과 서비스가 필 요합니다. 다른 지역에서 생산된 것들은 우리 지 역에서도 팔립니다. 사람들은 공부나 일을 하기 위해 다른 지역으로 이동하기도 합니다. 또한 서 로 다른 문화를 접하거나 각자의 문화를 알리려고 사람들이 오고 가는 경우도 있습니다.

_____

_____

13 🔵 11종 공통

다음 중 교류라고 할 수 <u>없는</u> 것은 어느 것입니까?

( )

① 외딴섬에서 혼자 살아가는 지민
② 다른 지역 바닷가에 놀러 간 신애네 가족
③ △△에서 온 싱싱한 생선을 사는 민수 어머니
④ 미국에서 온 합창단 공연을 보러 간 동엽이네 가족
⑤ ○○시에 있는 공장에서 만든 세탁기를 산 서윤이 아버지

14 🔵 11종 공통

다음 ( ) 안에 들어갈 알맞은 말을 쓰시오.

> 최근 촌락에서는 도시 사 람들이 촌락 생활을 체험 하고, 여가를 즐길 수 있는 ( )이/가 늘어나고 있습니다.

( )

15 🔵 11종 공통

도시 사람들이 촌락의 지역 축제에 참여할 때 촌락이 얻을 수 있는 좋은 점은 어느 것입니까? ( )

① 자연환경을 보전할 수 있다.
② 촌락이 도시로 바뀔 수 있다.
③ 촌락의 인구가 늘어날 수 있다.
④ 촌락의 경제에 도움을 줄 수 있다.
⑤ 촌락 사람들이 깨끗한 생활을 즐길 수 있다.

1. 촌락과 도시의 생활 모습

 문제 강의

● 정답과 풀이 7쪽

평가 주제	촌락과 도시의 공통점과 차이점 비교하기
평가 목표	촌락과 도시의 생활 모습을 비교하여 쓸 수 있다.

[1-2] 다음 촌락과 도시의 모습을 살펴보고, 물음에 답하시오.

▲ 촌락

▲ 도시

1 촌락과 도시 중 ㈎, ㈏에 들어갈 알맞은 말을 쓰시오.

㈎ ( )	낮은 건물들이 많고, 넓고 평평한 땅에서 농사 짓는 논과 밭의 모습을 볼 수 있습니다.
㈏ ( )	높은 건물들이 많고, 크고 작은 도로들이 연결되어 있습니다.

> **도움** 각각 촌락과 도시의 사진 속에서 쉽게 찾아볼 수 있는 건물, 집의 모습, 땅의 이용 모습, 도로 등을 살펴봅니다.

2 촌락과 도시에서 볼 수 있는 사람들이 생활하는 모습의 공통점과 차이점을 쓰시오.

공통점	(㉠)
차이점	• 촌락에 사는 사람들은 주로 자연환경을 이용하며 (㉡), 어업, 임업을 합니다. • 도시에 사는 사람들은 주로 (㉢)나 공장에 다니거나 사람들의 생활을 편리하게 해 주는 일을 합니다.

> **도움** 촌락과 도시 사람들은 모두 각 지역의 특징에 맞는 다양한 일을 하며 살아가고 있습니다.

1. 촌락과 도시의 생활 모습

● 정답과 풀이 7쪽

1
단원

평가 주제	촌락과 도시의 교류를 통해 주고받는 도움 살펴보기
평가 목표	촌락과 도시의 교류 모습을 보고 좋은 점을 설명할 수 있다.

[1-2] 다음은 촌락에서 지역의 자연환경이나 특산물을 활용하는 모습입니다. 물음에 답하시오.

▲ 자연 휴양림　　　　▲ 지역 축제

1 위의 자연 휴양림에서 촌락과 도시가 교류하는 모습과 관련해 ㉠, ㉡에 들어갈 알맞은 말을 쓰시오.

촌락의 깨끗한 (㉠　　　　　)을/를 이용하여 휴식과 (㉡　　　　　)을/를 즐길 수 있습니다.

> **도움** 촌락과 도시는 서로 부족한 것들을 채워 주면서 교류하고 있습니다.

2 위와 같은 지역 축제를 통해 촌락과 도시의 사람들이 교류하며 얻는 것을 쓰시오.

> **도움** 촌락에서는 지역의 자연환경과 특산물을 활용해 다양한 지역 축제를 열어 도시 사람들이 체험할 수 있도록 합니다.

(가) 촌락 사람들이 교류하며 얻는 것	

(나) 도시 사람들이 교류하며 얻는 것	

다른 그림을 찾아보세요.

● 정답과 풀이 7쪽

다른 곳이 15군데 있어요.

2 필요한 것의 생산과 교환

1 경제활동과 현명한 선택

2 교류하며 발전하는 우리 지역

▶ 단원별 학습 내용과 교과서별 해당 쪽수를 확인해 보세요.

단원	학습 내용	백점 쪽수	교과서별 쪽수				
			동아출판	미래엔	비상 교과서	아이스크림 미디어	천재교육
1 경제활동과 현명한 선택 (1)	• 경제활동의 의미 알아보기 • 현명한 선택이 필요한 까닭 알아보기	42~47	56~61	56~63	56~65	58~63	54~61
1 경제활동과 현명한 선택 (2)	• 생산과 소비의 모습 살펴보기 • 현명한 소비 생활을 하는 방법 알아보기	48~53	62~73	64~75	66~74	64~74	62~69
2 교류하며 발전하는 우리 지역 (1)	• 상품이 어디에서 왔는지 조사하기 • 경제 교류를 하는 까닭 알아보기	54~59	76~89	78~85	76~83	78~81	72~79
2 교류하며 발전하는 우리 지역 (2)	• 다양한 경제적 교류 모습 알아보기 • 우리 지역의 경제적 교류 사례 조사하기	60~65	90~93	86~93	84~92	82~87	80~85

[단원명이 다른 교과서]

1 단원: 아이스크림미디어(경제활동과 선택)

1 단원: 천재교과서(경제활동과 합리적 선택)

2 단원: 지학사(다른 지역과 교류하는 우리 지역)

1 경제활동과 현명한 선택 (1)

1 선택의 문제가 일어나는 까닭 알아보기

① 경제활동과 선택의 문제

경제활동	사람들이 생활하는 데 필요한 여러 가지 것들을 만들고 사용하는 것과 관련된 모든 활동
선택의 문제	• 경제활동을 하는 모든 사람에게 선택의 문제가 일어남. • 무엇을 선택하는지는 사람에 따라 다를 수 있음.

음식점에서 먹고 싶은 음식을 골라요.

문구점에서 친구 생일 선물을 골라요.

공연을 보러 갈지 영화를 보러 갈지 고민해요.

② 선택의 문제가 일어나는 까닭

• 사람이 쓸 수 있는 돈이나 자원은 한정되어 있으므로 원하는 것을 모두 가질 수는 없습니다.

• 경제활동에서 선택의 문제가 일어나는 까닭은 희소성 때문입니다.

③ 희소성 ➕

• 희소성은 사람들이 원하는 것은 많으나, 그것을 모두 가질 수 없는 상태를 말합니다. [자료1]

• 사람들은 돈과 시간이 한정되어 있고, 내가 하고 싶은 것과 다른 사람들이 하고 싶은 것의 경쟁 등으로 하고 싶은 것을 다 하거나 가지고 싶은 것을 다 가질 수는 없습니다.

└ 선택할 때에는 나의 선택이 꼭 필요한 것인지, 이 선택으로 내가 얻을 수 있는 편리함이나 즐거움은 어떤 것들이 있는지 고려해야 해요.

2 현명한 선택이 필요한 까닭 알아보기

① 잘못된 선택으로 문제가 생겼던 경험

집에 있는 장난감과 똑같은 장난감을 샀음. / 옷 크기를 확인하지 않아서 내게 큰 옷을 샀음. / 저렴하지만 모양이 예쁘지 않은 공책을 샀음. / 책이 들어가지 않는 크기가 작은 가방을 샀음.

② 현명한 선택을 위한 노력: 선택을 할 때에는 여러 가지 상황을 고려하여 신중하게 생각해야 현명한 선택을 할 수 있습니다. ➕ [자료2]

③ 현명한 선택이 필요한 까닭

• 자신에게 알맞은 물건을 골라 큰 만족감을 얻을 수 있습니다.

• 돈과 자원의 낭비를 막을 수 있습니다. ─일상생활에서 물건을 살 때뿐만 아니라 다양한 상황에서 현명한 선택을 해야 해요.

➕ 시대에 따라 희소성이 달라진 자원

환경 오염으로 깨끗한 물의 희소성이 커져 오늘날에는 생수를 사 마시기도 합니다. 경제활동에 필요한 자원의 종류와 양은 시대와 장소에 따라 다르기 때문에 자원의 희소성도 이에 따라 달라질 수 있습니다.

➕ 물건을 살 때 현명한 선택을 하는 방법

1 사고 싶은 물건 생각해 보기

2 현재 쓸 수 있는 돈 확인하기

3 사려고 하는 물건의 가격, 특징, 디자인 등의 정보 수집하고 분석하기

4 선택하기 위한 기준을 정하고, 선택 기준별로 점수 매기기

5 점수가 가장 높은 물건 선택하기

용어사전

● **선택** 여러 가지 가운데 필요한 것을 골라 뽑음.
● **자원** 사람들의 생활에 필요한 것을 만드는 데 쓰이는 물건이나 사람의 힘, 기술, 돈과 시간들을 통틀어 이르는 말.
● **한정** 수량이나 범위 등을 제한하여 정함.
● **현명** 어질고 슬기로워 사리에 밝음.
● **신중** 매우 조심스러움.

✔ 교과서 통합 대표 자료

상황에 따라 달라지는 희소성

> 자원의 양이 많고 적음에 따라 희소성이 결정되지는 않습니다. 자원의 양이 매우 적더라도 그것을 원하는 사람이 없으면 그 자원은 희소하지 않습니다. 반면 자원의 양이 매우 많더라도 그것을 원하는 사람이 더 많으면 그 자원은 희소한 자원입니다.

자료 2 **현명한 선택하기**

물건	가방	장난감	필통
가격	10,000원	5,000원	7,000원
디자인	보통	보통	예쁨
특징	• 가방끈이 얇고, 무거움. • 주머니가 많아서 수납이 편리함.	• 다양한 형태로 변형이 가능함. • 친환경 소재로 만들었음.	• 지퍼가 있어서 사용하기 편리함. • 필기도구를 많이 담을 수 없음.

선택 기준 ＼ 물건	가방	장난감	필통
내가 가진 돈으로 살 수 있는가?	○	○	○
디자인이 만족스러운가?	△	△	○
편리하게 사용할 수 있는가?	×	○	△
지금 당장 필요한 것인가?	○	×	○
총점	9점	9점	11점

(○: 그렇다(3점), △: 보통이다(2점), X: 아니다(1점))

> 현명한 선택을 하기 위해서는 사려고 하는 물건의 가격, 디자인, 특징 등 다양한 정보를 수집하고 분석합니다. 그리고 선택 기준을 정하고, 선택 기준별로 점수를 매겨 구매할 물건을 선택합니다.

보충 자료

● **환경을 고려하여 물건 선택하기**

물건을 만들고 사용하고 버리는 모든 과정에서 오염 물질을 배출하는 정도가 낮은 것에 붙이는 표시입니다.

에너지절약

에너지 절약 효과가 높은 물건에 붙이는 표시입니다.

자원을 재활용하여 만든 물건 중에서 품질이 우수한 물건에 붙이는 표시입니다.

● **물건의 정보를 얻는 다양한 방법**

인터넷 검색하기	여러 물건의 가격을 한눈에 비교할 수 있고, 물건을 산 다른 사람들의 의견도 알 수 있음.
광고 보기	신문이나 텔레비전 광고에서 물건의 특징에 관한 여러 가지 정보를 얻을 수 있음.
상점 방문하기	판매원에게 궁금한 점을 물어볼 수 있고, 여러 물건을 직접 비교할 수도 있음.
주변 사람에게 물어보기	물건에 대해 아는 사람에게 궁금한 점을 물어볼 수 있음.

2단원

1 경제활동과 현명한 선택 (1)

기본 개념 문제

1

우리는 생활 속에서 여러 가지 가운데 필요한 것을 고르는 ( )을/를 합니다.

2

선택의 문제는 ( )을/를 하는 모든 사람에게 일어납니다.

3

사람들이 원하는 것은 많으나, 그것을 모두 가질 수 없는 상태를 희소성이라고 합니다.

(○ , ×)

4

경제활동에서 선택의 문제가 일어나는 까닭은 사람이 쓸 수 있는 돈이나 자원이 (한정되어 있기 , 무한하기) 때문입니다.

5

선택을 할 때에는 여러 가지 상황을 고려하여 신중하게 생각해야 현명한 선택을 할 수 있습니다.

(○ , ×)

6 ➕ 11종 공통

다음 ( ) 안에 들어갈 알맞은 말을 쓰시오.

( )은/는 사람들이 생활하는 데 필요한 여러 가지 것들을 만들고 사용하는 것과 관련된 모든 활동을 말합니다.

( )

7 아이스크림, 비상교육 외

경제활동을 하는 우리들이 겪는 선택의 문제가 <u>아닌</u> 것은 어느 것입니까? ( )

①
▲ 음식점에서 먹고 싶은 음식을 골라요.

②
▲ 문구점에서 친구 생일 선물을 골라요.

③
▲ 공연을 보러 갈지 영화를 보러 갈지 고민해요.

④
▲ 미술 시간에 친구들과 함께 만들기를 해요.

8 서술형 ➕ 11종 공통

일상생활에서 선택의 문제가 일어나는 까닭을 쓰시오.

_____

_____

9 ➕ 11종 공통

다음에서 설명하는 것은 어느 것입니까? (   )

> 사람들이 원하는 것은 많으나 그것을 모두 가질 수 없는 상태를 말하며, 경제활동에서 선택의 문제가 일어나는 까닭이기도 합니다.

① 융통성
② 생산성
③ 전문성
④ 소비성
⑤ 희소성

10 ➕ 11종 공통

다음 ⑺, ⑷ 중 희소성과 관련된 모습으로 알맞은 것을 골라 기호를 쓰시오.

(   )

11 아이스크림, 천재교육 외

다음 보기 에서 희소성 때문에 일어나는 문제로 알맞은 것을 골라 기호를 쓰시오.

> 보기
> ㉠ 소득을 얻을 수 없게 됩니다.
> ㉡ 소비를 너무 많이 하게 됩니다.
> ㉢ 경제활동에서 선택의 문제가 일어납니다.

(   )

12 ➕ 11종 공통

다음과 같이 태훈이네 가족이 여행 숙소를 알아보기 위해 여러 가지 조건을 살펴보고 비교하는 까닭은 무엇을 하기 위해서인지 쓰시오.

(   )

13 ➕ 11종 공통

다음 중 현명한 선택을 한 친구는 누구입니까?
(   )

14 서술형 ➕ 11종 공통

경제활동을 할 때 현명한 선택이 필요한 까닭을 쓰시오.

_____

_____

15 ⊕ 11종 공통

물건을 살 때 현명한 선택을 하는 방법으로 알맞지 않은 것은 어느 것입니까? (   )

① 가격이 적당한지 생각해 본다.
② 어느 것이 더 튼튼한지 생각해 본다.
③ 나에게 꼭 필요한 물건인지 생각해 본다.
④ 비싸더라도 요즘 유행하는 것인지 따져 본다.
⑤ 환경에 피해를 주는 것은 아닌지 생각해 본다.

[16-17] 다음 그림을 보고, 물음에 답하시오.

가방이 예뻐서 샀는데 책이 안 들어가네.

16 서술형 ⊕ 11종 공통

위 친구의 선택은 현명한 선택인지 아닌지 쓰고, 그렇게 생각한 이유도 쓰시오.

_____

_____

17 ⊕ 11종 공통

위 친구가 다시 가방을 산다고 할 때, 현명한 선택을 하려면 미리 따져 봐야 할 점으로 알맞은 것을 두 가지 고르시오. (,   )

① 품질
② 디자인
③ 제품명
④ 친구의 취향
⑤ 파는 곳의 이름

18 ⊕ 11종 공통

다음 보기 에서 물건을 살 때 현명한 선택을 하는 방법으로 알맞지 않은 것을 골라 기호를 쓰시오.

보기
㉠ 사고 싶은 물건 생각해 보기
㉡ 현재 쓸 수 있는 돈 확인하기
㉢ 선택 기준별로 점수를 매겨 점수가 가장 낮은 물건 선택하기
㉣ 사려고 하는 물건의 가격, 특징, 디자인 등의 정보 수집하고 분석하기

(   )

19 ⊕ 11종 공통

다음 보기 에서 여행을 갈 때 숙소를 정하기 위해 알아봐야 할 것으로 알맞은 것을 모두 고르시오.

보기
㉠ 가격   ㉡ 시설
㉢ 좌석의 수   ㉣ 청결 상태

(   )

20 ⊕ 11종 공통

물건을 살 때 고려해야 할 점에 대해 잘못 말한 친구를 골라 이름을 쓰시오.

꼭 필요한 물건인지 생각해야 해.

가격은 저렴한지 생각해야 해.

친구들에게 자랑할 수 있어야 해.

▲ 민규   ▲ 지영   ▲ 시후

(   )

[21-22] 다음은 영지가 생일 선물로 갖고 싶은 물건을 고르기 위해 만든 자료입니다. 물음에 답하시오.

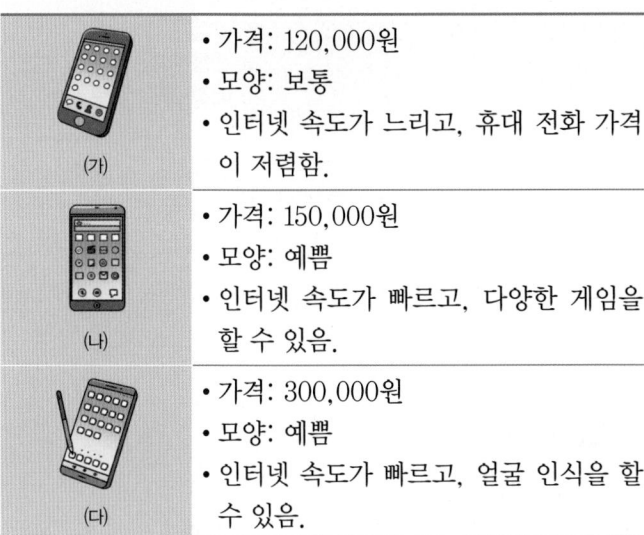

(가)	• 가격: 120,000원 • 모양: 보통 • 인터넷 속도가 느리고, 휴대 전화 가격이 저렴함.
(나)	• 가격: 150,000원 • 모양: 예쁨 • 인터넷 속도가 빠르고, 다양한 게임을 할 수 있음.
(다)	• 가격: 300,000원 • 모양: 예쁨 • 인터넷 속도가 빠르고, 얼굴 인식을 할 수 있음.

21 비상교과서, 천재교육 외

위 (가)~(다)를 비교한 내용으로 알맞은 것을 두 가지 고르시오. (,   )

① (가) 휴대 전화는 가격이 가장 비싸다.
② (나) 휴대 전화는 인터넷 속도가 빠르다.
③ (나) 휴대 전화는 가격이 가장 저렴하다.
④ (다) 휴대 전화는 (가) 휴대 전화보다 5배 비싸다.
⑤ (다) 휴대 전화는 얼굴 인식을 할 수 있는 기능이 있다.

22 ✚ 11종 공통

위 자료를 바탕으로 영지는 휴대 전화 선택 기준을 정하였습니다. (가)~(다) 휴대 전화 중 영지가 구입하기에 가장 알맞은 것을 골라 기호를 쓰시오.

가장 먼저 고려해야 할 기준	인터넷 속도가 빨라야 함.
두 번째 고려해야 할 기준	가격을 생각해야 함.
마지막으로 고려해야 할 기준	모양이 예뻐야 함.

(   )

23 ✚ 11종 공통

현명한 선택을 하여 얻을 수 있는 좋은 점을 두 가지 고르시오. (,   )

① 만족감을 얻을 수 있다.
② 돈과 자원을 절약할 수 있다.
③ 다른 사람에게 자랑할 수 있다.
④ 친구들과 사이좋게 지낼 수 있다.
⑤ 다른 사람에게 피해를 줄 수 있다.

24 비상교과서 외

다음 글을 읽고 (   ) 안에 들어갈 알맞은 말에 ○ 표 하시오.

에너지절약

물건을 선택할 때 환경을 고려하여 물건을 선택할 수 있습니다. 위 표시는 에너지 절약 효과가 (높은 / 낮은) 물건에 붙이는 표시입니다.

25 비상교과서, 천재교육 외

물건의 정보를 얻는 방법과 관련해 다음 (   )에 들어갈 알맞은 말을 쓰시오.

신문이나 텔레비전 (   )에서 물건의 특징에 관한 여러 가지 정보를 얻을 수 있습니다.

(   )

1 경제활동과 현명한 선택 (2)

1 시장에서 이루어지는 생산과 소비

① **시장의 의미**: 사람들이 생활하면서 필요한 여러 가지 상품을 사고파는 곳을 말합니다. ➕

② **생산과 소비의 의미** ➕

생산	생활에 필요한 물건을 만들거나 우리 생활을 편리하고 즐겁게 해 주는 활동
소비	생산한 것을 구매하여 사용하는 활동

③ **생산 활동과 소비 활동**

생산 활동	빵집 주인이 빵을 만드는 모습	미용사가 머리를 손질해 주는 모습	물건을 배달하는 모습
소비 활동	음식점에서 음식을 사 먹는 모습	생선 가게에서 생선을 사는 모습	신발 가게에서 신발을 사는 모습

2 다양한 생산 활동의 모습 [자료 1]

생활에 필요한 것을 자연에서 얻는 활동	생활에 필요한 것을 만드는 활동 [자료 2]	생활을 편리하고 즐겁게 해 주는 활동
벼농사 짓기, 물고기 잡기, 버섯 따기, 닭 키우기, 딸기 수확하기 등	자동차 만들기, 건물 짓기, 과자 만들기, 장난감 만들기, 휴대 전화 만들기 등	공연하기, 환자 진료하기, 물건 배달하기, 머리 손질하기 등

└ 생산 활동은 생활에 필요한 것을 자연에서 얻는 활동, 생활에 필요한 것을 만드는 활동, 생활을 편리하고 즐겁게 해 주는 활동으로 나눌 수 있어요.

3 현명한 소비 생활을 하기 위한 방법

① **현명한 소비 생활의 필요성**: 소비 생활을 현명하게 하지 않으면 가정의 살림살이가 어려워져서 필요한 물건을 못 사거나 하고 싶은 일을 못 하게 됩니다.

② **현명한 소비 생활을 하는 방법** ➕
- 소득의 범위 내에서 소비하고, 미리 소비 계획을 세웁니다.
- 소득의 일부를 저축하여 미래를 준비합니다.
- 물건의 선택 기준을 세우고 선택 기준에 맞는 물건을 고릅니다.

➕ 다양한 형태의 시장

사람들이 직접 만나는 시장	전통 시장, 백화점, 할인 매장, 편의점 등
사람들이 직접 만나지 않는 시장	텔레비전 홈 쇼핑, 온라인 쇼핑 등

➕ 생산과 소비의 관계
- 생산하지 않으면 소비할 수 없고, 소비하지 않으면 생산할 필요가 없습니다.
- 물건을 사고팔 때처럼 생산 활동과 소비 활동이 동시에 일어나는 경우도 있습니다.

➕ 정보를 활용한 현명한 소비 생활
물건을 사기 전에 어디에서 사는 것이 좋은지, 물건의 가격과 품질은 어떠한지 등 필요한 정보를 찾아 활용하면 값싸고 품질이 좋은 물건을 살 수 있습니다.

용어 사전
- **손질** 손을 대어 잘 매만지는 일.
- **진료** 의사가 환자를 진찰하고 치료하는 것.
- **살림살이** 한 집안을 이루고 생활하며 살아가는 것.
- **소득** 경제활동을 하고 그 대가로 받는 돈.
- **저축** 벌어들인 돈 가운데 쓰지 않고 남은 부분.

자료 1 생산 활동의 종류

생활에 필요한 것을 자연에서 얻는 활동

농부가 논에서 벼를 기르고, 어부가 바다에서 고기를 잡는 등 생활에 필요한 것을 자연에서 얻는 활동입니다.

▲ 벼농사 짓기

▲ 물고기 잡기

▲ 닭 키우기

생활에 필요한 것을 만드는 활동

자연에서 얻은 것을 기술이나 기계를 이용해 다른 형태로 만들기도 하고 새로운 물건을 만들기도 합니다.

▲ 자동차 만들기

▲ 휴대 전화 만들기

▲ 과자 만들기

생활을 편리하고 즐겁게 해 주는 활동

사람의 기술과 능력으로 다른 사람의 생활을 편리하고 즐겁게 해 줍니다.

▲ 공연하기

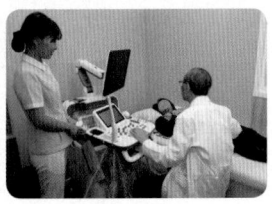
▲ 환자 진료하기

▲ 물건 배달하기

자료 2 신발이 만들어져서 우리에게 오는 과정

1 신발을 만들 때 필요한 원료인 고무액, 가죽 등을 구합니다.

2 신발 공장에서는 고무, 가죽, 천 등 재료를 사용해서 신발을 만듭니다.

3 운송 수단을 이용해 공장에서 만든 신발을 운반합니다.

4 신발 가게나 홈 쇼핑 등을 통해 신발을 판매합니다.

▶ 신발이 우리 손에 오기까지 여러 가지 생산 활동이 이루어진다는 것을 알 수 있습니다.

보충 자료

◦ **사람들이 직접 만나지 않는 시장**

텔레비전 홈 쇼핑	가정에서 텔레비전 방송으로 상품 정보를 보고 상품을 살 수 있음.
온라인 쇼핑	스마트폰이나 컴퓨터를 이용해 인터넷으로 다양한 상품을 비교하여 살 수 있음.

◦ **시장놀이를 하는 과정**

1 모둠별로 판매할 상품 다섯 가지와 생산량, 가격을 정합니다.

2 여러 가지 재료를 이용해 가게에서 판매할 상품들과 간판, 광고지를 만듭니다.

3 모둠 내에서 생산자와 소비자를 정합니다.

4 생산자는 모둠의 가게에서 상품을 판매하고 판매 활동 기록지를 작성합니다.

5 모둠별로 중간 점검을 하고, 생산자와 소비자의 역할을 바꿔서 다시 시장을 엽니다.

시장놀이에서 생산자와 소비자 역할을 하면서 생산 활동과 소비 활동을 할 수 있습니다.

2 단원

기본 개념 **문제**

1

생활에 필요한 물건을 만들거나 우리 생활을 편리하고 즐겁게 해 주는 활동을 (　　　　　)(이)라고 합니다.

2

생산한 것을 구매하여 사용하는 활동을 소비라고 합니다.

(○ , ×)

3

신발 가게에서 신발을 사는 것은 (생산 , 소비) 활동입니다.

4

생산 활동은 생활에 필요한 것을 (　　　　　)에서 얻는 활동, 생활에 필요한 것을 만드는 활동, 생활을 편리하고 즐겁게 해 주는 활동으로 나눌 수 있습니다.

5

현명한 소비 생활을 하려면 소득의 범위를 넘어서 소비하고, 소비 계획을 세우지 않습니다.

(○ , ×)

6 ➕ 11종 공통

다음 (　　　) 안에 들어갈 알맞은 말을 쓰시오.

> 사람들이 생활하면서 필요한 여러 가지 상품을 사고파는 곳을 (　　　　)(이)라고 합니다.

(　　　　　　　　　　)

7 아이스크림, 천재교과서 외

다음 ㉠, ㉡에 들어갈 내용이 알맞게 짝지어진 것은 어느 것입니까? (　　　)

> 시장에는 사람들이 직접 만나는 시장인 (　㉠　)과 사람들이 직접 만나지 않는 시장인 (　㉡　)이 있습니다.

	㉠	㉡
①	백화점	전통 시장
②	전통 시장	온라인 쇼핑
③	할인 매장	편의점
④	온라인 쇼핑	전통 시장
⑤	텔레비전 홈 쇼핑	백화점

8 ➕ 11종 공통

다음 글을 읽고 (　　　) 안에 들어갈 알맞은 말에 ○표 하시오.

> 생활에 필요한 물건을 만들거나 우리 생활을 편리하고 즐겁게 해 주는 활동을 (생산 / 소비)(이)라고 하고, 생산한 것을 구매하여 사용하는 활동을 (생산 / 소비)(이)라고 합니다.

[9-10] 다음은 시장에서 볼 수 있는 사람들의 모습입니다. 물음에 답하시오.

(가)

▲ 음식점에서 음식을
사 먹는 모습

(나)

▲ 빵집 주인이 빵을
만드는 모습

(다)

▲ 물건을 배달하는 모습

(라)

▲ 신발 가게에서 신발을
사는 모습

9 ➕ 11종 공통

위 (가)~(라) 중 생산 활동의 모습을 두 가지 골라 기호를 쓰시오.

(   )

10 ➕ 11종 공통

위 (가)~(라) 중 다음 내용과 관련된 모습을 두 가지 골라 기호를 쓰시오.

생산한 것을 구매하여 사용하는 활동을 말합니다.

(   )

11 서술형 ➕ 11종 공통

시장에서 볼 수 있는 소비 활동의 모습을 두 가지 쓰시오.

_____

_____

12 ➕ 11종 공통

다음 (　　) 안에 들어갈 알맞은 말은 어느 것입니까? (　　　)

시장에서 물건 사기, 병원에서 치료 받기, 공연 관람하기는 (　　　) 활동입니다.

① 경매   ② 생산   ③ 소득
④ 소비   ⑤ 판매

13 ➕ 11종 공통

다음 보기 에서 다양한 생산 활동의 모습으로 알맞은 것을 모두 골라 기호를 쓰시오.

보기
㉠ 생활에 필요한 것을 만드는 활동
㉡ 생활에 필요한 것을 생각하는 활동
㉢ 생활을 편리하고 즐겁게 해 주는 활동
㉣ 생활에 필요한 것을 자연에서 얻는 활동

(   )

14 ➕ 11종 공통

생산 활동의 모습을 선으로 알맞게 연결하시오.

(1) 생활에 필요한 것을 만드는 활동 ·

 · ㉠

▲ 벼농사 짓기

(2) 생활을 편리하고 즐겁게 해 주는 활동 ·

 · ㉡

▲ 자동차 만들기

(3) 생활에 필요한 것을 자연에서 얻는 활동 ·

 · ㉢
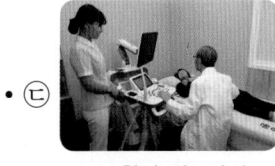
▲ 환자 진료하기

15 ➕ 11종 공통

다음 중 생활에 필요한 것을 자연에서 얻는 활동을 두 가지 고르시오. (,   )

① 공연하기　　　　② 건물 짓기
③ 버섯 따기　　　　④ 책 만들기
⑤ 딸기 수확하기

[16-17] 다음 사진을 보고, 물음에 답하시오.

㉠　　　　　　㉡　　　　　　㉢

▲ 과자 만들기　　　▲ 공연하기　　　▲ 닭 키우기

16 ➕ 11종 공통

위 ㉠~㉢에 대한 설명으로 알맞지 <u>않은</u> 것은 어느 것입니까? (   )

① ㉠은 생활에 필요한 것을 만드는 활동입니다.
② ㉡은 생활을 편리하고 즐겁게 해 주는 활동입니다.
③ ㉢은 생활에 필요한 것을 자연에서 얻는 활동입니다.
④ ㉠, ㉡은 생산 활동, ㉢은 소비 활동입니다.
⑤ ㉠~㉢은 모두 생산 활동입니다.

17 ➕ 11종 공통

위 ㉠~㉢ 중 다음 설명과 같은 종류의 활동 모습을 골라 기호를 쓰시오.

> 건물 짓기, 자동차 만들기, 아이스크림 만들기는 생활에 필요한 것을 만드는 활동입니다.

(   )

18 ➕ 11종 공통

다음 중 생활을 편리하고 즐겁게 해 주는 생산 활동은 어느 것입니까? (   )

① 　　　②
▲ 물고기 잡기　　　　▲ 물건 배달하기

③ 　　　④
▲ 휴대 전화 만들기　　　▲ 자동차 만들기

19 미래엔, 비상교과서 외

다음은 신발이 만들어져서 우리에게 오는 과정을 나타낸 것입니다. 이를 보고 알 수 있는 점으로 알맞은 것은 어느 것입니까? (   )

> 신발을 만들 때 필요한 원료 구하기
>
> 신발 공장에서 재료를 사용하여 신발 만들기
>
> 운송 수단을 이용해 공장에서 만든 신발 운반하기
>
> 신발 가게나 홈 쇼핑 등을 통해 신발 판매하기

① 신발을 사는 것은 생산 활동이다.
② 생산과 소비 중 생산만 경제활동이다.
③ 생산을 하지 않아도 소비를 할 수 있다.
④ 눈에 보이는 물건을 만드는 것만 생산 활동이다.
⑤ 신발이 우리 손에 오기까지 여러 가지 생산 활동이 이루어진다.

20 ➕ 11종 공통

다음 ( ) 안에 들어갈 알맞은 말에 ○표 하시오.

> 가정의 소득은 한정되어 있기 때문에 가정에서는 현명한 (생산 , 소비) 생활이 필요합니다.

21 서술형 ➕ 11종 공통

소비 생활을 현명하게 하지 않으면 겪을 수 있는 문제를 쓰시오.

_____

_____

22 ➕ 11종 공통

다음 보기 에서 현명한 소비 생활을 하는 방법으로 알맞은 것을 모두 골라 기호를 쓰시오.

> 보기
> ㉠ 미리 소비 계획을 세웁니다.
> ㉡ 소득의 전부를 소비하는 데 사용합니다.
> ㉢ 물건을 사기 전에 가격, 품질 등의 정보를 확인합니다.
> ㉣ 물건의 선택 기준을 세우고 선택 기준에 맞는 물건을 고릅니다.

( )

23 미래엔, 천재교육 외

다음 ( ) 안에 공통으로 들어갈 말을 쓰시오.

> • 소득의 일부를 ( )하여 미래를 준비합니다.
> • 가정에서는 목돈을 마련하려고 ( )을/를 합니다.

( )

24 ➕ 11종 공통

현명한 소비 생활을 하기 위한 방법을 잘못 말한 친구는 누구입니까? ( )

① 동훈: 용돈 기입장을 쓸 거야.
② 소민: 용돈의 일부를 저축할 거야.
③ 준서: 물건의 가격을 확인한 후에 살 거야.
④ 서아: 비싸고 유명한 상표의 물건만 살 거야.
⑤ 윤수: 물건의 선택 기준을 세우고 선택 기준에 맞는 물건을 고를 거야.

25 서술형 비상교과서, 천재교육 외

물건을 살 때 필요한 정보를 찾아 활용하면 좋은 점을 쓰시오.

_____

_____

2 교류하며 발전하는 우리 지역 (1)

1 우리 주변에 있는 상품이 어디에서 왔는지 살펴보기

① 우리 주변의 상품이 어디에서 왔는지 조사하는 방법
<small>다양한 상품이 어디에서 왔는지 여러 가지 방법으로 표시되어 있어요.</small>

▲ 광고 전단지 확인하기

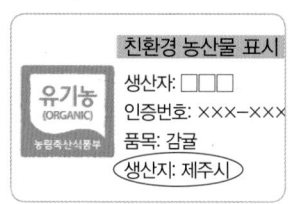
▲ 품질 인증 표시 확인하기

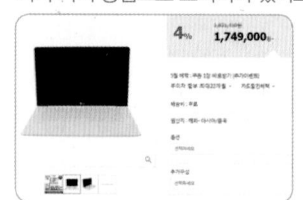
▲ 누리집에서 상품 소개 검색하기

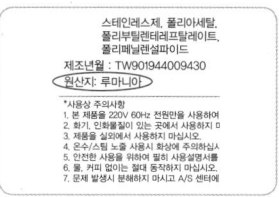
▲ 상품 정보 확인하기

▲ 큐아르(QR) 코드 찍어서 확인하기

▲ 상품 안내판 확인하기

② 우리나라의 여러 지역과 다른 나라에서 온 상품을 표로 정리하기 ➕ 자료 1

구분	상품명	생산지(원산지)
우리나라의 여러 지역에서 온 상품	녹차	전라남도 보성군
	신발	부산광역시
	고추장	전라북도 순창군
다른 나라에서 온 상품	오렌지	미국
	프라이팬	독일
	옷	베트남
	양말	오스트레일리아

2 경제적 교류를 하는 까닭 알아보기

① 경제적 교류의 의미
- 개인이나 지역이 경제적 이익을 얻기 위해 물건, 기술, 정보 등을 서로 주고받는 것을 말합니다. ➕
- 경제 교류는 개인, 기업, 지역, 국가 사이에서 다양하게 이루어집니다.

② 경제적 교류를 하는 까닭: 사는 곳의 자연환경과 생산 기술, 자원 등이 다르기 때문에 경제적 교류가 발생합니다. 자료 2

③ 경제적 교류를 하면 좋은 점 자료 3
- 서로에게 도움을 주고 지역 간의 화합을 가져옵니다.
- 우리 지역의 특산물을 소개하거나 지역을 홍보해서 경제적 이익을 얻을 수 있습니다.
- 유용한 정보를 주고받을 수 있고, 기술 협력으로 더 나은 상품을 개발할 수 있습니다. → 다양한 경제적 교류로 각 지역들이 서로 좋은 영향을 미칠 수 있어요.

➕ **다른 지역의 상품이 우리 지역으로 오는 까닭**

우리 지역과 자연환경, 제품을 생산하는 기술, 노동력 등이 달라 우리 지역에서 만들 수 없는 제품을 다른 지역에서는 만들기 때문입니다.

➕ **지역 간에 경제적 교류를 하지 않았을 때 생기는 어려움**
- 지역에서 생산한 여러 가지 상품을 팔 수 없어 소득이 줄어들게 됩니다.
- 우리 지역에서 나거나 생산할 수 없는 여러 가지 상품을 구할 수 없어 생활이 불편해집니다.
- 지역 간에 기술을 교류할 수 없게 되어 더 나은 상품을 개발할 수 없게 됩니다.

용어 사전
- **큐아르(QR) 코드** 상품 포장지에 표시된 정사각형 모양의 무늬로, 그 상품의 정보를 표시한 것.
- **생산지(원산지)** 어떤 물품을 만들어 내는 곳, 또는 그 물품이 저절로 생겨 나는 곳.
- **화합** 화목하게 어울림.
- **특산물** 어떤 지역에서 생산되는 특별한 물건.

자료 1 상품 교류 지도 만들기

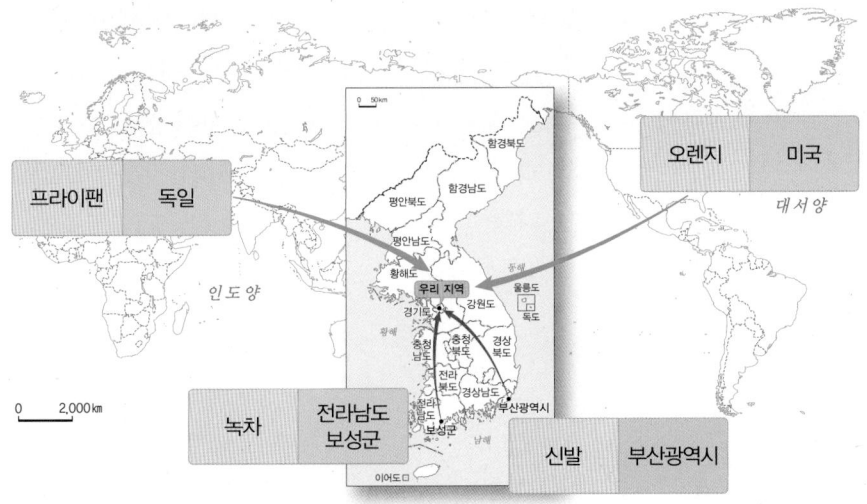

1️⃣ 지도에서 우리 지역의 위치를 찾아 표시합니다.
2️⃣ 붙임 딱지에 상품의 이름과 생산지(원산지)를 씁니다.
3️⃣ 지도에서 생산지(원산지)의 위치를 찾아 붙임 딱지를 붙입니다.
4️⃣ 생산지(원산지)와 우리 지역을 화살표로 연결합니다.

자료 2 지역 간에 경제적 교류가 일어나는 까닭

재준이네 지역
생산한 질 좋은 포도를 영희네 지역에 팔고 지역을 홍보할 수 있어요.

영희네 지역
재준이네 지역의 질 좋은 포도로 다양한 상품을 만들어 많은 이익을 얻을 수 있어요.

❥ 재준이네 지역은 지역의 생산물을 홍보하여 소개하는 데 도움을 얻었고, 영희네 지역은 질 좋은 생산물로 좋은 상품을 만들 수 있게 되었습니다. 재준이네 지역과 영희네 지역은 서로에게 경제적 이익을 주고 있습니다.

자료 3 지역 간 경제적 교류의 모습과 효과

자매결연	지역 간 교류를 하여 다른 지역의 우수한 상품을 소개하고 지역 간 화합을 가져올 수 있음.
기술 교류	기술 교류로 더 나은 상품을 개발하고 생산에 드는 비용을 아낄 수 있음.
상품 박람회	상품 박람회를 하여 다른 지역의 경제 소식, 상품 등 여러 가지 유용한 정보를 주고받을 수 있음.
직거래 장터	직거래 장터에서 지역의 특산물을 소개하고 지역을 홍보하여 경제적 이익을 얻을 수 있음.

보충 자료

● **우리 주변의 상품이 어디에서 왔는지 알 수 있는 방법**

대형 할인점에는 다양한 음식과 물건이 어디에서 왔는지 여러 가지 방법으로 표기되어 있습니다.

판매자명: ○○ 의류
제조년월: 20△△년, △△월
제조국: 베트남

품명: 냄비   제조국: 대한민국
재질: 도자기제, 강화유리, 스테인레스 스틸
제조판매원: ○○

● **지역 간의 교류 사례 예 상생상회**

상생상회는 서울시가 지역의 중·소농을 지원하기 위해 세운 매장입니다. 상생상회는 지역과 지역이 서로 도우며 발전하는 것을 목표로 합니다. 생산자에게는 낮은 수수료를 적용하고 소비자에게는 안전한 먹거리를 제공하는 일을 하고 있습니다.

2 교류하며 발전하는 우리 지역 (1)

기본 개념 문제

1

우리 주변의 상품이 어디에서 왔는지 조사하는 방법으로 광고 (   )을/를 확인하는 방법이 있습니다.

2

우리 주변에 있는 상품이 어디에서 왔는지 조사하기 위해 (   )에서 상품 소개를 검색할 수 있습니다.

3

사는 곳의 자연환경과 생산 기술, 자원 등이 모두 동일하기 때문에 경제적 교류가 발생합니다.

(○ , ×)

4

경제적 (   )(이)란 개인이나 지역이 경제적 이익을 얻기 위해 물건, 기술, 정보 등을 서로 주고받는 것을 말합니다.

5

지역의 특산물을 소개하거나 지역을 홍보해 경제적 이익을 얻을 수 있습니다.

(○ , ×)

6 ➕ 11종 공통

대형 할인점에 있는 과자가 어디에서 왔는지 조사할 수 있는 방법으로 알맞은 것에 ○표 하시오.

⑴ 과자의 포장을 뜯어 직접 맛을 봅니다. (   )

⑵ 과자 포장지의 뒷면에 표시된 상품 정보를 확인합니다.   (   )

7 ➕ 11종 공통

다음 품질 인증 표시를 보고 알 수 있는 감귤의 생산지가 어디인지 쓰시오.

친환경 농산물 표시 사항
생산자: □□□
인증번호: ×××–×××–×××
품목: 감귤
생산지: 제주시

(   )

8 서술형 ➕ 11종 공통

우리 주변의 상품이 어디에서 왔는지 조사하는 방법을 두 가지 쓰시오.

_____

_____

9 ✚ 11종 공통

우리 주변의 상품이 어디에서 왔는지 조사하는 방법으로 알맞지 <u>않은</u> 것은 어느 것입니까? (   )

①
▲ 광고 전단지 확인하기

②
▲ 저축하기

③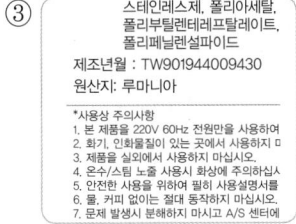
▲ 상품 정보 확인하기

④
▲ 누리집에서 상품 소개 검색하기

10 ✚ 11종 공통

다음 ○ 표시된 것으로 스마트폰으로 찍어 상품의 다양한 정보와 상품이 어디에서 왔는지를 알 수 있는 것을 무엇이라고 하는지 쓰시오.

(   )

11 ✚ 11종 공통

다음 (   ) 안에 들어갈 알맞은 말에 ○표 하시오.

> 우리 주변의 각종 상품에 표기된 것을 통해 (다양한 , 하나의) 지역에서 생산된 상품이 소비자들에게 판매된다는 것을 알 수 있습니다.

12 서술형 ✚ 11종 공통

다음과 같이 할인점에 있는 상품 뒷면에 부착된 상품 정보나 생산 지역이 표기된 안내판을 보고 알 수 있는 점을 쓰시오.

판매자명: ○○ 의류
제조년월: 20△△년, △△월
제조국: 베트남

품명: 냄비   제조국: 대한민국
재질: 도자기제, 강화유리, 스테인레스 스틸
제조판매원: ○○

_____

_____

[13-14] 다음 자료를 보고, 물음에 답하시오.

상품명	생산지(원산지)
㉠ 고추장	전라북도 순창군
㉡ 오렌지	미국
㉢ 프라이팬	독일
㉣ 신발	부산광역시
㉤ 옷	베트남
㉥ 텔레비전	경상북도 구미시

13 비상교과서, 천재교육 외

위 표에서 다른 나라에서 온 상품을 모두 골라 기호를 쓰시오.

(   )

14 비상교과서, 천재교육 외

위 표에서 우리나라의 여러 지역에서 온 상품을 모두 골라 기호를 쓰시오.

(   )

15 ➕ 11종 공통

다음은 우리 지역에 들어온 상품의 종류와 생산지를 나타낸 표입니다. 이를 보고 다음 지도에 표시된 지역에서 나는 상품을 찾아 쓰시오.

상품	생산지
굴비	전라남도 영광군
고등어	제주특별자치도
고추장	전라북도 순창군
신발	부산광역시

㉠ (   ), ㉡ (   )

16 ➕ 11종 공통

다음 (   ) 안에 들어갈 알맞은 말을 두 가지 고르시오. (,   )

> 개인, 지역, 국가 간의 경제적 교류는 사는 곳의 (   )이/가 다르기 때문에 발생합니다.

① 역사　　　　② 이름　　　　③ 자원
④ 자연환경　　⑤ 사용하는 언어

17 ➕ 11종 공통

경제적 교류에 대한 설명으로 알맞은 것에 ○표, 알맞지 <u>않은</u> 것에 ×표 하시오.

(1) 경제적 교류를 하면 다른 지역의 특산물을 공짜로 얻을 수 있습니다. (   )

(2) 다양한 경제적 교류로 각 지역들은 서로 좋은 영향을 미칠 수 있습니다. (   )

18 서술형　➕ 11종 공통

경제적 교류가 필요한 까닭을 두 가지 쓰시오.

_____

_____

19 천재교과서, 천재교육 외

다음과 같은 경제적 교류를 통해 얻을 수 있는 좋은 점은 무엇입니까? (   )

> ㅅㅅㅅ상 **상생상회** I·MARKET·U
>
> 상생상회는 서울시가 지역의 중·소농을 지원하기 위해 세운 매장입니다. 지역과 지역이 서로 도우며 발전하는 것을 목표로 합니다.

① 다른 지역의 역사와 관련된 소식을 알 수 있다.
② 지역의 특산물을 소개하고 지역을 홍보할 수 있다.
③ 우리 지역에 필요한 여러 가지 상품을 조사할 수 있다.
④ 다른 지역과 기술 협력으로 더 나은 상품을 개발할 수 있다.
⑤ 다른 지역 주민들이 필요로 하는 생산 기술에 대해 조사할 수 있다.

20 서술형 금성출판사, 비상교과서 외

상품 박람회를 통해 경제적 교류를 하면 좋은 점을 쓰시오.

_____

_____

21 ✚ 11종 공통

지역 간에 경제적 교류를 하지 않았을 때 생기는 어려움으로 알맞은 것을 보기 에서 골라 기호를 쓰시오.

보기 ●
㉠ 지역 간에 화합을 가져올 수 있다.
㉡ 우리 지역에서 나거나 생산되지 않는 상품을 구할 수 없다.
㉢ 다른 지역과 기술을 협력하여 더 나은 상품을 개발할 수 있다.

(   )

22 ✚ 11종 공통

경제적 교류를 하면 좋은 점을 두 가지 고르시오.

(,   )

① 지역 간의 화합을 가져온다.
② 우리 지역만 발전할 수 있다.
③ 경제적으로 손해를 볼 수 있다.
④ 다른 지역과의 경쟁에서 이길 수 있다.
⑤ 여러 가지 유용한 정보를 주고받을 수 있다.

[23-25] 다음 그림을 보고, 물음에 답하시오.

재준이네 지역
생산한 질 좋은 포도를 영희네 지역에 팔고 지역을 홍보할 수 있어요.

영희네 지역
재준이네 지역의 포도로 다양한 상품을 만들어 많은 이익을 얻을 수 있어요.

23 천재교과서, 비상교육 외

위와 같이 개인이나 지역이 경제적 이익을 얻기 위해 물건, 기술, 정보 등을 서로 주고받는 것을 무엇이라고 하는지 쓰시오.

(   )

24 ✚ 11종 공통

위 그림에 대한 설명으로 알맞지 않은 것은 어느 것입니까? (   )

① 두 지역은 경제적 교류를 하고 있다.
② 재준이네 지역은 질 좋은 포도를 생산한다.
③ 재준이네 지역의 대표적인 교류 상품은 포도이다.
④ 영희네 지역은 포도를 이용해 상품을 만드는 기술이 부족하다.
⑤ 두 지역은 경제적으로 교류하면서 서로에게 경제적 이익을 주고 있다.

25 ✚ 11종 공통

재준이네 지역과 영희네 지역 중 질 좋은 포도로 좋은 상품을 만들 수 있는 곳은 어디인지 쓰시오.

(   ) 지역

2 교류하며 발전하는 우리 지역 (2)

1 다양한 경제적 교류의 모습 알아보기

① 경제적 교류를 하는 대상: 개인, 기업, 지역, 국가 등 다양합니다. ⊕

▲ 개인과 기업

▲ 지역과 기업

▲ 지역과 지역

▲ 국가와 국가

개인과 기업	개인과 기업 간에 상품, 기술, 정보 등을 교류함.
지역과 기업	지역과 기업 간에 경제 협약을 맺음.
지역과 지역	농촌, 어촌, 산지촌, 도시 등 각 지역 간에 생산물을 교류함.
국가와 국가	국가 간에 서로 필요한 상품이나 기술 등을 교류함.

② 경제적 교류의 종류 [자료1]

기술 교류	각 지역은 기술 교류를 통해 서로의 지역에 부족한 기술을 보완하여 경제적 이익을 얻음. ⊕
문화 교류	지역 간의 문화 교류로 각 지역이 가진 문화를 다른 지역 사람들에게 알리고 다른 지역 사람들은 다양한 문화를 경험할 수 있음. ⊕
물자 교류	각 지역은 그 지역에서 생산하는 물자를 다른 지역으로 보내고, 직접 생산하기 어려운 물자는 다른 지역에서 들여오며 각 지역은 경제적 이익을 얻음.

2 우리 지역의 경제적 교류 사례 조사하기

① 각 지역을 대표하는 상품 살펴보기 ─── 자연환경, 기술, 자원, 시설 등에 따라 지역의 대표 상품이 달라집니다.

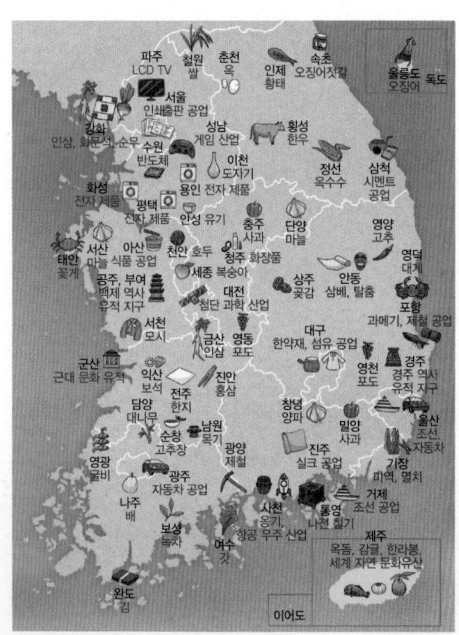

➡ 각 지역에는 그 지역을 대표하는 상품이 있습니다. 지역 간 경제 교류는 지역의 대표 상품을 중심으로 이루어집니다.

② 우리 지역의 경제적 교류 사례 조사 방법: 인터넷 검색하기, 지역 누리집과 신문 기사에서 찾기, 시장에서 조사하기 등이 있습니다. [자료3]

⊕ **옛날과 오늘날의 경제적 교류**
· 옛날에는 주로 시장에서 경제적 교류를 활발하게 했습니다.
· 오늘날에는 교통과 통신의 발달로 다양한 장소에서 여러 가지 방법으로 경제적 교류를 하고 있습니다.

⊕ **기술 교류의 사례**

자율 주행 자동차
제작 기술

울산 광역시	⟶ ⟵	세종특별 자치시

자율 주행 자동차
시험 기술

자동차를 만드는 기술이 뛰어난 울산광역시와 자율 주행 자동차 시험 기술을 가진 세종특별자치시가 교류하여 더 나은 자율 주행 자동차를 개발합니다.

⊕ **문화 교류의 사례**

경기도의 예술단인 ☆☆☆ 오케스트라가 전라북도 전주시에서 신년 음악회를 엽니다. 이번 공연은 전국 각 지역의 단체가 상호 방문 공연 등을 통한 문화 교류를 약속한 성과입니다.

용어 사전

● **보완** 모자라거나 부족한 것을 보충하여 완전하게 함.
● **물자** 어떤 활동에 필요한 물건이나 재료.
● **대표** 전체의 상태나 성질을 어느 하나로 잘 나타냄. 또는 그런 것.

자료 1 일상생활 속 경제적 교류 방법

대중 매체를 이용한 경제적 교류	• 인터넷, 스마트폰 등을 이용하면 짧은 시간에 물건의 정보를 쉽게 얻을 수 있음. • 인터넷, 홈 쇼핑 등을 이용해 쉽고 편리하게 물건을 사고팔 수 있음.
시장을 이용한 경제적 교류	• 물건의 품질을 직접 확인하고 살 수 있음. • 교통의 발달로 시장에서 각 지역의 다양한 물건을 볼 수 있음.
지역 간 대표 자원의 경제적 교류	• 지역의 기술이나 상품을 소개하고, 각 지역들은 서로 협력해 경제적 이익을 얻음. • 다양한 지역이나 다른 나라와 경제적으로 협력하는 기회로 발전하기도 함.
문화 활동과 함께하는 경제적 교류	• 경제적 교류는 문화, 기술, 운동 경기 등과 함께 더욱 활발히 이루어지기도 함. • 국내 여러 지역뿐 아니라 중국이나 일본, 미국 등 세계 여러 나라와 교류를 하고 있음.
촌락과 도시의 생산물에 따른 경제적 교류	• 지역마다 자연환경과 기술 수준이 달라서 생산하는 물건이 다름. • 각 지역의 풍부한 생산물을 중심으로 경제적 교류가 이루어짐.

▶ 오늘날에는 경제적 교류가 이루어지는 장소와 방법이 점차 다양해지고 있습니다. 일상생활 속에서 다양한 경제적 교류를 볼 수 있습니다.

자료 2 신문 기사에서 경제적 교류 사례 조사하기

경기도 광명시와 제주특별자치도 서귀포시, 지역 경제를 살리는 업무 협약 맺다

광명시와 서귀포시는 관광객이 많이 찾는 광명 동굴에서 서귀포시의 유명 상품인 감귤 와인을 팔고 홍보도 하는 업무 협약을 맺었습니다. 이에 따라 광명시는 국내 와인 판매의 중심지로서 더욱 자리 잡고, 서귀포시는 제주의 감귤 와인을 홍보하고 팔 기회를 얻었습니다. 앞으로 두 지역의 특징을 결합한 관광 상품을 함께 개발하는 등 문화·관광 면에서도 협력하기로 했습니다.

▶ 지역 누리집이나 신문 기사에서 우리 지역과 다른 지역의 경제 교류나 경제 협력 사례를 조사할 수 있습니다.

보충 자료

● 촌락과 도시의 생산물에 따른 경제적 교류

농촌	곡식, 채소, 과일 등
어촌	생선, 미역, 조개, 소금 등
산지촌	버섯, 산나물, 약초, 목재 등
도시	자동차, 옷, 장난감, 컴퓨터 등

● 인터넷에서 우리 지역의 경제적 교류 사례 조사하기

예로부터 쌀의 고장이라 불린 넓고 기름진 땅, 이천

임금님께 바치던 최고의 쌀로 지은 밥맛을 느껴 보세요!

인터넷에서 우리 지역과 다른 지역의 대표 상품을 검색하고, 상품을 파는 인터넷 쇼핑몰에 들어가 상품의 교류 모습을 살펴볼 수 있습니다.

2 교류하며 발전하는 우리 지역 (2)

기본 개념 문제

1

경제적 교류를 하는 대상은 개인, (   ), 지역, 국가 등 다양합니다.

2

옛날에는 주로 홈 쇼핑에서 경제적 교류를 활발하게 했습니다.　　　　　　　　　(○ , ×)

3

오늘날에는 (   )와/과 통신의 발달로 다양한 장소에서 여러 가지 방법으로 경제적 교류를 하고 있습니다.

4

인터넷, 스마트폰 등 (   )을/를 이용하면 짧은 시간에 물건의 정보를 쉽게 얻을 수 있습니다.

5

경제적 교류는 문화, 기술, 운동 경기 등과 함께 더욱 활발히 이루어지기도 합니다.　　(○ , ×)

6 ➕ 11종 공통

경제적 교류를 하는 대상으로 알맞지 **않은** 것은 어느 것입니까? (   )

① 나와 가족
② 개인과 기업
③ 국가와 국가
④ 지역과 기업
⑤ 지역과 지역

7 ➕ 11종 공통

다음 그림에 나타난 경제적 교류를 하는 대상은 어느 것입니까? (   )

① 개인과 기업
② 기업과 지역
③ 지역과 지역
④ 기업과 기업
⑤ 국가와 국가

8 ➕ 11종 공통

오늘날 사람들이 다양한 장소에서 여러 가지 방법으로 경제적 교류를 할 수 있게 된 이유를 알맞게 말한 친구는 누구입니까? (   )

① 명호: 지역마다 큰 시장이 들어섰기 때문이야.
② 정은: 경제적 교류에 관심이 줄어들었기 때문이야.
③ 지우: 오늘날에 교통과 통신이 발달했기 때문이야.
④ 수정: 지역마다 다양한 특산물이 개발되었기 때문이야.
⑤ 재민: 사람들이 생산하는 상품의 품질이 좋아졌기 때문이야.

9 ➕ 11종 공통

다음 ⑺, ⑷를 옛날과 오늘날의 경제적 교류 모습으로 구분하여 기호를 쓰시오.

> ⑺ 주로 시장에서 경제적 교류를 활발하게 한다.
> ⑷ 다양한 장소에서 여러 가지 방법으로 경제적 교류를 한다.

(1) 옛날: (   )
(2) 오늘날: (   )

10 ➕ 11종 공통

대중 매체를 이용한 경제적 교류의 특징으로 알맞은 것은 어느 것입니까? (   )

① 지역과 지역이 화합할 수 있다.
② 상품을 직접 만져 보고 확인할 수 있다.
③ 주로 시장에서 사람들이 물건을 사고판다.
④ 상품이 생산되는 곳에 가서 만드는 과정을 살펴볼 수 있다.
⑤ 인터넷, 홈 쇼핑 등을 이용해 쉽고 편리하게 물건을 사고팔 수 있다.

11 서술형 ➕ 11종 공통

대중 매체를 이용한 경제적 교류의 장점을 쓰시오.

_____

_____

12 ➕ 11종 공통

은유네 모둠은 지역의 경제적 교류 방법을 조사하기 위해 역할을 나누었습니다. 다음 내용과 관련된 조사를 해야 할 사람이 누구인지 이름을 쓰시오.

> • 인터넷   • 스마트폰   • 홈 쇼핑

> • 은유: 시장을 이용한 경제적 교류
> • 영수: 대중 매체를 이용한 경제적 교류
> • 한결: 지역 간 대표 자원의 경제적 교류
> • 소현: 촌락과 도시의 생산물에 따른 경제적 교류

(   )

13 금성출판사, 비상교과서 외

다음 사진과 같은 시장에서 경제적 교류할 때의 장점으로 알맞은 것은 어느 것입니까? (   )

① 상품을 직접 보고 살 수 있다.
② 물건을 산 후에 후회하는 일이 절대 없다.
③ 시간에 관계없이 상품의 정보를 얻을 수 있다.
④ 멀리 있는 지역까지 직접 가서 물건을 살 수 있다.
⑤ 상품을 산 후 시간이 지나서야 물건을 받을 수 있다.

14 미래엔, 비상교육 외

다음 보기 에서 시장을 이용한 경제적 교류의 모습을 조사하려고 할 때 방문할 수 있는 곳을 모두 골라 기호를 쓰시오.

> 보기 ●
> ㉠ 박물관   ㉡ 전통 시장
> ㉢ 대형 할인점   ㉣ 도소매 시장

(   )

2

단원

15 ➕ 11종 공통

경제적 교류에 대한 설명으로 알맞지 <u>않은</u> 것은 어느 것입니까? (   )

① 각 지역들은 교류를 하며 경제적 이익을 얻는다.
② 중국, 일본, 미국 등 여러 나라와도 교류를 한다.
③ 다른 지역의 대형 시장에 가서 직접 물건을 산다.
④ 지역 간의 경제 교류는 항상 두 지역 사이에서만 이루어진다.
⑤ 경제적 교류는 문화, 기술, 운동 경기 등과 함께 더욱 활발히 이루어지기도 한다.

16 비상교과서, 아이스크림 외

다음 신문 기사에 나타난 경제적 교류 방법은 어느 것입니까? (   )

> 경기도의 예술단인 ☆☆☆ 오케스트라가 전라북도 전주시에서 신년 음악회를 엽니다. 이번 공연은 전국 각 지역의 단체가 상호 방문 공연 등을 통한 문화 교류를 약속한 성과입니다.

① 시장을 이용한 경제적 교류
② 대중 매체를 이용한 경제적 교류
③ 지역 간 대표 자원의 경제적 교류
④ 다양한 문화 활동과 함께하는 경제적 교류
⑤ 촌락과 도시의 생산물에 따른 경제적 교류

17 ➕ 11종 공통

다음은 지역의 경제적 교류 모습을 조사한 내용입니다. (   ) 안에 들어갈 알맞은 말을 쓰시오.

> 지역 간 대표 (   )의 경제적 교류
>
> 경기도시는 지난 3월 △△시 및 영농 조합과 포도주를 공급하는 업무를 협약하여 포도 재배 농민이 참여한 영농 조합과 함께 포도주를 팔기로 했습니다.

(   )

[18-19] 다음은 촌락과 도시의 생산물에 따른 경제적 교류의 모습입니다. 물음에 답하시오.

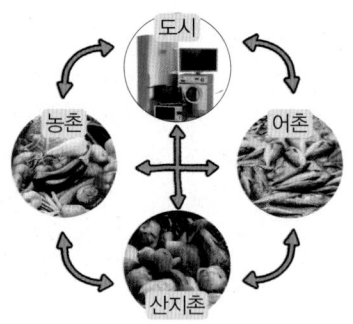

18 ➕ 11종 공통

위와 같은 경제적 교류의 모습에서 다음과 같은 생산물을 다른 지역으로 보내는 곳을 찾아 쓰시오.

> • 소금   • 생선   • 미역

(   )

19 ➕ 11종 공통

위와 같은 경제적 교류를 하는 까닭과 관련해 다음 (   ) 안에 들어갈 알맞은 말은 어느 것입니까?

(   )

> 지역마다 (   )와/과 기술 수준이 달라서 생산하는 물건이 다르기 때문에 경제적 교류를 하여 서로 필요한 것을 주고받습니다.

① 역사   ② 지명   ③ 자연환경
④ 교통 시설   ⑤ 대학교 수

20 ➕ 11종 공통

촌락과 도시의 경제적 교류에 대한 설명으로 알맞은 것에 ○표, 알맞지 <u>않은</u> 것에 ×표 하시오.

(1) 촌락과 도시는 자연환경이 같아서 생산하는 물건이 같습니다.   (   )
(2) 촌락과 도시는 각 지역의 풍부한 생산물을 중심으로 경제적 교류가 이루어집니다.   (   )

[21-22] 다음은 각 지역의 대표 상품을 표시한 그림지도입니다. 물음에 답하시오.

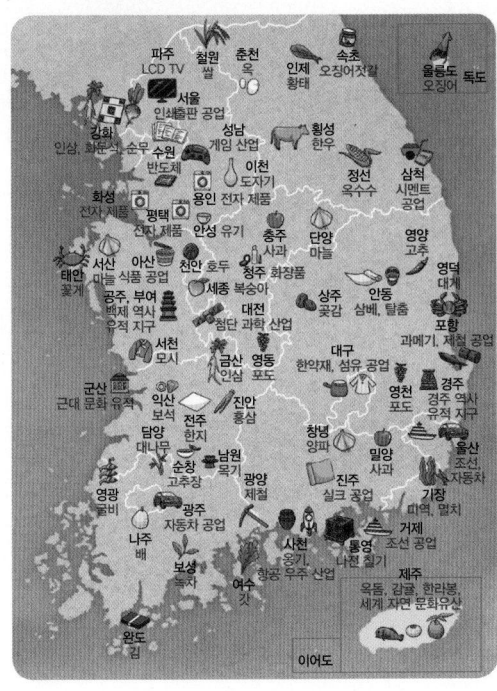

21 동아출판, 비상교육 외

각 지역의 대표 상품이 <u>잘못</u> 짝지어진 것은 어느 것입니까? (   )

① 영덕군 – 대게
② 횡성군 – 한우
③ 서산시 – 마늘
④ 순창군 – 고추장
⑤ 전주시 – 오징어

22 서술형 ➕ 11종 공통

위와 같이 각 지역을 대표하는 상품이 다양한 까닭을 쓰시오.

_____

_____

23 아이스크림, 천재교육 외

우리 지역의 경제적 교류 사례를 조사하는 방법으로 알맞은 것을 보기 에서 모두 골라 기호를 쓰시오.

> **보기**
> ㉠ 인터넷 검색하기
> ㉡ 시장에서 조사하기
> ㉢ 도서관에서 백과사전 찾아보기
> ㉣ 지역 누리집과 신문 기사에서 찾기

(   )

24 ➕ 11종 공통

다음 (   ) 안에 들어갈 알맞은 말을 쓰시오.

> 우리 지역의 경제적 교류 사례를 조사하기 위해 (   )에 가서 우리 지역과 다른 지역의 대표 상품을 찾아보고, 사람들이 어떤 상품을 많이 사 가는지 살펴봅니다.

(   )

25 서술형 ➕ 11종 공통

다음과 같은 경제적 교류로 지역이 얻는 점을 쓰시오.

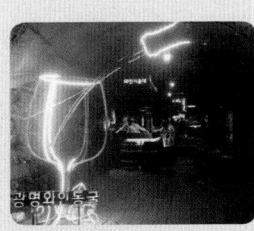

광명시와 서귀포시는 관광객이 많이 찾는 광명 동굴에서 서귀포시의 유명 상품인 감귤 와인을 팔고 홍보도 하는 업무 협약을 맺었습니다. 이에 따라 광명시는 국내 와인 판매의 중심지로서 더욱 자리 잡고, 서귀포시는 제주의 감귤 와인을 홍보하고 팔 기회를 얻었습니다.

1 경제활동과 현명한 선택

★ 시대에 따라 희소성이 달라진 자원

환경 오염으로 깨끗한 물의 희소성이 커져 오늘날에는 생수를 사 마시기도 합니다. 경제활동에 필요한 자원의 종류와 양은 시대와 장소에 따라 다르기 때문에 자원의 희소성도 이에 따라 달라질 수 있습니다.

1. 경제활동과 선택의 문제

① [❶   ]의 의미: 사람들이 생활하는 데 필요한 여러 가지 것들을 만들고 사용하는 것과 관련된 모든 활동을 말합니다.

② 선택의 문제

선택의 문제	• 경제활동을 하는 모든 사람에게 선택의 문제가 일어남. • 무엇을 선택하는지는 사람에 따라 다를 수 있음.
선택의 문제가 일어나는 까닭	사람이 쓸 수 있는 돈이나 자원은 한정되어 있으므로 원하는 것을 모두 가질 수는 없음.

③ [❷   ]: 사람들이 원하는 것은 많으나, 그것을 모두 가질 수 없는 상태를 말합니다.

④ 현명한 선택이 필요한 까닭

• 자신에게 알맞은 물건을 골라 큰 만족감을 얻을 수 있습니다.
• 돈과 자원의 낭비를 막을 수 있습니다.

2. 시장에서 이루어지는 생산과 소비

① 시장의 의미: 사람들이 생활하면서 필요한 여러 가지 상품을 사고파는 곳을 말합니다.

② 생산과 소비의 의미

생산	생활에 필요한 물건을 만들거나 우리 생활을 편리하고 즐겁게 해 주는 활동
❸	생산한 것을 구매하여 사용하는 활동

★ 다양한 생산 활동의 모습

생활에 필요한 것을 자연에서 얻는 활동	벼농사 짓기, 물고기 잡기, 버섯 따기 등
생활에 필요한 것을 만드는 활동	자동차 만들기, 건물 짓기, 과자 만들기 등
생활을 편리하고 즐겁게 해 주는 활동	공연하기, 환자 진료하기, 물건 배달하기 등

③ 생산 활동과 소비 활동의 모습

생산 활동	빵집 주인이 빵을 만드는 모습	미용사가 머리를 손질해 주는 모습	물건을 배달하는 모습
소비 활동	음식점에서 음식을 사 먹는 모습	생선 가게에서 생선을 사는 모습	신발 가게에서 신발을 사는 모습

3. 현명한 소비 생활을 하기 위한 방법

• 소득의 범위 내에서 소비하고, 미리 소비 [❹   ]을 세웁니다.
• 소득의 일부를 저축하여 미래를 준비합니다.
• 물건의 선택 기준을 세우고 선택 기준에 맞는 물건을 고릅니다.

★ 다양한 형태의 시장

사람들이 직접 만나는 시장	전통 시장, 백화점, 할인 매장, 편의점 등
사람들이 직접 만나지 않는 시장	텔레비전 홈 쇼핑, 온라인 쇼핑 등

1. 우리 주변의 상품이 어디에서 왔는지 조사하는 방법

▲ 광고 전단지 확인하기

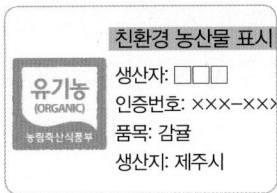

친환경 농산물 표시
생산자: □□□
인증번호: ×××−×××
품목: 감귤
생산지: 제주시

▲ 품질 인증 표시 확인하기

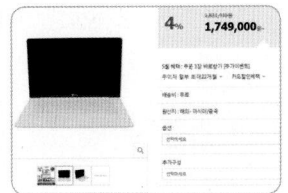

▲ 누리집에서 상품 소개 검색하기

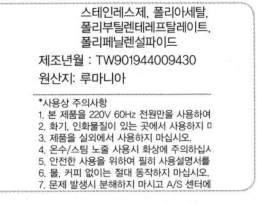

스테인레스제, 폴리아세탈,
폴리부틸렌테레프탈레이트,
폴리페닐렌설파이드
제조년월: TW901944009430
원산지: 루마니아

▲ 상품 정보 확인하기

원산지: 여주시   중량: 4 kg

▲ 큐아르(QR) 코드 찍어서 확인하기

▲ 상품 안내판 확인하기

2. 경제적 교류를 하는 까닭 알아보기

① **❺** [　　　　]**의 의미**: 개인이나 지역이 경제적 이익을 얻기 위해 물건, 기술, 정보 등을 서로 주고받는 것을 말합니다.

② **경제적 교류를 하는 까닭**: 사는 곳의 **❻** [　　　　]과 생산 기술, 자원 등이 다르기 때문에 발생합니다.

3. 다양한 경제적 교류의 모습 알아보기

① 경제적 교류를 하는 대상

▲ 개인과 기업

▲ 지역과 기업

▲ 지역과 지역

▲ 국가와 국가

② 경제적 교류의 종류

❼ [　　] 교류	각 지역은 그 지역에서 생산하는 물자를 다른 지역으로 보내고, 직접 생산하기 어려운 물자는 다른 지역에서 들여오며 각 지역은 경제적 이익을 얻음.
기술 교류	각 지역은 기술 교류를 통해 서로의 지역에 부족한 기술을 보완하여 경제적 이익을 얻음.
문화 교류	지역 간의 문화 교류로 각 지역이 가진 문화를 다른 지역 사람들에게 알리고 다른 지역 사람들은 다양한 문화를 경험할 수 있음.

③ 우리 지역의 경제 교류 사례 조사 방법: 인터넷 검색하기, 지역 누리집과 신문 기사에서 찾기, 시장에서 조사하기 등이 있습니다.

★ **경제적 교류를 하면 좋은 점**

• 서로에게 도움을 주고 지역 간의 화합을 가져옵니다.

• 지역의 특산물을 소개하거나 지역을 홍보해서 경제적 이익을 얻을 수 있습니다.

• 유용한 정보를 주고받을 수 있고, 기술 협력으로 더 나은 상품을 개발할 수 있습니다.

2 단원

★ **다양한 모습의 경제적 교류**

개인과 기업	개인과 기업 간에 상품, 기술, 정보 등을 교류함.
지역과 기업	지역과 기업 간에 경제 협약을 맺음.
지역과 지역	농촌, 어촌, 산지촌, 도시 등 각 지역 간에 생산물을 교류함.
국가와 국가	국가 간에 서로 필요한 상품이나 기술 등을 교류함.

★ **촌락과 도시의 생산물에 따른 경제적 교류**

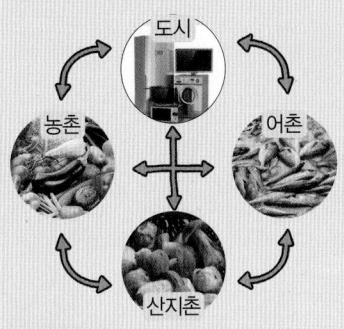

농촌	곡식, 채소, 과일 등
어촌	생선, 미역, 조개, 소금 등
산지촌	버섯, 산나물, 약초, 목재 등
도시	자동차, 옷, 장난감, 컴퓨터 등

1 ✚ 11종 공통

다음 보기 에서 우리가 경제활동을 하며 겪을 수 있는 선택의 문제를 모두 골라 기호를 쓰시오.

보기
⊙ 공연을 볼지 영화를 볼지 선택한다.
⊙ 집에 있을지 친구를 만날지 선택한다.
⊙ 음식점에서 어떤 음식을 사 먹을지 고른다.
⊙ 대형 할인점에서 가격과 영양이 서로 다른 우유 중 한 가지를 선택한다.

( )

2 서술형 ✚ 11종 공통

다음 밑줄 친 단어의 의미를 쓰시오.

경제활동에서 선택의 문제가 일어나는 까닭은 바로 <u>희소성</u> 때문입니다.

_____

_____

3 ✚ 11종 공통

현명한 선택을 한 친구를 골라 이름을 쓰시오.

• 지수: 원래 입던 옷과 비슷한 옷을 또 사 버렸어.
• 영은: 가방이 예뻐서 샀는데 책이 들어가지 않아.
• 정민: 제조 회사별 장단점을 분석한 후 태블릿 PC를 구입했어.

( )

4 ✚ 11종 공통

현명한 선택을 하기 위해 생각해야 할 기준으로 알맞은 것을 두 가지 고르시오. (,)

① 가격은 따져 보지 않는다.
② 꼭 필요한 것인지 생각해 본다.
③ 가장 비싸게 살 수 있는 방법을 선택한다.
④ 친구들에게 자랑할 수 있는 것인지 따져 본다.
⑤ 내가 얻을 수 있는 편리함이나 즐거움이 무엇인지 생각해 본다.

5 비상교과서, 천재교육 외

다음은 현성이가 생일 선물을 고르기 위해 정보를 수집한 내용입니다. 선택한 결정과 그 이유가 알맞은 것은 어느 것입니까? ( )

 ⊙ 휴대 전화	• 가격: 70,000원 • 모양: 보통 • 인터넷 속도가 느리고, 휴대 전화 가격이 저렴함.
 ⊙ 휴대 전화	• 가격: 200,000원 • 모양: 예쁨 • 인터넷 속도가 빠르고, 얼굴 인식을 할 수 있음.

① ⊙: 가장 많은 돈을 써야 한다.
② ⊙: 모양은 보통이지만 게임을 할 수 있다.
③ ⊙: 인터넷 속도가 빠르고 통신 요금이 저렴하다.
④ ⊙: ⊙보다 가격이 비싸지만 인터넷 속도가 빠르다.
⑤ ⊙: 인터넷 속도가 느리지만, 얼굴 인식을 할 수 있다.

6 ➕ 11종 공통

물건의 정보를 얻는 방법으로 알맞은 내용을 선으로 연결하여 문장을 완성하시오.

(1) 인터넷을 검색해 •

(2) 상품을 사용한 주변 사람들에게 •

• ㉠ 상품의 가격과 품질 등을 자세히 물어봅니다.

• ㉡ 여러 제품의 가격을 한눈에 비교합니다.

[7-8] 다음 보기 를 보고, 물음에 답하시오.

> **보기**
> ㉠ 시장에서 배추를 사는 활동
> ㉡ 떡집 주인이 떡을 만드는 활동
> ㉢ 음식점에서 음식을 사 먹는 활동
> ㉣ 미용사가 머리를 손질해 주는 활동

7 ➕ 11종 공통

위 보기 에서 생산 활동에 해당하는 것을 모두 골라 기호를 쓰시오.

( )

8 서술형 ➕ 11종 공통

위 보기 에서 소비 활동에 해당하는 것을 모두 골라 기호를 쓰고, 소비의 의미를 쓰시오.

_____

_____

9 ➕ 11종 공통

생산과 소비에 대한 설명으로 알맞지 <u>않은</u> 것은 어느 것입니까? ( )

① 생산과 소비는 아무 관계가 없다.
② 생산과 소비는 모두 경제활동이다.
③ 생산하지 않으면 소비를 할 수 없다.
④ 소비를 하지 않으면 생산할 필요가 없다.
⑤ 생산 활동과 소비 활동이 함께 이루어질 때도 있다.

10 ➕ 11종 공통

다음 생산 활동의 공통점으로 알맞은 것은 어느 것입니까? ( )

 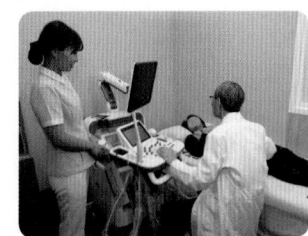

▲ 공연하기   ▲ 환자 진료하기

① 시장에서 볼 수 있는 활동입니다.
② 생활에 필요한 것을 만드는 활동입니다.
③ 생활을 편리하고 즐겁게 해 주는 활동입니다.
④ 생활에 필요한 것을 자연에서 얻는 활동입니다.
⑤ 생활에 필요한 것을 다른 나라에서 얻는 활동입니다.

11 비상교과서, 천재교육 외

신발이 만들어져 우리에게 오는 과정에서 이루어지는 생산 활동으로 알맞지 <u>않은</u> 것은 어느 것입니까?
(   )

① 신발을 만들 때 필요한 원료를 구한다.
② 신발 가게에서 손님에게 신발을 판매한다.
③ 신발 공장에서 재료를 사용해 신발을 만든다.
④ 홈 쇼핑에서 마음에 드는 신발을 골라 구입한다.
⑤ 운송 수단을 이용해 공장에서 만든 신발을 운반한다.

12 미래엔, 천재교육 외

현명한 소비 생활을 한 친구를 골라 이름을 쓰시오.

친구가 물건을 사면 저도 사고 싶어요. 어제는 친구를 따라서 장난감을 또 샀어요.

예상하지 못한 일을 대비하기 위해 소득의 일부를 저축해요.

▲ 은규   ▲ 리정

(   )

13 11종 공통

오늘날 다양한 장소에서 여러 가지 방법으로 경제적 교류를 할 수 있게 된 까닭은 무엇입니까? (   )

① 도시의 발달
② 인구의 증가
③ 다양한 상품 개발
④ 교통과 통신의 발달
⑤ 시장에서 장사를 하는 사람들의 노력

14 11종 공통

다음 그림에서 나타난 경제적 교류를 하는 대상은 어느 것입니까? (   )

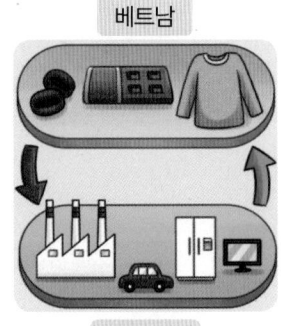

베트남

우리나라

① 개인과 기업   ② 국가와 국가
③ 기업과 기업   ④ 기업과 지역
⑤ 지역과 지역

15 11종 공통

다음 자료와 관련 있는 우리 지역의 경제적 교류 사례 조사 방법은 어느 것입니까?

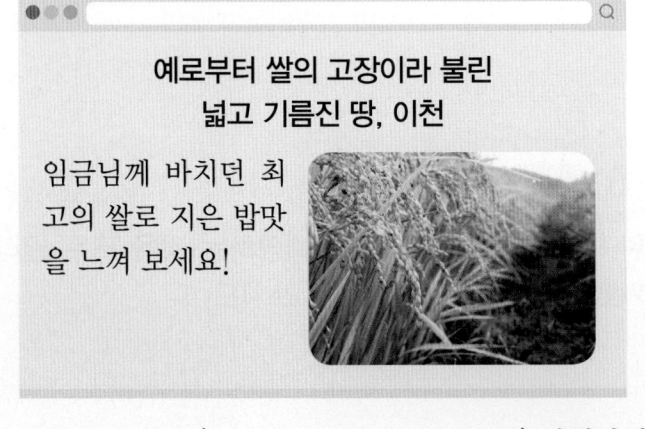

예로부터 쌀의 고장이라 불린
넓고 기름진 땅, 이천

임금님께 바치던 최고의 쌀로 지은 밥맛을 느껴 보세요!

(   ) 검색하기

1 ➕ 11종 공통

선택의 문제에 대한 설명으로 알맞지 <u>않은</u> 것은 어느 것입니까? (   )

① 사람들은 모두 똑같은 선택을 한다.
② 경제활동을 하는 모든 사람에게 일어난다.
③ 무엇을 선택하는지는 사람에 따라 다를 수 있다.
④ 경제활동에서 선택의 문제가 일어나는 까닭은 희소성 때문이다.
⑤ 원하는 것을 모두 가질 수 없기 때문에 선택의 문제에 부딪치게 된다.

2 ➕ 11종 공통

다음 (   ) 안에 들어갈 알맞은 말을 두 가지 쓰시오.

> 현명한 선택을 하면 큰 만족감을 얻을 수 있을 뿐만 아니라 (   )의 낭비를 막을 수 있습니다.

(   )

3 ➕ 11종 공통

가족과 외식을 하기 위해 식당을 고를 때 고려해야 할 점으로 알맞지 <u>않은</u> 것은 어느 것입니까?

(   )

① 음식 가격   ② 좌석의 수
③ 주방장의 나이   ④ 식당의 분위기
⑤ 식당의 청결 상태

4 ➕ 11종 공통

현명한 선택이 필요한 까닭으로 알맞은 것을 두 가지 고르시오. (,   )

① 법으로 정해 놓았기 때문에
② 돈과 자원을 절약하기 때문에
③ 빠르게 선택할 수 있기 때문에
④ 가지고 싶은 것이 없기 때문에
⑤ 큰 만족감을 얻을 수 있기 때문에

5 비상교과서, 지학사 외

다음은 물건의 정보를 얻는 방법 중 무엇에 대한 설명입니까? (   )

> 판매원에게 궁금한 점을 물어볼 수 있으며 물건을 직접 비교할 수 있습니다.

① 광고지 보기
② 상점 방문하기
③ 인터넷 검색하기
④ 주변 사람의 경험 듣기
⑤ 신문이나 텔레비전 광고 보기

6 ⊕ 11종 공통

다음 보기 를 생산 활동과 소비 활동으로 구분하여 각각 기호를 쓰시오.

> 보기 ●
> ㉠ 빵을 만드는 것
> ㉡ 빵을 사 먹는 것
> ㉢ 머리 손질을 받는 것
> ㉣ 머리를 손질해 주는 것

(1) 생산 활동: (   )
(2) 소비 활동: (   )

7 ⊕ 11종 공통

생산 활동의 종류가 나머지와 다른 것은 어느 것입니까? (   )

①
▲ 휴대 전화 만들기

②
▲ 과자 만들기

③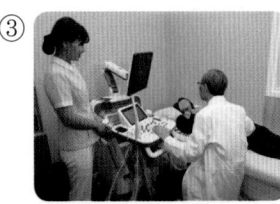
▲ 환자 진료하기

④
▲ 자동차 만들기

8 서술형 ⊕ 11종 공통

다음 생산 활동의 공통점을 쓰시오.

▲ 벼농사 짓기

▲ 물고기 잡기

▲ 닭 키우기

_____

_____

[9-10] 다음은 재준이네 지역과 영희네 지역이 경제적 교류를 하는 모습입니다. 물음에 답하시오.

재준이네 지역
생산한 질 좋은 포도를 영희네 지역에 팔고 지역을 홍보할 수 있어요.

영희네 지역
재준이네 지역의 질 좋은 포도로 다양한 상품을 만들어 많은 이익을 얻을 수 있어요.

9 ⊕ 11종 공통

위에서 재준이네 지역의 대표적인 교류 상품은 무엇인지 쓰시오.

(   )

10 ⊕ 11종 공통

위와 같이 지역 간에 경제적 교류를 하는 까닭으로 알맞은 것을 보기 에서 모두 골라 기호를 쓰시오.

> 보기 ●
> ㉠ 지역마다 자연환경과 생산 기술이 동일하기 때문에
> ㉡ 다른 지역과 협력해 더 나은 상품을 개발할 수 있기 때문에
> ㉢ 지역의 특산물을 소개해 경제적 이익을 얻을 수 있기 때문에
> ㉣ 다른 나라에서 우리나라로 더 많은 상품을 들여올 수 있기 때문에

(   )

11 ✚ 11종 공통

경제적 교류를 하면 좋은 점을 두 가지 고르시오.
(,)

① 경제적으로 손해를 본다.
② 우리 지역만 발전할 수 있다.
③ 우리 지역의 특산물을 소개할 수 있다.
④ 다른 지역과의 경쟁에서 이길 수 있다.
⑤ 기술 협력으로 더 나은 상품을 개발할 수 있다.

12 ✚ 11종 공통

경제적 교류에 대한 설명으로 알맞지 <u>않은</u> 것은 어느 것입니까? ( )

① 눈에 보이는 물품만을 주고받는 것이다.
② 지역들은 경제적 교류로 서로 좋은 영향을 미칠 수 있다.
③ 경제적 교류를 하는 대상은 개인, 기업, 지역, 국가 등 다양하다.
④ 사는 곳의 자연환경과 생산 기술, 자원 등이 다르기 때문에 발생한다.
⑤ 개인이나 지역이 경제적 이익을 얻기 위해 물건, 기술, 정보 등을 서로 주고받는 것이다.

13 서술형   금성출판사, 비상교과서 외

다음 사진과 같은 방법으로 이루어지는 경제적 교류의 좋은 점을 쓰시오.

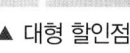
▲ 대형 할인점

▲ 전통 시장

_____

_____

14 ✚ 11종 공통

대중 매체를 이용하여 경제적 교류를 하면 좋은 점을 두 가지 고르시오. (,)

① 직접 물건을 보고 살 수 있다.
② 상품의 정보를 쉽게 얻을 수 있다.
③ 광고 상품과 실제 상품이 항상 같다.
④ 물건을 쉽고 편리하게 사고팔 수 있다.
⑤ 신선한 상품을 직접 확인하고 살 수 있다.

15 ✚ 11종 공통

다음은 촌락과 도시의 생산물에 따른 경제적 교류의 모습입니다. 도시에서 다른 지역으로 보내는 생산물을 보기 에서 두 가지 골라 기호를 쓰시오.

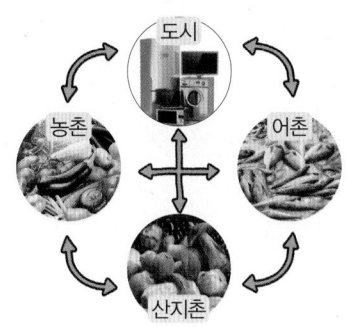

보기

㉠ 과일   ㉡ 곡식   ㉢ 목재
㉣ 자동차   ㉤ 텔레비전

( )

2. 필요한 것의 생산과 교환

 문제 강의

● 정답과 풀이 13쪽

평가 주제	경제활동에서 선택의 문제가 일어나는 까닭 알아보기
평가 목표	선택의 문제가 일어나는 까닭과 현명한 소비 생활을 설명할 수 있다.

[1-3] 다음은 우리가 경제활동을 하며 겪게 되는 다양한 상황입니다. 물음에 답하시오.

음식점에서 먹고 싶은 음식을 골라요.

문구점에서 친구 생일 선물을 골라요.

공연을 보러 갈지 영화를 보러 갈지 고민해요.

1 위와 같이 경제활동을 하는 모든 사람에게 일어나는 것을 무엇이라고 하는지 쓰시오.

(   )

도움 제시된 그림 속 친구들은 모두 어떤 선택을 할지 고민하고 있습니다.

2 위와 같이 선택의 문제가 일어나는 까닭과 관련해 ㉠, ㉡에 들어갈 알맞은 말을 쓰시오.

> 사람이 쓸 수 있는 돈이나 자원은 (㉠   )되어 있으므로 원하는 것을 모두 가질 수는 없습니다. 그러므로 우리는 선택의 문제에 항상 부딪치게 됩니다. 경제활동에서 이렇게 선택의 문제가 일어나는 까닭은 바로 (㉡   ) 때문입니다.

도움 경제활동을 하는 우리는 생활 속에서 여러 가지 크고 작은 선택을 해야 합니다.

3 위와 같은 상황에서 현명한 소비 생활을 하는 방법을 두 가지 쓰시오.

_____

_____

도움 우리는 현명한 소비를 하기 위해 노력해야 합니다.

2. 필요한 것의 생산과 교환

평가 주제	다양한 경제적 교류의 모습 살펴보기
평가 목표	다양한 경제적 교류의 방법에 대해 설명할 수 있다.

[1-3] 다음 ㈎, ㈏는 지역의 경제적 교류 모습입니다. 물음에 답하시오.

㈎   ㈏

▲ 홈 쇼핑   ▲ 대형 할인점

1 위 ㈎와 같은 방법으로 경제적 교류를 하여 얻을 수 있는 좋은 점으로 알맞은 말에 ○표 하시오.

> ⑴ 직접 판매 장소에 (가야 , 가지 않아도) 한눈에 상품을 볼 수 있습니다.
>
> ⑵ 시간이나 장소에 (관계없이 , 한정되어) 물건이나 정보를 주고받을 수 있습니다.

> 도움 홈 쇼핑은 텔레비전 방송이나 인터넷을 이용해 상품의 정보를 제공받고 편리하게 상품을 구입할 수 있는 수단입니다.

2 위 ㈎와 같은 방법의 경제적 교류가 활발해진 까닭을 쓰시오.

_____

_____

> 도움 교통과 통신의 발달로 각 지역에서 다양한 물건을 활발하게 교류하고 있습니다.

3 위 ㈏와 같이 물건의 품질을 직접 확인하고 살 수 있는 시장의 종류를 두 가지 쓰시오.

(   )

> 도움 시장에서 사람들은 상품을 직접 보고 구매할 수 있습니다.

숨은 그림을 찾아보세요.

● 정답과 풀이 13쪽

3 사회 변화와 문화 다양성

1 사회 변화로 나타난 일상생활의 모습

2 다양한 문화에 대한 이해와 존중

▶ 단원별 학습 내용과 교과서별 해당 쪽수를 확인해 보세요.

단원	학습 내용	백점 쪽수	교과서별 쪽수				
			동아출판	미래엔	비상 교과서	아이스크림 미디어	천재교육
1 사회 변화로 나타난 일상생활의 모습 (1)	• 사회 변화로 달라진 모습 알아보기 • 저출산·고령화로 나타난 변화 살펴보기	78~83	102~111	100~111	100~106	102~111	92~101
1 사회 변화로 나타난 일상생활의 모습 (2)	• 정보화로 나타난 변화 살펴보기 • 세계화로 나타난 변화 살펴보기	84~89	112~121	112~119	107~116	112~120	102~113
2 다양한 문화에 대한 이해와 존중 (1)	• 다양한 문화의 모습 알아보기 • 일상생활에서 나타나는 편견과 차별 알아보기	90~95	124~133	122~132	118~127	124~131	116~123
2 다양한 문화에 대한 이해와 존중 (2)	편견과 차별이 없는 사회를 위한 노력 살펴보기	96~101	134~137	133~139	128~134	132~138	124~129

[단원명이 다른 교과서]

1 단원: 교학사(사회 변화와 우리의 일상생활)

1 단원: 지학사(사회 변화로 나타난 우리의 생활 모습)

1 단원: 금성출판사(사회 변화에 따른 일상생활의 모습)

개념 강의

1 사회 변화로 나타난 일상생활의 모습 (1)

1 사회 변화로 달라진 사람들의 생활 모습

① **변화된 교실 모습**: 옛날 교실에는 한 반에 지금보다 많은 학생이 있었고, 텔레비전이나 컴퓨터가 없었습니다. 자료1

② **변화된 사람들의 생활 모습** ➕ 우리 사회가 빠르게 변화하면서 사람들의 생활 모습은 다양해지고 있어요.

2 저출산·고령화가 우리 생활에 미친 영향

① **저출산·고령화의 의미** 자료2

저출산	태어나는 아이의 수가 줄어드는 현상 ➕
고령화	전체 인구에서 노인이 차지하는 비율이 높아지는 현상

② **저출산·고령화로 변화하는 일상생활의 모습** 자료3

저출산	• 가족의 구성원 수가 줄어들고 있으며, 가족의 형태가 변하고 있음. • 출산을 도와주는 병원이 점점 사라지고, 학생 수가 줄어드는 학교가 늘어나고 있음. • 계속된 저출산으로 일할 사람이 줄어들고 있으며, 경제에도 영향을 미치고 있음. ➕
고령화	• 노인 대학, 노인 전문 병원, 노인정 등 노인을 위한 전문 시설이 생겨나고 있음. • 노인을 대상으로 하는 실버산업이 발달하고 있음. • 노인들이 행복하고 건강하게 살아갈 수 있도록 돕는 복지 제도가 마련되고 있음.

③ **저출산·고령화에 대비하기 위한 노력** ┌ 우리 사회는 법과 제도를 마련하여 저출산·고령화 때문에 일어나는 문제를 해결하고 미래를 대비하기 위해 노력하고 있음.

저출산	• 걱정 없이 아이를 낳아 키울 수 있도록 다양한 지원이 필요함. • 아이를 안전하게 키울 수 있는 시설과 서비스를 마련해야 함.
고령화	• 노인들을 위한 복지 제도를 늘려야 함. • 노인들이 사회 활동을 할 수 있도록 지원해야 함.

➕ **사회가 변화하면서 달라진 일상생활 모습**

• 노인 전문 병원, 요양원, 노인정 등 노인 전문 시설이 많이 생겼습니다.
• 학교의 학년당 학급 수가 점점 줄어들고 있습니다.
• 버스 정류장에 버스 도착 시간을 알려주는 기계가 생겼습니다.
• 샌드위치, 쌀국수 등 다양한 나라의 음식을 파는 가게가 많이 생겨났습니다.

➕ **저출산 현상이 나타나는 이유**

자녀 양육에 대한 경제적 부담, 결혼과 자녀에 대한 가치관의 변화 등의 이유로 아이를 적게 낳는 사람들이 많아지고 있습니다.

➕ **생산 가능 인구의 전망**

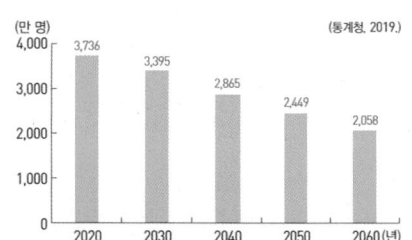
(통계청, 2019.)

저출산으로 생산 가능 인구가 줄어들면 일할 사람이 부족해져서 경제에 영향을 줄 수 있습니다.

용어 사전

● **노인정** 노인들이 모여 쉴 수 있도록 마련해 놓은 집.
● **실버산업** 노인을 대상으로 한 상품을 만들거나, 서비스를 제공하는 것을 목적으로 하는 산업.
● **복지 제도** 사회 구성원들의 삶의 질을 개선하고 인간다운 삶을 살 수 있도록 지원하는 사회적 제도.
● **생산 가능 인구** 생산 활동을 할 수 있는 15~64세에 해당하는 인구.

교과서 통합 대표 자료

자료 1 옛날과 오늘날의 교실 모습

> 오늘날 교실의 모습은 학생 수가 줄어들고, 지식과 정보를 활용하여 수업하는 모습으로 달라졌습니다.

자료 2 그래프로 저출산·고령화 알아보기

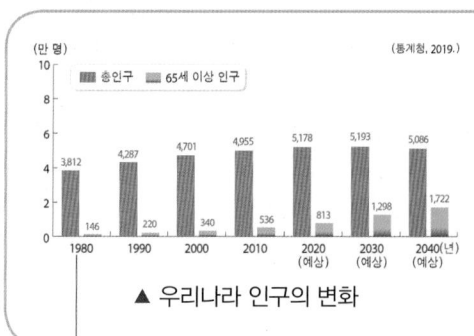

▲ 우리나라 인구의 변화

└ 그래프의 가로축은 연도, 세로축은 인구를 나타내요.

- 총인구에서 65세 이상 인구가 차지하는 비율이 점점 늘어나고 있습니다.
- 2030년 이후에는 14세 이하 인구는 계속 줄어들고, 65세 이상 인구는 더욱 늘어날 것 같습니다.

자료 3 저출산·고령화로 달라진 사회 모습

○○신문　　20△△년 ○월 ○일

초등학생 수, 매년 줄어들고 있다

새 학기가 시작되었지만 신입생이 없는 학교가 계속 늘어나고 있다. 많은 지역에서 초등학생 수가 지속적으로 감소해 매년 초등학생 수가 줄어들고 있다. 초등학생 수가 앞으로도 계속 감소할 것으로 예상된다.

◇◇신문　　20△△년 ○월 ○일

일하는 노인들이 늘어나고 있어요

◇◇ 지역에서는 노인 경제 활동 지원을 위해 '노인 일자리 급식 도우미 사업'이 활발하게 운영되고 있다. 이 사업으로 노인들은 일할 기회를 얻게 되었고, 학교에는 학생들의 점심 식사를 도와주는 사람들이 늘어나게 되었다.

> 우리 사회는 저출산·고령화로 다양한 모습으로 변화하고 있습니다. 저출산·고령화 때문에 일어나는 문제를 해결하고 미래를 대비하기 위해 법과 제도를 마련하고, 세대 간에 서로 소통하고 배려하는 태도가 필요합니다.

보충 자료

○ 출생아 수 변화

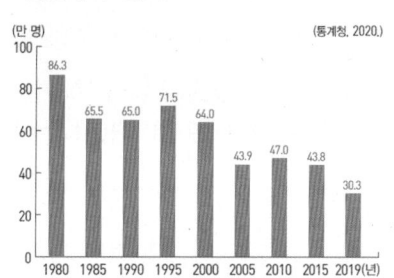

(통계청, 2020.)

출생아 수가 점점 줄어들고 있으며, 앞으로도 출생아 수가 줄어들 것으로 예상됩니다.

○ 노인 전문 시설

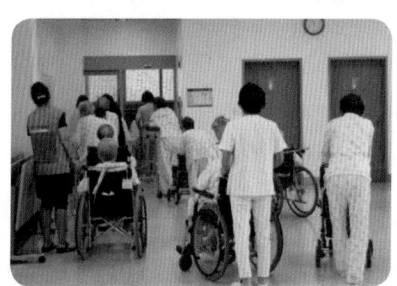

고령화 현상으로 우리 주변에서 노인 전문 병원, 노인정, 요양원 등 노인을 위한 전문 시설을 많이 볼 수 있습니다.

○ 노인을 위한 제도와 지원

> 노인을 위한 제도와 지원에는 요양 서비스 확대, 노인 일자리 지원, 노인 의료 서비스 제공, 노인 연금 확대 등이 있어요.

1 사회 변화로 나타난 일상생활의 모습 (1)

기본 개념 문제

1

사회 전반적으로 태어나는 아이의 수가 줄어드는 현상을 (   )(이)라고 합니다.

2

전체 인구에서 노인이 차지하는 비율이 높아지는 현상인 (고령화 , 저출산)이/가 점점 심해지고 있습니다.

3

계속된 저출산으로 일할 사람이 늘어나고 있으며, 경제에도 영향을 미치고 있습니다.　　(○ , ×)

4

고령화 현상이 심해지면서 노인 대학, 노인 전문 병원, 노인정 등 (   )을/를 위한 전문 시설이 생겨나고 있습니다.

5

저출산·고령화에 대비하기 위해서 세대 간에 서로 소통하고 배려하는 태도를 길러야 합니다.

(○ , ×)

6 아이스크림, 천재교육 외

사회 변화로 달라진 오늘날의 교실 모습을 골라 ○표 하시오.

(1)　　　　　　　　　(2)

(　　　)　　　　　　(　　　)

7 ➕ 11종 공통

우리 사회가 빠르게 변화하면서 달라진 일상생활의 모습으로 알맞지 <u>않은</u> 것은 어느 것입니까? (　　　)

① 노인정, 요양원 등이 많이 생겼다.
② 생활 곳곳에서 인터넷을 사용한다.
③ 다른 나라의 문화를 쉽게 접할 수 있다.
④ 예전에 비해 학교의 학년당 학급 수가 늘었다.
⑤ 샌드위치, 쌀국수 등 다양한 나라의 음식을 파는 가게가 많이 생겼다.

8 ➕ 11종 공통

사회 변화로 달라진 일상생활의 모습에 대한 설명으로 알맞은 것에 ○표, 알맞지 않은 것에 ×표 하시오.

(1) 다른 나라의 문화를 쉽게 접할 수 있다. (　　　)
(2) 우리나라에서는 다른 나라의 음식을 맛볼 수 없다.
(　　　)
(3) 버스 정류장에 버스 도착 시간을 알려 주는 기계가 생겼다.　(　　　)

9 서술형 ✚ 11종 공통

다음과 같이 사람들의 생활 모습이 달라진 까닭을 쓰시오.

_____

_____

10 ✚ 11종 공통

생활 곳곳에서 인터넷을 사용하게 되면서 변화된 모습으로 알맞은 것을 보기 에서 골라 기호를 쓰시오.

보기
㉠ 노인들을 위한 시설이 늘어났다.
㉡ 학생 수가 적은 학교가 늘어났다.
㉢ 학교 숙제를 할 때 인터넷으로 정보를 얻는다.

(   )

11 비상교과서, 아이스크림 외

다음 그래프와 관련 있는 오늘날 사회 변화는 무엇인지 쓰시오.

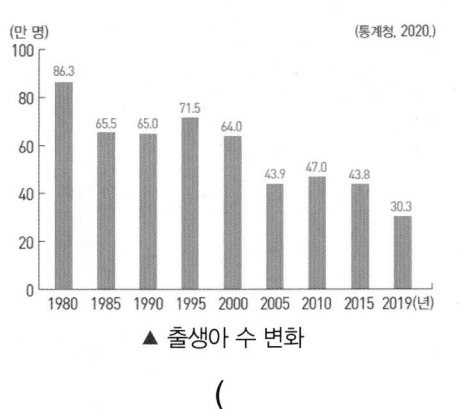

▲ 출생아 수 변화

(   )

12 ✚ 11종 공통

다음 ( ) 안에 들어갈 알맞은 말은 어느 것입니까? (   )

오늘날 우리 사회는 태어나는 아이의 수가 ( ) 현상인 저출산이 점점 더 심해지고 있습니다.

① 높아지는   ② 늘어나는
③ 유지되는   ④ 줄어드는
⑤ 증가하는

13 ✚ 11종 공통

저출산으로 변화하는 일상생활 모습으로 알맞지 않은 것은 어느 것입니까? (   )

① 가족 구성원 수가 줄어들고 있다.
② 미래에 일할 사람이 줄어들고 있다.
③ 출산을 도와주는 병원이 문을 닫고 있다.
④ 학생 수가 줄어드는 학교가 늘어나고 있다.
⑤ 다자녀 가구를 위한 혜택이 줄어들고 있다.

14 서술형 아이스크림, 천재교육 외

다음 그래프를 통해 알 수 있는 저출산의 문제점을 쓰시오.

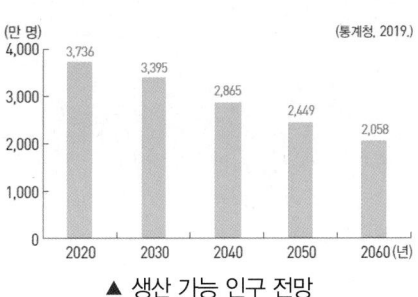

▲ 생산 가능 인구 전망

_____

_____

15 ➕ 11종 공통

저출산으로 변화된 학교의 모습을 알맞게 설명한 친구를 골라 ○표 하시오.

(1)
신입생이 없는 학교가 줄어들고 있습니다.

(2)
초등학생 수가 줄어들고 있습니다.

(   )   (   )

16 김영사, 천재교육 외

다음 신문 기사를 읽고 알 수 있는 내용이 <u>아닌</u> 것은 어느 것입니까? (   )

◇◇신문   20△△년 ○월 ○일

일하는 노인들이 늘어나고 있어요

◇◇ 지역에서는 노인 경제 활동 지원을 위해 '노인 일자리 급식 도우미 사업'이 활발하게 운영되고 있다. 이 사업으로 노인들은 일할 기회를 얻게 되었고, 학교에는 학생들의 점심 식사를 도와주는 사람들이 늘어나게 되었다.

① 노인 인구가 계속 줄어들고 있다.
② 학교에서 일하는 노인들이 많아지고 있다.
③ 고령화로 변화하는 학교 모습을 알 수 있다.
④ 노인들이 학교의 급식 도우미로 일하고 있다.
⑤ 노인들을 위한 일자리 사업이 확대되고 있다.

[17-19] 다음 그래프를 보고, 물음에 답하시오.

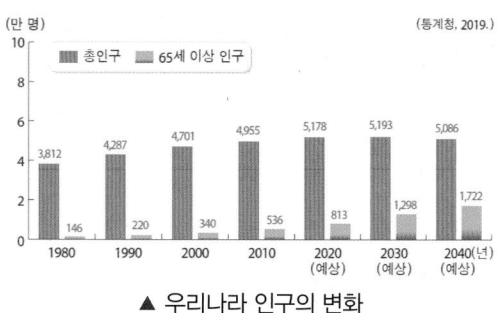

(만 명)   (통계청, 2019.)

■ 총인구   ■ 65세 이상 인구

년도	총인구	65세 이상 인구
1980	3,812	146
1990	4,287	220
2000	4,701	340
2010	4,955	536
2020(예상)	5,178	813
2030(예상)	5,193	1,298
2040(년)(예상)	5,086	1,722

▲ 우리나라 인구의 변화

17 ➕ 11종 공통

위 그래프와 같이 전체 인구 중 65세 이상 인구인 노인이 차지하는 비율이 높아지는 현상을 무엇이라고 하는지 쓰시오.

(   )

18 비상교과서, 아이스크림 외

다음은 우리나라의 인구 변화에 대한 설명입니다. 위 그래프를 보고, (   ) 안에 들어갈 알맞은 말을 골라 ○표 하시오.

2030년 이후에는 65세 이상 인구가 더욱 (늘어날 , 줄어들) 것으로 예상됩니다.

19 서술형 ➕ 11종 공통

위 그래프와 관련 있는 사회 변화로 인해 달라질 생활 모습을 두 가지 쓰시오.

_____

_____

20 ➕ 11종 공통

고령화로 인한 우리 사회의 변화 모습으로 옳지 <u>않은</u> 것은 어느 것입니까? (   )

① 일하는 노인들이 늘어난다.
② 많은 노인 전문 병원이 문을 닫는다.
③ 노인정, 요양원 등의 시설이 늘어난다.
④ 노인을 대상으로 하는 산업이 발달한다.
⑤ 노인을 위한 복지 제도가 마련되고 있다.

21 비상교육, 아이스크림 외

노인을 위한 제도와 지원에 해당하지 <u>않는</u> 것은 어느 것입니까? (   )

① 노인 연금 확대   ② 육아 휴직 확대
③ 요양 서비스 확대   ④ 노인 일자리 지원
⑤ 노인 의료 서비스 제공

22 서술형 ➕ 11종 공통

다음은 저출산·고령화 현상에 대비하기 위한 노력을 정리한 표입니다. ㈎에 들어갈 알맞은 내용을 두 가지 쓰시오.

고령화	• 노인들을 위한 복지 제도를 늘려야 합니다. • 노인들이 사회 활동을 할 수 있도록 지원해야 합니다.
저출산	㈎

_____

_____

23 ➕ 11종 공통

저출산에 대비하기 위한 노력에는 '저', 고령화에 대비하기 위한 노력에는 '고'라고 쓰시오.

(1) 노인 일자리를 마련한다.   (   )
(2) 출산에 대한 지원을 한다.   (   )
(3) 노인 연금 제도를 마련한다.   (   )
(4) 아이를 안전하게 키울 수 있는 시설을 늘린다.
                                    (   )

24 ➕ 11종 공통

저출산·고령화에 대비하기 위한 방법으로 알맞지 <u>않은</u> 것은 어느 것입니까? (   )

① 육아 휴직 제도를 확대한다.
② 여성들의 사회 진출을 막는다.
③ 노인들을 위한 복지 제도를 늘린다.
④ 노인들이 사회 활동을 할 수 있도록 지원한다.
⑤ 법과 제도를 마련하여 미래를 대비하기 위해 노력한다.

25 미래엔, 아이스크림 외

저출산·고령화를 대비하기 위한 태도가 바른 친구를 골라 이름을 쓰시오.

세대 간에 서로 소통하고 배려하는 태도를 길러야 해.
▲ 시후

세대 간에 대화를 하지 않는 것이 서로를 위한 것이라고 생각해.
▲ 민정

(   )

1 정보화 사회와 생활 모습 변화

① **정보화의 의미**: 사회가 발전해 나가는 데 정보가 중요한 자원이 되어 중심 역할을 담당하는 것을 말합니다. 자료1

② **일상생활에서 정보와 지식을 활용하는 모습** +

③ **정보화 사회에서 나타나는 문제점**

사이버 폭력을 당해 피해를 받는 사람이 생김.	개인 정보가 유출되어 사생활 침해가 발생함.	불법으로 자료를 내려받아 저작권 침해가 발생함.	인터넷이나 스마트폰 중독으로 건강을 해치게 됨.

④ **정보화 사회의 문제점을 해결하기 위한 방안** +

• 사이버 공간에서 대화할 때 예의를 지키고 상대방을 존중합니다.

• 개인 정보가 유출되지 않도록 조심합니다.

• 허락받지 않은 프로그램, 글, 사진, 음악 등을 함부로 복제하거나 내려받지 않습니다.

• 인터넷과 스마트폰의 사용 시간을 정하고, 정해진 시간에만 사용합니다.

2 세계화가 우리 생활에 미친 영향

① **세계화의 의미**: 교통·통신 수단이 발달하면서 세계 여러 나라들이 다양한 분야에서 교류하고 가까워지는 것을 말합니다. +

② **세계화가 우리 생활에 미치는 영향** 자료2

긍정적인 영향	• 세계 여러 나라의 물건을 쉽게 살 수 있음. • 세계 여러 나라의 다양한 문화를 접할 수 있음.
부정적인 영향	• 생활 속에서 우리의 전통문화가 점점 사라지고 있음. • 서로의 문화를 이해하지 못해 문제가 생기고 있음. • 경제 교류가 확대되면서 경쟁력을 갖춘 나라와 그렇지 못한 나라의 격차가 커지고 있음.

③ **세계화 속에서 우리가 지녀야 할 태도**: 다른 나라 문화의 좋은 점은 본받고 존중하며 비판적으로 받아들입니다. 우리의 것을 소중히 여기는 태도가 필요합니다. 자료3

+ 학교에서 정보와 지식을 활용하는 모습

온라인 수업	선생님과 학생들이 온라인으로 수업함.
디지털 교과서	다양한 정보가 담긴 디지털 교과서로 학습함.
학교 누리집, 학교 알리미	학교의 다양한 소식을 알리고 알 수 있음.
학교 기상 정보 시스템	오늘의 날씨, 온도, 비 올 확률, 미세 먼지와 관련된 정보를 알 수 있음.

+ 정보화 사회의 문제점을 해결하기 위한 사회의 노력

• 사이버 공간에서 일어나는 문제를 줄일 수 있도록 법과 제도를 보완합니다.

• 사이버 예절이나 저작권 보호 등과 관련한 다양한 교육을 합니다.

+ 세계화의 모습

• 인터넷 등 통신 수단의 발달로 세계 여러 나라의 소식을 바로 알 수 있습니다.

• 교통수단이 발달하면서 세계 곳곳을 빠르게 갈 수 있습니다.

용어 사전

● **유출** 밖으로 흘러 나가거나 흘려 내보냄.

● **저작권** 창작물을 만든 사람이 생각, 아이디어 등을 표현하여 만든 결과물에 대해 갖는 권리.

교과서 통합 대표 자료

자료 1 정보화로 달라지고 있는 일상생활의 모습

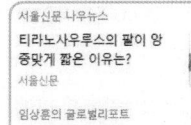   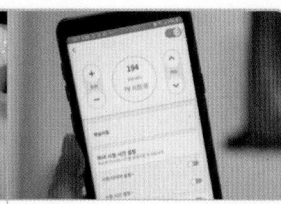

인터넷 뉴스로 전 세계 소식을 실시간으로 알 수 있음.	애플리케이션으로 음식을 주문하면 로봇이 음식을 배달해 줌.	스마트 홈서비스로 집에 있는 가전 기기를 마음대로 다룰 수 있음.

영화관에서 무인 기계를 이용해 영화표를 살 수 있음.	스마트폰의 애플리케이션을 이용해서 음식값을 낼 수 있음.	학교에 가지 않아도 선생님과 학생들이 온라인으로 수업할 수 있음.

▶ 정보화로 사람들이 원하는 정보를 쉽고 빠르게 얻게 되어 생활이 편리해졌습니다.

자료 2 세계화의 영향

세계 여러 나라 사람들이 우리나라에 오고, 우리나라 사람들도 다른 나라에 감.	세계의 다양한 음식, 문화, 물건 등을 손쉽게 접할 수 있음.	우리나라에서 열리는 운동 경기에서 외국인 선수가 활약함.

자료 3 전통문화를 세계화하기 위한 노력

우리나라를 포함한 러시아, 이탈리아, 독일, 영국, 인도, 멕시코 등 세계 15개국 청소년 태권도 수련생들이 국내에서 열린 태권도 알리기 행사에 참여하였다. 이들은 태권도 품새와 격파, 케이 팝 태권 댄스 등을 시연하며 전통문화를 체험했다.

▶ 세계화 속에서 우리의 것을 소중히 여기고, 전통문화를 세계화하기 위해 노력하고 있습니다.

보충 자료

스마트 홈서비스의 종류

집 밖에서 집 안의 가스를 조절하고, 집에 들어가기 전에 냉방과 난방을 미리 작동할 수 있습니다. 또한 의료 서비스를 제공하여 건강 관리를 해 주기도 합니다.

세계화의 모습

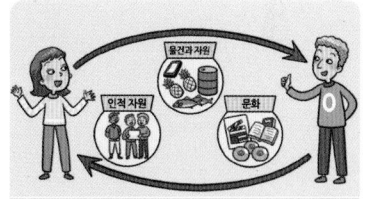

오늘날은 세계 여러 나라가 다양한 분야에서 서로 영향을 주고받으며 교류하고 있습니다.

세계화의 영향

일상생활에서 한복을 입는 사람보다 청바지를 입는 사람을 쉽게 볼 수 있습니다. 이처럼 세계화로 지역의 고유한 문화가 점점 약해지고 전 세계의 문화가 비슷해지고 있습니다.

3 단원

1 사회 변화로 나타난 일상생활의 모습 (2)

기본 개념 문제

1

(고령화 , 정보화)란 사회가 발전해 나가는 데 정보가 중요한 자원이 되어 중심 역할을 담당하는 것을 말합니다.

2

정보화 사회에서는 선생님과 학생들이 (　　　　)(으)로 수업하기도 합니다.

3

정보화로 인해 개인 정보가 유출되어 사생활 침해가 발생하는 문제가 생기기도 합니다.

(○ , ×)

4

(　　　　　)(이)란 교통·통신 수단이 발달하면서 세계 여러 나라들이 다양한 분야에서 교류하고 가까워지는 것을 말합니다.

5

세계화로 인해 세계 여러 나라의 다양한 문화를 접하기 어려워졌습니다. (○ , ×)

6 ➕ 11종 공통

다음과 같이 일상생활에서 정보가 중요한 자원이 되어 중심 역할을 담당하는 것을 무엇이라고 하는지 쓰시오.

(　　　　　　　　)

7 미래엔, 아이스크림 외

학교에서 볼 수 있는 정보화의 모습을 알맞게 말한 친구를 골라 ○표 하시오.

(1) 운동회에서 달리기를 했어.　(2) 디지털 교과서를 이용해서 수업을 들었어.

(　　　)　(　　　)

8 ➕ 11종 공통

다음 보기 에서 정보화로 달라지고 있는 일상생활의 모습으로 알맞은 것을 두 가지 골라 기호를 쓰시오.

보기

㉠ 가게에 직접 가서 필요한 물건을 산다.
㉡ 영화관에서 무인 기계를 이용해 영화표를 살 수 있다.
㉢ 백과사전을 활용해 필요한 자료를 찾아볼 수 있다.
㉣ 인터넷 뉴스로 세계 곳곳에서 일어나는 일들을 빠르게 알 수 있다.

(　　　　　　　　)

9 ➕ 11종 공통

정보화 사회의 특징으로 알맞지 <u>않은</u> 것은 어느 것입니까? (   )

① 정보와 지식을 다른 사람들과 공유한다.
② 사람들의 생활이 더욱 편리해지고 있다.
③ 사람들의 생활 모습이 모두 동일해지고 있다.
④ 인터넷으로 다양한 정보와 지식을 빠르게 얻는다.
⑤ 정보와 지식을 활용하여 새로운 자료를 만들기도 한다.

10 ➕ 11종 공통

정보화로 달라지고 있는 일상생활의 모습으로 알맞은 것에 ○표, 알맞지 않은 것에 ×표 하시오.

(1) 실시간으로 교통 정보를 얻는다. (   )
(2) 도서관에서 책을 보고 모둠 과제를 해결한다. (   )
(3) 스마트폰의 애플리케이션을 이용해서 음식값을 낸다. (   )

11 서술형 ➕ 11종 공통

정보화 사회에서 나타나는 문제점을 두 가지 쓰시오.

_____

_____

12 ➕ 11종 공통

정보화 사회에서 나타나는 문제점으로 알맞은 것은 어느 것입니까? (   )

① 환경 오염이 심각해진다.
② 새로운 정보가 만들어지지 않는다.
③ 다른 사람의 개인 정보를 쉽게 알 수 없다.
④ 사이버 폭력을 당해 피해받는 사람이 생긴다.
⑤ 다른 사람이 만든 컴퓨터 프로그램을 돈을 주고 내려받는다.

13 아이스크림, 천재교육 외

다음 (   ) 안에 들어갈 알맞은 말을 쓰시오.

> 정보화 사회에서는 창작물을 만든 사람이 생각, 아이디어 등을 표현하여 만든 결과물에 대해 갖는 권리인 (   )이/가 침해당하는 문제가 발생하고 있다.

(   )

14 비상교과서, 아이스크림 외

정보화 사회의 문제점을 해결하기 위한 방안을 <u>잘못</u> 이야기한 친구는 누구입니까? (   )

① 휴대 전화로 대화할 때 예의를 지켜야 해.

② 개인 정보가 유출되도록 해야 해.

③ 인터넷의 사용 시간을 정하고 사용해야 해.

④ 다른 사람의 사진을 함부로 내려받지 않아야 해.

[15-16] 다음 그림을 보고, 물음에 답하시오.

사람들이 우리 회사에서 개발한 프로그램을 불법으로 내려받아 회사가 큰 손해를 입고 있어요.

15 비상교과서, 천재교육 외

위 그림에 나타난 정보화 사회의 문제점이 무엇인지 쓰시오.

(   )

16 서술형   비상교과서, 천재교육 외

위 그림에 나타난 정보화 사회의 문제점을 해결하기 위한 방안을 쓰시오.

_____

_____

17 ➕ 11종 공통

다음 (   ) 안에 들어갈 알맞은 말을 골라 ○표 하시오.

> (정보화 , 세계화)란 교통·통신 수단이 발달하면서 세계 여러 나라들이 다양한 분야에서 교류하고 가까워지는 것을 말합니다.

18 ➕ 11종 공통

일상생활에서 볼 수 있는 세계화의 모습은 어느 것입니까? (   )

① 한복을 입고 경복궁에 간 가족
② 설날에 가족이 모여 먹는 떡국
③ 줄을 서서 버스를 타는 사람들
④ 취미로 태권도를 배우는 할아버지
⑤ 우리나라에서 야구 선수로 활약하는 외국인

19 ➕ 11종 공통

다음 보기 에서 세계화로 변화된 일상생활의 모습으로 알맞은 것을 모두 골라 기호를 쓰시오.

> **보기**
> ㉠ 다른 나라의 상품을 손쉽게 접할 수 있다.
> ㉡ 휴대 전화를 이용해 은행 업무를 쉽게 본다.
> ㉢ 우리나라에 온 다른 나라 가수의 공연을 본다.
> ㉣ 세계의 다양한 음식, 문화, 물건 등을 손쉽게 접할 수 있다.

(   )

20 ➕ 11종 공통

세계화가 우리 생활에 미치는 영향으로 알맞지 <u>않은</u> 것은 어느 것입니까? (   )

① 세계 여러 나라의 문화를 접할 수 있다.
② 우리의 전통문화가 점점 사라지고 있다.
③ 세계 여러 나라의 물건을 쉽게 살 수 있다.
④ 세계 여러 나라의 소식을 알기 어려워지고 있다.
⑤ 서로의 문화를 이해하지 못해 문제가 생기기도 한다.

21 ➕ 11종 공통

세계화가 우리 생활에 미친 긍정적인 영향을 알맞게 말한 친구를 골라 이름을 쓰시오.

▲ 인석 — 우리의 전통문화가 사라질 수 있어.

▲ 진영 — 서로의 문화를 이해하지 못해 다투게 돼.

▲ 채은 — 세계 여러 나라의 다양한 문화를 접할 수 있어.

▲ 윤수 — 무조건 우리의 문화가 뛰어나다고 여기게 돼.

(   )

22 서술형 ➕ 11종 공통

다음은 세계화가 우리 생활에 미치는 영향을 정리한 표입니다. ㈎에 들어갈 알맞은 내용을 두 가지 쓰시오.

세계화의 영향	
긍정적인 영향	• 세계 여러 나라의 물건을 쉽게 살 수 있다. • 세계 여러 나라의 다양한 문화를 접할 수 있다.
부정적인 영향	㈎

_____

_____

23 아이스크림, 천재교육 외

우리나라에서 다음과 같은 노력을 하는 까닭으로 알맞은 것은 어느 것입니까? (   )

 우리나라를 포함한 러시아, 이탈리아, 독일, 영국, 인도, 멕시코 등 세계 15개국 청소년 태권도 수련생들이 국내에서 열린 태권도 알리기 행사에 참여하였다. 이들은 태권도 품새와 격파, 케이팝 태권 댄스 등을 시연하며 전통문화를 체험했다.

① 우리 지역의 상품을 팔기 위해서
② 다른 지역의 문화를 배우기 위해서
③ 우리의 전통문화를 세계화하기 위해서
④ 다른 나라의 문화를 받아들이기 위해서
⑤ 세계 여러 나라의 문화를 비판하기 위해서

24 동아출판, 아이스크림 외

세계화로 인한 부정적인 영향이 나타나는 까닭으로 알맞은 것을 보기 에서 두 가지 골라 기호를 쓰시오.

보기

㉠ 다른 나라 문화의 좋은 점을 본받으려고 하기 때문이다.
㉡ 다른 나라의 문화를 무분별하게 받아들이고 있기 때문이다.
㉢ 우리의 문화를 소홀하게 여기는 경향이 커지고 있기 때문이다.

(   )

25 ➕ 11종 공통

다음 (   ) 안에 들어갈 알맞은 말을 골라 ○표 하시오.

세계화 속에서 우리는 다른 나라 문화의 좋은 점을 본받고 (무시 , 존중)하며, 우리의 문화는 잘 지키고 발전시키는 태도가 필요합니다.

2 다양한 문화에 대한 이해와 존중 (1)

1 일상생활에서 나타나는 다양한 문화의 모습

① 문화의 의미
* 사람들이 가지고 있는 공통의 생활 방식을 말합니다. ➕
* 생활 방식은 사람들이 오랜 시간을 함께 생활하면서 만들어지고 전해져 내려온 것입니다. [자료 1]
  └ 졸려서 잠을 자는 것, 배가 고파서 음식을 먹는 것처럼 본능에 따른 행동, 개인의 취향이나 습관은 문화가 아니에요.

② 다양한 문화의 모습 비교하기

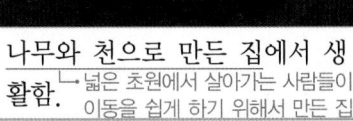

옷차림	더운 지역은 천으로 된 긴 옷을 입음.	추운 지역은 동물의 가죽이나 털로 만든 옷을 입음.
음식을 먹는 방법	젓가락을 사용하여 음식을 먹음. └ 쌀로 지은 밥이나 나물을 주로 먹는 사람들이 사용해요.	포크와 나이프를 사용하여 음식을 먹음.
사는 집	나무와 천으로 만든 집에서 생활함. └ 넓은 초원에서 살아가는 사람들이 이동을 쉽게 하기 위해서 만든 집이에요.	나무로 만든 물 위의 집에서 생활함.

➕ 일상생활에서 나타나는 문화의 모습
* 방과 후에 친구들과 좋아하는 만화 영화를 같이 봐요.
* 점심시간에 친구들과 술래잡기, 공놀이를 즐겨 해요.
* 피자를 좋아하는 친구들을 초대해서 같이 피자를 먹었어요.

➕ 편견과 차별이 지속될 때 발생할 수 있는 문제

사회	• 사람들이 자신의 능력을 발휘하지 못해 사회의 발전이 늦어짐. • 사회 분위기가 나빠짐.
학교	• 공부하기가 싫어짐. • 친구들과 관계가 나빠져 학교에 가기 싫어짐.

2 일상생활에서 나타나는 편견과 차별

① 편견과 차별 [자료 2]

편견	공정하지 못하고 한쪽으로 치우친 의견이나 생각
차별	어떤 기준을 두어 대상을 구별하고 다르게 대우하는 것 → 편견 때문에 차별이 나타남.

② 편견과 차별의 모습: 우리 주변에는 피부색, 언어, 종교, 출신 지역 등이 다르다는 이유로 사람들과 사회로부터 부당한 대우를 받는 사람들이 있습니다. ➕

③ 편견과 차별을 없애는 방법
* 나와 다른 문화도 이해해야 합니다.
* 상대방의 입장에서 생각해야 합니다.
* 다른 문화도 우리 문화처럼 존중해야 합니다.
* 한쪽으로 치우치지 않는 생각을 하도록 노력해야 합니다.

용어 사전
* **공통** 둘 또는 그 이상의 여럿이 두루 통하고 관계됨.
* **공정** 공평하고 올바름.
* **대우** 어떤 사회적 관계나 태도로 대하는 일.
* **출신** 태어났을 당시 가정이 속하여 있던 사회적 신분.
* **부당** 이치에 맞지 아니함.

자료 1 우리 사회의 다양한 문화의 모습

> 오늘날 사회가 변화하고 나라 간의 교류가 활발해지면서 사람들은 다양한 문화를 접하게 되었습니다. 문화는 서로 비슷한 점도 있고 다른 점도 있습니다. 사람들은 다양한 문화 속에서 함께 어울려 살아갑니다.

자료 2 편견과 차별의 모습

보충 자료

● 우리 사회에서 볼 수 있는 세계 여러 나라의 문화

▲ 차이나타운

▲ 이슬람 사원

우리나라에서 다른 나라의 문화, 종교와 관련된 건물 등을 볼 수 있습니다.

● 우리나라에 거주하는 외국인 수

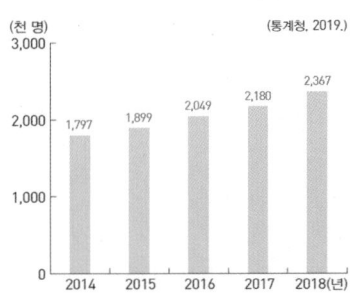

우리 사회에는 외국인 근로자, 유학생, 국제결혼 이민자 등 외국인의 수가 증가하고 있습니다. 외국인 근로자는 우리 사회가 저출산·고령화로 일할 사람이 줄어드는 문제를 해결하는 데 도움을 줄 수 있습니다.

2 다양한 문화에 대한 이해와 존중 (1)

기본 개념 문제

1

사람들이 가지고 있는 공통의 생활 방식을 (   )(이)라고 합니다.

2

기후에 따라 사람들의 옷차림이 다릅니다.

(○ , ×)

3

(차별 , 편견)이란 공정하지 못하고 한쪽으로 치우친 의견이나 생각을 말합니다.

4

편견은 어떤 기준을 두어 대상을 구별하고 다르게 대우하는 것입니다. (○ , ×)

5

차별과 편견을 없애기 위해서는 다른 문화도 우리 문화처럼 존중해야 합니다. (○ , ×)

6 ➕ 11종 공통

다음에서 설명하는 것은 무엇인지 쓰시오.

> 사람들이 가지고 있는 공통의 생활 방식으로, 사람들이 오랜 시간을 함께 생활하면서 만들어지고 전해져 내려온 것을 말합니다.

(   )

7 ➕ 11종 공통

일상생활에서 나타나는 문화의 모습으로 볼 수 <u>없는</u> 것은 어느 것입니까? (   )

① 사람들의 나이
② 사람들의 옷차림
③ 사람들이 함께하는 놀이
④ 사람들이 사는 집의 모양
⑤ 사람들이 음식을 먹는 방법

8 금성출판사, 아이스크림 외

더운 지역에 사는 사람들의 옷차림으로 알맞은 것을 골라 ○표 하시오.

(1)

(2)

(   )   (   )

9 ➕ 11종 공통

문화의 특징을 알맞게 말한 친구를 골라 ○표 하시오.

(1)
> 사람들은 모두 똑같은 문화 활동을 하고 있어요.

(2)
> 사람들은 다양한 문화 속에서 함께 어울려 살아가요.

(   )   (   )

10 ➕ 11종 공통

문화에 대한 설명으로 알맞은 것에 ○표, 알맞지 않은 것에 ×표 하시오.

(1) 우리 사회에는 다양한 문화가 있다.   (   )

(2) 사람들의 옷차림, 음식을 먹는 모습, 사는 집은 문화가 아니다.   (   )

(3) 사람들이 오랜 시간을 함께 생활하면서 만들어지고 전해져 내려온 것이다.   (   )

11 서술형   비상교과서, 아이스크림 외

다음과 같은 집을 짓고 사는 문화가 나타나는 까닭을 쓰시오.

_____

_____

12 비상교과서, 천재교육 외

쌀로 지은 밥이나 나물을 주로 먹는 사람들이 음식을 먹을 때 사용하는 식사 도구로 알맞은 것은 어느 것입니까? (   )

① 국자   ② 포크

③ 주걱   ④ 나이프

⑤ 젓가락

13 금성출판사, 아이스크림 외

추운 지역에 사는 사람들의 문화로 알맞은 것은 어느 것입니까? (   )

① 털옷을 입는다.

② 음식을 먹지 않는다.

③ 선풍기를 사용해 더위를 피한다.

④ 나무로 만든 물 위의 집에서 생활한다.

⑤ 주로 천으로 된 얇고 짧은 옷을 입는다.

14 아이스크림, 천재교육 외

다음 (   ) 안에 들어갈 알맞은 말을 골라 ○표 하시오.

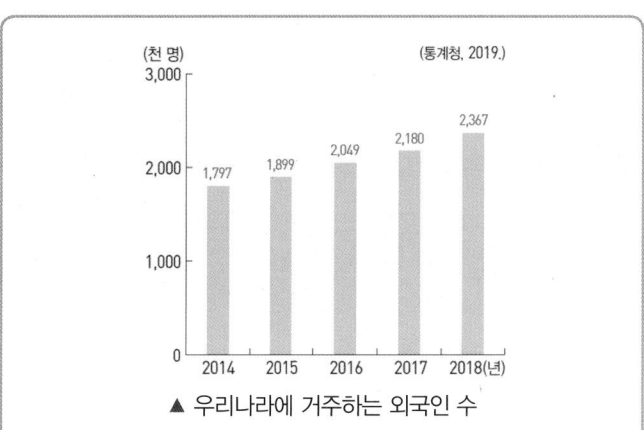

▲ 우리나라에 거주하는 외국인 수

   세계화로 나라 간 교류가 활발해지면서 우리 사회에는 외국인 근로자, 유학생, 국제결혼 이민자 등 외국인의 수가 (감소 , 증가)하고 있습니다.

15 ➕ 11종 공통

다음에서 설명하는 것은 무엇입니까? (   )

> 공정하지 못하고 한쪽으로 치우친 의견이나 생각을 말합니다.

① 긴장   ② 대화   ③ 타협
④ 편견   ⑤ 평등

16 ➕ 11종 공통

차별에 대한 설명으로 알맞지 <u>않은</u> 것은 어느 것입니까? (   )

① 편견 때문에 차별이 나타난다.
② 나와 다른 사람을 차별하는 것은 당연하다.
③ 남녀에 대한 차별, 임신에 대한 차별 등이 있다.
④ 어떤 기준을 두어 대상을 구별하고 다르게 대우하는 것이다.
⑤ 우리 주변에는 피부색, 언어, 출신 지역 등이 다르다는 이유로 차별받는 사람들이 있다.

17 서술형 미래엔, 아이스크림 외

다음과 같은 일이 일어나게 된 까닭을 쓰시오.

_____

_____

18 비상교육, 아이스크림 외

오른쪽 그림에서 나타난 편견과 차별의 모습은 무엇입니까? (   )

① 나이에 대한 차별
② 남녀에 대한 차별
③ 장애에 대한 차별
④ 종교에 대한 차별
⑤ 출산에 대한 차별

19 비상교과서, 천재교과서 외

다음 그림에 나타난 차별의 모습을 알맞게 설명한 것은 무엇입니까? (   )

① 장애를 가진 사람을 차별하고 있다.
② 나이가 많은 사람을 차별하고 있다.
③ 성별에 따라 사람을 차별하고 있다.
④ 사는 곳이 다른 사람을 차별하고 있다.
⑤ 다른 언어를 사용하는 사람을 차별하고 있다.

20 ➕ 11종 공통

다음 ㉠에 들어갈 내용으로 알맞지 <u>않은</u> 것은 어느 것입니까? (   )

> 우리 주변에는 [㉠   ]는 이유로 사람들과 사회로부터 부당한 대우를 받는 사람들이 있습니다.

① 나이가 많다   ② 종교가 다르다
③ 피부색이 다르다   ④ 출신 지역이 다르다
⑤ 비슷한 생각을 한다

[21-22] 다음 그림은 우리 주변에서 볼 수 있는 편견과 차별의 모습입니다. 물음에 답하시오.

(가)   (나)

21 동아출판, 비상교과서 외

위 (가), (나) 중 장애에 대한 편견과 차별의 모습이 나타난 것을 골라 기호를 쓰시오.

(   )

22 금성출판사, 비상교과서 외

위 (가), (나) 중 문화에 대한 편견과 차별의 모습이 나타난 것을 골라 기호를 쓰시오.

(   )

23 ➕ 11종 공통

편견과 차별을 없애는 방법으로 알맞지 <u>않은</u> 것은 어느 것입니까? (   )

① 다른 문화를 존중한다.
② 나의 입장만 생각한다.
③ 나와 다른 문화도 이해한다.
④ 서로의 문화를 소개하고 이해한다.
⑤ 한쪽으로 치우치지 않는 생각을 한다.

24 ➕ 11종 공통

편견과 차별을 없애는 방법으로 알맞은 것에 ○표, 알맞지 않은 것에 ✕표 하시오.

(1) 다른 나라의 문화는 편견을 가지고 살펴본다.

(   )

(2) 한쪽으로 치우치지 않는 생각을 갖도록 노력한다.

(   )

(3) 나와 다른 문화도 이해하고, 상대방의 입장에서 생각한다.   (   )

(4) 서로의 문화를 소개하고 우리 문화가 더 우월하다고 주장한다.   (   )

25 서술형 비상교과서, 천재교육 외

다음 그림은 우리 사회에서 볼 수 있는 편견과 차별의 모습입니다. 이와 같은 편견과 차별이 계속될 때 사회적으로 발생할 수 있는 문제를 쓰시오.

_____

_____

 개념 강의

2 다양한 문화에 대한 이해와 존중 (2)

1 편견과 차별의 문제 해결하기

① 생활 속에서 나타나는 편견과 차별의 문제 ➕

> 아린이네 반은 몇 주 후에 있을 학예회 준비로 시끌벅적합니다.
> 현명이가 주안이를 돌아보며 이야기하였습니다.
> "이번 학예회 때 우리 같이 태권도 시범을 보여 줄까?"
> 학예회 때 무엇을 할지 고민하던 아린이는 반가운 마음이 들었습니다.
> 어렸을 때부터 태권도를 배웠기 때문입니다.
> "얘들아, 나도 같이하자!"
> "아린아! 넌 여자잖아! 태권도는 남자만 하는 거야."
> 아린이는 현명이의 말에 화가 났습니다.
> '여자도 태권도를 잘할 수 있는데……'

② 편견과 차별의 문제를 해결하기 위한 노력

- 모두를 동등하게 대우하려는 노력이 필요합니다. ➕
- 상대방의 문화를 이해하고 존중하려는 노력이 필요합니다. 자료1
- 자신이 지닌 생각이나 문화를 다른 사람에게 강요하지 않습니다.
- 서로의 다름을 인정하는 문화 다양성을 존중하는 태도가 필요합니다.
- 다른 문화를 올바르게 이해하기 위해 그 문화가 만들어진 배경을 이해해야 합니다. 자료2

2 편견과 차별이 없는 사회를 만들기 위한 노력

법을 만들고 기관을 세워 편견과 차별을 없애려고 노력함. 자료3

사람들이 다문화에 대한 이해를 높일 수 있도록 교육을 시행함.

다양한 문화를 가진 사람들이 직업을 구할 수 있도록 다양한 정보를 제공함.

편견을 가지고 있는 사람들의 생각을 바꾸기 위한 캠페인을 함. ➕

세계 여러 나라의 문화를 직접 체험할 수 있는 축제를 엶.

다양한 문화를 가진 사람들이 일상생활을 하는 데 도움이 되는 교육을 제공함.

➕ **일상생활에서 경험한 편견이나 차별의 모습**

- 남자는 울면 안 된다는 이야기를 들은 적이 있습니다.
- 분홍색 옷은 여자가, 파란색 옷은 남자가 입는 것이라는 이야기를 들은 적이 있습니다.

➕ **편견이나 차별을 바꾸기 위한 우리 반의 약속 만들기**

우리 반의 약속을 만들 때는 우리 반 친구들이 지킬 수 있는 내용과 친구 모두를 위한 내용으로 정해야 합니다.

➕ **편견과 차별이 없는 사회를 만들기 위한 노력**

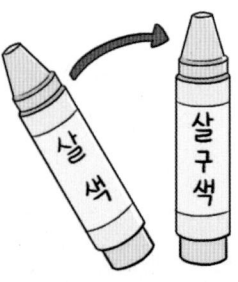

사람의 피부색은 다양하기 때문에 크레파스의 '살색'을 '살구색'으로 바꾸어 부르기로 했습니다.

용어 사전

- **동등** 등급이나 정도가 같음.
- **강요** 억지로 또는 강제로 요구함.

자료 1 편견이나 차별적 태도 점검하기

점검 내용	예	아니요
외국인이 우리말을 잘하지 못해서 무시한 적이 있다.		
히잡을 쓰고 다니는 여자들은 성격이 답답할 것 같다.		
돼지고기를 먹지 않는 이슬람교도를 이해할 수 없다.		
우리말보다 외국어를 쓰면 더 멋있어 보인다.		
맨손으로 음식을 먹는 인도 사람들을 깨끗하지 않다고 생각한다.		
버스나 지하철을 탈 때 나와 피부색이 다른 사람 옆에 있고 싶지 않다.		
간판 이름이 영어로 쓰여 있는 상점의 음식이나 물건이 더 좋아 보인다.		
부유한 나라에 사는 사람들이 가난한 나라에 사는 사람들보다 더 똑똑할 것 같다.		

▶ 나의 모습을 점검하여 내가 가진 편견과 차별은 없는지 생각해 봅니다.

자료 2 다양한 문화 체험하기

▶ 우리나라의 여러 지역에서는 '세계 문화 다양성의 날' 행사가 열리고 있습니다. 다양한 문화를 살펴보고 체험하는 활동을 통해 세계 여러 나라의 문화를 이해하고 존중하는 마음을 가질 수 있습니다.

자료 3 편견과 차별이 없는 사회를 만들기 위해 노력하는 기관

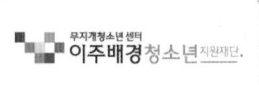  

▶ 여러 기관에서는 편견과 차별이 없는 사회를 만들기 위해 노력하고 있습니다.

보충 자료

● 유니버설 디자인

▲ 적은 힘으로도 쉽게 열 수 있는 문손잡이

▲ 모든 사람이 이용할 수 있도록 계단과 함께 만든 경사로

유니버설 디자인은 나이, 성별, 장애, 언어 등과 관계없이 모든 사람이 편하고 안전하게 이용하도록 상품, 건물, 환경을 설계하는 것입니다.

● 편견과 차별을 다룬 공익 광고

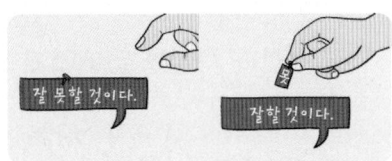

'잘 못할 것이다'에서 '못'을 빼면 '잘할 것이다'가 됩니다. 편견과 차별의 못을 빼면 배려와 존중의 말이 됩니다.

2 다양한 문화에 대한 이해와 존중 (2)

기본 개념 문제

1

여학생은 태권도나 축구를 잘 못한다는 생각은 (   )입니다.

2

성별이 다르다고 해서 자신이 원하는 운동 종목에 참여하지 못하게 하는 것은 (   )입니다.

3

편견과 차별이 없는 사회를 만들기 위해 세계 여러 나라의 문화를 체험할 수 있는 축제를 열기도 합니다. (○ , ×)

4

우리 사회는 (   )을/를 만들고 기관을 세워 편견과 차별을 없애려고 노력하고 있습니다.

5

편견과 차별의 문제를 해결하기 위해서는 서로 존중하고 이해하려는 노력이 필요합니다. (○ , ×)

[6-7] 다음 글을 읽고, 물음에 답하시오.

아린이네 반은 몇 주 후에 있을 학예회 준비로 시끌벅적합니다.
현명이가 주안이를 돌아보며 이야기하였습니다.
"이번 학예회 때 우리 같이 태권도 시범을 보여 줄까?"
학예회 때 무엇을 할지 고민하던 아린이는 반가운 마음이 들었습니다.
어렸을 때부터 태권도를 배웠기 때문입니다.
"얘들아, 나도 같이하자!"
"아린아, 넌 여자잖아! 태권도는 남자만 하는 거야."
아린이는 현명이의 말에 화가 났습니다.
'여자도 태권도를 잘할 수 있는데…….'

6 미래엔, 천재교과서 외

다음 (   ) 안에 들어갈 알맞은 말에 ○표 하시오.

현명이는 (야구 , 태권도)를 (남자 , 여자)만 하는 것이라는 편견을 가지고 있습니다.

7 서술형 미래엔, 천재교과서 외

아린이네 반 친구들이 서로에 대한 편견이나 차별 없이 지내기 위한 방법을 쓰시오.

_____

_____

8 ➕ 11종 공통

일상생활에서 들을 수 있는 편견이 담긴 말이 <u>아닌</u> 것은 어느 것입니까? (   )

① 남자는 울면 안 돼.
② 여자아이는 치마를 입어야지.
③ 남자는 남자 화장실에 가야 해.
④ 남자는 파란색을 좋아하는 거야.
⑤ 여자아이가 왜 장난감 로봇을 좋아하니?

9 ➕ 11종 공통

편견과 차별이 지속될 때 발생할 수 있는 학교의 모습을 보기 에서 모두 골라 기호를 쓰시오.

보기
㉠ 공부하기 싫어진다.
㉡ 학교에 오기 싫어진다.
㉢ 친구들과의 관계가 나빠진다.
㉣ 친구들과 서로 배려하며 이해하게 된다.

(　　　　　　　　　)

10 비상교과서, 천재교육 외

편견과 차별을 없애는 학급 규칙을 만들기 위한 규칙의 조건으로 다음 (　　) 안에 들어갈 알맞은 말을 쓰시오.

〈규칙의 조건〉
1. 우리 반 친구들이 지킬 수 있는 내용이어야 함.
2. 친구 모두를 위한 규칙이어야 함.
3. 서로를 이해하고 (　　　　)하는 것을 바탕으로 하는 규칙이어야 함.

(　　　　　　　　　)

11 서술형 ➕ 11종 공통

편견이나 차별을 바꾸기 위한 우리 반의 약속을 한 가지만 쓰시오.

_____

_____

[12-13] 다음은 '학급 체육의 날'을 앞둔 친구들의 대화입니다. 물음에 답하시오.

12 ➕ 11종 공통

위 대화에서 남자아이들은 무엇에 대한 편견을 가지고 있습니까? (　　　　)

① 성별　　　　② 나이　　　　③ 국적
④ 장애　　　　⑤ 피부색

13 ➕ 11종 공통

위 '학급 체육의 날'에 모두 즐겁게 참여하기 위한 방법으로 알맞은 것은 어느 것입니까? (　　　　)

① 여자는 축구, 남자는 피구를 한다.
② 여자는 피구, 남자는 축구를 한다.
③ 키에 따라 참여하는 경기에 제한을 둔다.
④ 남녀의 구분 없이 잘하는 운동 경기에 참여한다.
⑤ 절반은 운동 경기에 참여하고 나머지 친구들은 응원만 한다.

14 미래엔 외

학교에서 차별을 없애기 위한 방법으로 알맞은 것은 어느 것입니까? (   )

① 급식을 키가 큰 순서대로 먹게 한다.
② 성별에 따라 방과 후 수업을 나눈다.
③ 성적이 좋은 학생만 도서관을 이용하게 한다.
④ 자신이 원하는 운동 경기에 참여할 수 있게 한다.
⑤ 학급의 중요한 일을 결정할 때에는 생일이 빠른 친구의 의견에 따른다.

15 ✚ 11종 공통

편견과 차별이 없는 사회를 만들기 위해 우리가 할 수 있는 일로 알맞은 것을 보기 에서 두 가지 골라 기호를 쓰시오.

> 보기
> ㉠ 나와 피부색이 다른 친구를 무시한다.
> ㉡ 친구의 다른 문화를 이해하고 존중한다.
> ㉢ 살색이라는 말 대신 살구색이라는 말을 사용한다.

(   )

16 ✚ 11종 공통

편견과 차별을 없애기 위해 우리가 실천할 수 있는 일을 두 가지 고르시오. (,   )

① 우리와 다른 문화를 이해한다.
② 남자와 여자의 역할을 구분한다.
③ 우리나라의 문화만 소중히 여긴다.
④ 겉모습으로 사람을 판단하지 않는다.
⑤ 한쪽으로 치우치게 생각하고 행동한다.

17 비상교과서, 천재교육 외

다음 (   ) 안에 들어갈 알맞은 말을 골라 ○표 하시오.

> (기상청 , 국가 인권 위원회)은/는 인권과 관련이 있는 일을 하는 등 편견과 차별이 없는 세상을 만들기 위해 노력하는 기관입니다.

18 ✚ 11종 공통

편견과 차별이 없는 사회를 만들기 위한 노력으로 알맞은 것에 ○표, 알맞지 <u>않은</u> 것에 ×표 하시오.

(1) 다문화 가정 어린이를 차별하는 법을 만든다.
(   )

(2) 서로 다른 문화를 이해하고 존중하려고 노력한다.
(   )

(3) 다양한 문화를 가진 사람들이 함께 어울릴 수 있는 자리를 마련한다. (   )

19 서술형 ✚ 11종 공통

편견과 차별이 없는 사회를 만들기 위해 우리 사회에서 하는 노력을 두 가지 쓰시오.

_____

_____

20 ➕ 11종 공통

편견과 차별이 없는 사회를 만들기 위한 사회의 노력으로 알맞지 <u>않은</u> 것은 어느 것입니까? ( )

① 편견이나 차별이 담긴 말을 바꾼다.
② 편견과 차별을 없애기 위한 법을 만든다.
③ 모두에게 능력을 펼칠 수 있는 기회를 준다.
④ 한국에 사는 외국인들이 고향으로 돌아가도록 한다.
⑤ 다양한 문화를 가진 사람들이 함께 어울릴 수 있는 자리를 마련한다.

21 ➕ 11종 공통

편견과 차별이 없는 사회를 만들기 위한 노력과 관련해 ( ) 안에 들어갈 알맞은 말을 쓰시오.

⑴ 법을 만들고 ( )을/를 세워 편견과 차별을 없애려고 노력한다.
⑵ 사람들에게 알맞은 ( )을/를 제공하고 많은 사람들이 능력을 발휘할 기회를 준다.

22 ➕ 11종 공통

편견과 차별이 없는 사회를 만들기 위한 노력으로 알맞지 <u>않은</u> 것은 어느 것입니까? ( )

①

▲ 알맞은 교육 제공하기

②

▲ 법을 만들고 기관 세우기

③

▲ 농수산물 직거래 장터 열기

④

▲ 여러 문화를 체험할 수 있는 축제 열기

[23-24] 다음 그림을 보고, 물음에 답하시오.

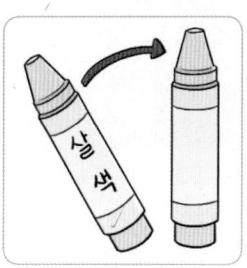

23 김영사, 비상교과서 외

피부색이 다른 사람에 대한 차별이라고 해서 '살색'으로 부르던 크레파스 색을 무슨 색으로 바꿔 부르는지 쓰시오.

( )

24 서술형 김영사, 비상교과서 외

위 **23**번과 같은 노력을 하는 까닭은 무엇인지 쓰시오.

_____

_____

25 천재교육 외

다음 ( )에 들어갈 알맞은 말을 쓰시오.

( )은/는 나이, 성별, 장애, 언어 등과 관계없이 모든 사람이 편하고 안전하게 이용하도록 상품, 건물, 환경을 설계하는 것입니다.

▲ 적은 힘으로도 쉽게 열 수 있는 문손잡이

( )

1 사회 변화로 나타난 일상생활의 모습

★ 변화된 교실 모습

▲ 옛날　　▲ 오늘날

옛날 교실에는 한 반에 지금보다 많은 학생이 있었고, 텔레비전이나 컴퓨터가 없었습니다.

★ 출생아 수 변화

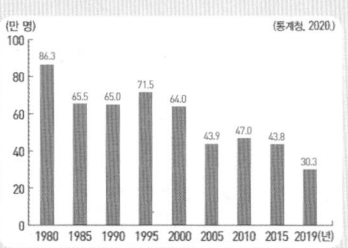

최근 들어 출생아 수가 예전에 비해 많이 줄어들고 있으며, 노인 인구가 계속 늘어나는 고령화 현상도 점점 심해지고 있습니다.

★ 정보화로 달라지고 있는 일상생활의 모습

| 인터넷 뉴스로 전 세계 소식을 실시간으로 알 수 있습니다. | 스마트폰의 애플리케이션을 이용해서 음식값을 냅니다. |

| 스마트 홈서비스로 집에 있는 가전 기기를 마음대로 다룰 수 있습니다. | 애플리케이션으로 음식을 주문하면 로봇이 음식을 배달해 줍니다. |

1. 사회 변화로 달라진 사람들의 생활 모습

- 노인 전문 병원, 요양원, 노인정 등 ❶[ ] 전문 시설이 많이 생겼습니다.
- 학교의 학년당 학급 수가 점점 줄어들고 있습니다.
- 버스 정류장에 버스 도착 시간을 알려 주는 기계가 생겼습니다.
- 샌드위치, 쌀국수 등 다양한 나라의 음식을 파는 가게가 많이 생겨났습니다.

2. 저출산·고령화가 우리 생활에 미친 영향

① 저출산으로 인한 변화와 대비 노력

변화 모습	• 가족의 구성원 수가 줄어들고 있으며, 가족의 형태가 변하고 있음. • 출산을 도와주는 병원이 점점 사라지고, 학생 수가 줄어드는 학교가 늘어나고 있음.
대비 노력	• 걱정 없이 아이를 낳아 키울 수 있도록 다양한 지원이 필요함. • 아이를 안전하게 키울 수 있는 시설과 서비스를 마련해야 함.

② ❷[ ]로 인한 변화와 대비 노력

변화 모습	• 노인을 위한 전문 시설이 생겨나고 있음. • 노인을 대상으로 하는 실버산업이 발달하고 있음.
대비 노력	• 노인들을 위한 복지 제도를 늘려야 함. • 노인들이 사회 활동을 할 수 있도록 지원해야 함.

3. 정보화 사회와 생활 모습 변화

① ❸[ ]의 의미: 사회가 발전해 나가는 데 정보가 중요한 자원이 되어 중심 역할을 담당하는 것을 말합니다.

② 정보화 사회의 특징

- 정보와 지식을 활용하여 새로운 자료를 만들고 다른 사람들과 공유하기도 합니다.
- 정보화가 활발하게 이루어지면서 사람들의 생활은 더욱 편리해지고 다양하게 변화하고 있습니다.

③ 정보화 사회의 문제점: 사이버 폭력, 개인 정보 유출, 저작권 침해, 인터넷 및 스마트폰 중독 등의 문제가 발생합니다.

4. 세계화가 우리 생활에 미친 영향

① ❹[ ]의 의미: 교통·통신 수단이 발달하면서 세계 여러 나라들이 다양한 분야에서 교류하고 가까워지는 것을 말합니다.

② 세계화가 우리 생활에 미치는 영향

긍정적인 영향	• 세계 여러 나라의 물건을 쉽게 살 수 있음. • 세계 여러 나라의 다양한 문화를 접할 수 있음.
부정적인 영향	• 생활 속에서 우리의 전통문화가 점점 사라지고 있음. • 서로의 문화를 이해하지 못해 문제가 생기고 있음.

1. 일상생활에서 나타나는 다양한 문화의 모습

① 문화의 의미: 사람들이 가지고 있는 공통의 **⑤**[   ]을 말합니다.

② 다양한 문화의 모습

옷차림	더운 지역은 천으로 된 긴 옷을 입고, 추운 지역은 동물의 가죽이나 털로 만든 옷을 입음.
음식을 먹는 방법	쌀밥, 나물 등을 먹는 지역에서는 젓가락을 사용하고, 샐러드, 빵 등을 먹는 지역에서는 포크와 나이프를 사용함.
사는 집	이동 생활을 하는 지역에서는 이동을 쉽게 할 수 있는 나무와 천으로 만든 집에서 생활하고, 더위가 심한 지역에서는 더위와 습기를 피하기 위해 나무로 만든 물 위의 집에서 생활함.

2. 일상생활에서 나타나는 편견과 차별

① 편견과 차별

편견	**⑥**[ ]하지 못하고 한쪽으로 치우친 의견이나 생각
차별	어떤 기준을 두어 대상을 구별하고 다르게 대우하는 것

② 편견과 차별의 모습: 우리 주변에는 피부색, 언어, 종교, 출신 지역 등이 다르다는 이유로 사람들과 사회로부터 부당한 대우를 받는 사람들이 있습니다.

③ 편견과 차별을 없애는 방법

• 나와 다른 문화도 이해하고, 상대방의 입장에서 생각해야 합니다.
• 다른 문화도 우리 문화처럼 **⑦**[   ]해야 합니다.
• 한쪽으로 치우치지 않는 생각을 하도록 노력해야 합니다.

3. 편견과 차별이 없는 사회를 만들기 위한 노력

법을 만들고 기관을 세워 편견과 차별을 없애려고 노력함.

사람들이 다문화에 대한 이해를 높일 수 있도록 교육을 시행함.

다양한 문화를 가진 사람들이 직업을 구할 수 있도록 정보를 제공함.

세계 여러 나라의 문화를 직접 체험할 수 있는 축제를 엶.

편견을 가지고 있는 사람들의 생각을 바꾸기 위한 캠페인을 함.

다양한 문화의 사람들이 일상생활을 하는 데 도움이 되는 교육을 제공함.

★ 우리나라에 거주하는 외국인 수

세계화의 영향으로 나라 간 교류가 활발해지면서 우리 사회에는 외국인 근로자, 유학생, 국제결혼 이민자 등 외국인의 수가 증가하고 있습니다.

3 단원

★ 편견과 차별의 모습

문화에 대한 편견

왜 맨손으로 음식을 먹지?

종교에 대한 편견

왜 그것을 두르고 있어?
답답하지도 않나 봐.

장애에 대한 편견

일을 잘할 수 있을까?
다른 지원자가 없을까?

남녀에 대한 편견

우리 회사에는 남자 직원들이 많이 있으면 좋겠어.

남자 직원들이 많이 있으면 좋겠어.

3. 사회 변화와 문화 다양성

1 ⊕ 11종 공통

사회 변화로 달라진 일상생활의 모습에 대한 설명으로 알맞은 것에 ○표, 알맞지 않은 것에 ×표 하시오.

(1) 노인 전문 병원, 요양원, 노인정 등이 줄어들었다.
( )

(2) 다양한 나라의 음식을 파는 가게가 많이 생겨났다.
( )

(3) 버스 정류장에 버스 도착 시간을 알려 주는 기계가 생겼다.
( )

[2-3] 다음 그래프를 보고, 물음에 답하시오.

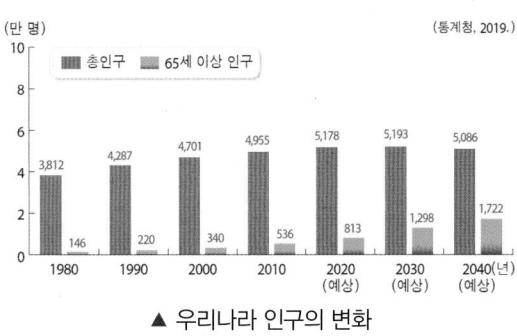

▲ 우리나라 인구의 변화

2 ⊕ 11종 공통

위 그래프의 가로축과 세로축에 대한 설명으로 알맞은 말을 골라 ○표 하시오.

> 그래프의 가로축은 ㉠ (인구, 연도), 세로축은
> ㉡ (인구수, 연도)를 나타냅니다.

3 ⊕ 11종 공통

위 그래프를 보고, 2030년 이후 변화될 사회 모습으로 알맞은 것은 무엇입니까? ( )

① 고령화 현상이 심화된다.
② 출생아 수가 점차 늘어난다.
③ 초등학생 수가 갈수록 늘어난다.
④ 학교의 학급 수가 계속 늘어난다.
⑤ 전체 인구 중 노인 인구의 비율이 줄어든다.

4 ⊕ 11종 공통

고령화와 저출산에 대한 설명을 선으로 알맞게 연결하시오.

(1) 고령화 •

• ㉠ 태어나는 아이의 수가 줄어드는 현상

(2) 저출산 •

• ㉡ 전체 인구에서 노인이 차지하는 비율이 높아지는 현상

5 ⊕ 11종 공통

저출산으로 변화하는 일상생활의 모습에 대해 알맞게 말한 친구를 골라 이름을 쓰시오.

가족의 구성원 수가 늘어나고 있어.
▲ 지영

일할 사람이 늘어나고 있어.
▲ 동훈

학생 수가 줄어드는 학교가 늘어나고 있어.
▲ 효정

일자리를 찾는 노인이 늘어나고 있어.
▲ 민구

( )

6 미래엔, 아이스크림 외

다음 글의 제목으로 가장 알맞은 것은 어느 것입니까? (   )

> (   )
>
> • 학교 누리집을 보고 학교 소식을 알 수 있습니다.
> • 인터넷에서 수업과 관련이 있는 다양한 자료를 찾아볼 수 있습니다.
> • 학교 복도에 설치된 기상 정보 시스템으로 오늘의 날씨, 온도, 비 올 확률 등을 알 수 있습니다.

① 정보화의 의미
② 정보화 사회의 문제점
③ 오늘날 통신 수단의 종류
④ 즐거운 학교생활을 하는 방법
⑤ 학교에서 정보와 지식을 활용하는 모습

7 ➕ 11종 공통

정보화로 달라지고 있는 일상생활의 모습으로 알맞지 <u>않은</u> 것은 어느 것입니까? (   )

① 휴대 전화로 물건을 구입한다.
② 인터넷에서 자료를 검색해 숙제를 한다.
③ 은행 업무를 보기 위해서 은행에 직접 간다.
④ 실시간으로 교통 정보를 얻어 빠른 길로 간다.
⑤ 스마트 홈서비스로 집에 있는 가전 기기를 켠다.

8 서술형 비상교과서, 천재교육 외

다음 그림에 나타난 정보화 사회의 문제점을 해결하기 위한 방법을 쓰시오.

_____

_____

[9-10] 다음 그림을 보고, 물음에 답하시오.

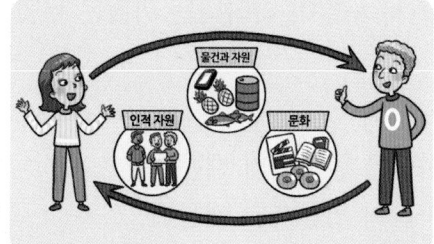

9 ➕ 11종 공통

위 그림처럼 세계 여러 나라들이 다양한 분야에서 교류하고 가까워지는 것을 무엇이라고 하는지 쓰시오.

(   )

10 서술형 ➕ 11종 공통

위 **9**번 답이 우리 생활에 미치는 부정적인 영향을 두 가지 쓰시오.

_____

_____

11 ➕ 11종 공통

다음 보기 에서 문화에 대한 설명으로 알맞은 것을 모두 골라 기호를 쓰시오.

보기
㉠ 사람들은 다양한 문화 속에서 함께 살아간다.
㉡ 사람들이 가지고 있는 공통의 생활 방식을 말한다.
㉢ 문화는 서로 비슷한 모습은 없고 다른 모습만 있다.
㉣ 사람들이 오랜 시간을 함께 생활하면서 만들어지고 전해져 내려온 것이다.

(   )

12 ➕ 11종 공통

일상생활에서 차별이 나타나는 까닭은 무엇입니까?
(   )

① 편견 때문에
② 다른 사람을 존중하기 때문에
③ 모든 사람이 평등하기 때문에
④ 좋은 문화와 좋지 않은 문화가 있기 때문에
⑤ 사람들이 한쪽으로 치우치지 않는 생각을 가지기 때문에

13 서술형 ➕ 11종 공통

다음 낱말을 모두 넣어 '차별'의 의미를 쓰시오.

| • 기준 | • 구별 | • 대우 |

_____

_____

14 비상교과서, 천재교과서 외

다음 그림에 나타난 편견과 차별은 무엇에 대한 것입니까? (   )

① 성별   ② 종교   ③ 언어
④ 출산   ⑤ 피부색

15 ➕ 11종 공통

편견과 차별을 없애는 방법으로 알맞지 <u>않은</u> 것은 어느 것입니까? (   )

①
상대방의 입장에서 생각해야 해.

②
다른 문화도 우리 문화처럼 존중해야 해.

③
한쪽으로 치우친 생각을 갖도록 노력해야 해.

④
서로의 문화를 소개하고 이해하도록 노력해야 해.

1 ⊕ 11종 공통

우리 사회의 변화된 모습을 잘못 이야기한 친구를 골라 이름을 쓰시오.

- 일영: 옆 동네에 노인정이 하나 더 생긴대요.
- 수지: 버스 정류장에 버스 도착 시간을 알려 주는 기계가 생겼어요.
- 준호: 우리 학교는 학년당 학급 수가 계속 늘어나고 있어서 교실이 부족해요.

(   )

2 서술형   교학사, 천재교육 외

다음 신문 기사에 나타난 현상이 일어나고 있는 까닭을 쓰시오.

○○신문	20△△년 ○○월 ○○일

초등학생 수, 매년 줄어들고 있다

  새 학기가 시작되었지만 신입생이 없는 학교가 계속 늘어나고 있다. 많은 지역에서 초등학생 수가 지속적으로 감소해 매년 초등학생 수가 줄어들고 있다. 초등학생 수가 앞으로도 계속 감소할 것으로 예상된다.

_____

_____

3 ⊕ 11종 공통

다음은 우리 사회의 인구 변화에 대한 설명입니다. ㉠, ㉡에 들어갈 알맞은 말을 골라 ○표 하시오.

  우리 사회는 태어나는 아이의 수가 ㉠ (줄어들고 , 늘어나고) 있고, 전체 인구에서 노인이 차지하는 비율은 ㉡ (낮아지고 , 높아지고) 있습니다.

4 ⊕ 11종 공통

고령화로 변화하는 일상생활 모습으로 알맞은 것을 두 가지 고르시오. (,   )

① 문을 닫는 학교가 늘어나고 있다.
② 가족의 구성원 수가 줄어들고 있다.
③ 노인을 위한 전문 시설이 생겨나고 있다.
④ 출산을 도와주는 병원이 점점 사라지고 있다.
⑤ 노인을 대상으로 하는 산업이 발달하고 있다.

5 ⊕ 11종 공통

다음 보기 를 저출산과 고령화에 대비하기 위한 방법으로 구분하여 각각 기호를 쓰시오.

보기
㉠ 보육비 지원
㉡ 육아 휴직 확대
㉢ 노인 일자리 지원
㉣ 요양 서비스 확대

(1) 저출산에 대비하기 위한 방법: (   )
(2) 고령화에 대비하기 위한 방법: (   )

3 단원

6 ⊕ 11종 공통

다음 ( ) 안에 들어갈 알맞은 말을 두 가지 고르시오. (,)

> 저출산·고령화 사회에서 우리는 세대 간에 서로 ( )하는 태도를 길러야 합니다.

① 무시 ② 배려 ③ 소통
④ 차별 ⑤ 무관심

[7-8] 다음 그림을 보고, 물음에 답하시오.

(가)

(나)

7 ⊕ 11종 공통

위 (가)에 나타난 정보화 사회의 문제점은 무엇입니까? ( )

① 사이버 폭력 ② 인터넷 중독
③ 저작권 침해 ④ 개인 정보 유출
⑤ 거짓 소문 확산

8 ⊕ 11종 공통

위 (가), (나)에 나타난 문제점을 해결하기 위한 방안을 다음 보기 에서 골라 각각 기호를 쓰시오.

> **보기**
> ㉠ 개인 정보가 유출되지 않도록 조심한다.
> ㉡ 다른 사람의 저작물을 소중하게 생각한다.
> ㉢ 인터넷과 스마트폰의 사용 시간을 정한다.
> ㉣ 사이버 공간에서 대화할 때 예의를 지킨다.

(가): ( ), (나): ( )

9 ⊕ 11종 공통

정보화 사회에서 나타나는 문제점을 해결하기 위한 방안에 대한 설명으로 알맞은 것에 ○표, 알맞지 <u>않</u>은 것에 ×표 하시오.

(1) 사이버 공간에서 대화할 때 예의를 지킨다.
( )

(2) 개인 정보를 다른 사람들에게 널리 알려야 한다.
( )

(3) 사회적 차원에서는 사이버 예절이나 저작권 보호 등과 관련한 다양한 교육을 한다. ( )

10 동아출판, 아이스크림 외

세계화가 우리 생활에 미치는 긍정적인 영향이 <u>아닌</u> 것은 어느 것입니까? ( )

① 우리의 전통문화가 점점 사라지고 있다.
② 세계 여러 나라의 다양한 문화를 접할 수 있다.
③ 세계 여러 나라에서 만든 물건을 쉽게 살 수 있다.
④ 세계 여러 나라와 교류하면서 경제를 발전시킬 수 있다.
⑤ 다른 나라의 공연이나 영화를 우리나라에서도 쉽게 볼 수 있다.

11 ⊕ 11종 공통

세계화 속에서 우리가 지녀야 할 태도로 알맞은 것은 어느 것입니까? (   )

① 잘사는 나라의 문화만을 받아들인다.
② 우리의 문화만이 최고라고 생각한다.
③ 다른 나라에서 온 외국인을 무시한다.
④ 우리의 소중한 문화를 잘 지키고 발전시킨다.
⑤ 우리나라에서 만든 물건보다 외국에서 만든 물건을 사용한다.

12 ⊕ 11종 공통

문화에 대한 설명으로 알맞지 <u>않은</u> 것은 어느 것입니까? (   )

① 사람들이 먹는 음식은 포함되지 않는다.
② 우리 사회 속에는 다양한 문화들이 있다.
③ 사람들이 가지고 있는 공통의 생활 방식이다.
④ 사람들이 오랜 시간을 함께 생활하면서 만들어지고 전해져 내려온 것이다.
⑤ 문화는 서로 비슷한 모습을 가지고 있기도 하지만 다른 모습을 가지고 있기도 하다.

13 서술형 ⊕ 11종 공통

다음 그림에 나타난 편견을 없애기 위해 우리가 가져야 할 태도를 쓰시오.

_____

14 ⊕ 11종 공통

장애에 대한 편견과 차별의 모습이 나타난 것은 어느 것입니까? (   )

① 나와 피부색이 다른 사람들은 못 생겼어.
② 눈이 보이지 않는 사람은 능력이 없을 거야.
③ 나이가 많은 사람은 일할 수 있는 능력이 없을 거야.
④ ○○○ 나라에서 온 사람들은 성격이 이상한 것 같아.

15 ⊕ 11종 공통

편견과 차별을 없애기 위한 노력을 <u>잘못</u> 말한 친구는 누구입니까? (   )

① 지선: 나와 다른 문화도 이해해야 해.
② 선미: 상대방의 입장에서 생각해야 해.
③ 규철: 한쪽으로 치우치지 않는 생각을 해야 해.
④ 종민: 다른 문화도 우리 문화처럼 존중해야 해.
⑤ 현경: 다른 나라의 문화는 무조건 좋은 것이니까 모두 받아들여야 해.

3. 사회 변화와 문화 다양성

● 정답과 풀이 20쪽

평가 주제	세계화가 우리 생활에 미친 영향 살펴보기
평가 목표	세계화의 의미와 우리 생활에 미치는 영향을 말할 수 있다.

[1-3] 다음과 같은 사회 변화의 모습을 보고, 물음에 답하시오.

((개))의 영향

세계 여러 나라 사람들이 우리나라에 오고, 우리나라 사람들도 다른 나라에 갑니다.	세계의 다양한 음식, 문화, 물건 등을 손쉽게 접할 수 있습니다.	우리나라에서 열리는 운동 경기에서 외국인 선수가 활약합니다.

1 위 (개)에 들어갈 단어의 의미를 쓰시오.

_____

_____

> **도움** 세계 여러 나라가 서로 영향을 주고받는 것을 무엇이라고 하는지 생각해 봅니다.

2 위 (개)가 우리 생활에 미치는 긍정적인 영향과 관련해 ㉠, ㉡에 들어갈 알맞은 말을 쓰시오.

세계 여러 나라의 (㉠　　　　　)을/를 쉽게 살 수 있고, 세계 여러 나라의

다양한 (㉡　　　　　)을/를 접할 수 있습니다.

> **도움** 세계 여러 나라와 교류하면서 일상생활에서 얻을 수 있는 좋은 점을 생각해 봅니다.

3 위 (개)가 우리 생활에 미치는 부정적인 영향을 두 가지 쓰시오.

_____

> **도움** 세계 여러 나라와 다양한 교류를 하면서 우리는 우리의 소중한 문화를 잘 지키고 발전시켜야 합니다.

3. 사회 변화와 문화 다양성

 문제 강의

● 정답과 풀이 20쪽

평가 주제	편견과 차별의 모습과 해결 노력 살펴보기
평가 목표	편견과 차별의 모습과 이에 대한 해결 노력을 설명할 수 있다.

[1-3] 다음 그림을 보고, 물음에 답하시오.

(가)

(나)

1 위 (가), (나)에 나타난 편견과 관련해 ㉠, ㉡에 들어갈 알맞은 말을 쓰시오.

> (가) 우리나라에 와서 사는 외국인을 (㉠　　　　)에 따라 다르게 대우합니다.
>
> (나) (㉡　　　　)을/를 가진 사람은 능력이 없다고 생각해 일자리를 주지 않습니다.

도움 우리 사회에서는 피부색, 언어, 종교, 출신 지역 등에 대해 편견과 차별의 모습이 나타납니다.

2 위와 같이 편견과 차별이 지속되면 사회적으로 어떤 문제가 발생할지 쓰시오.

_____

_____

도움 편견과 차별이 지속되면 사회적으로 여러 문제가 발생합니다.

3 위와 같은 편견을 없애기 위해 우리가 실천할 수 있는 일에는 무엇이 있는지 한 가지만 쓰시오.

_____

_____

도움 우리와 다른 문화, 종교, 피부색 등을 잘못되었다고 생각해서는 안 됩니다.

 3 단원

미로를 따라 길을 찾아보세요.

● 정답과 풀이 20쪽

동아출판

동아출판 초등 무료 스마트러닝

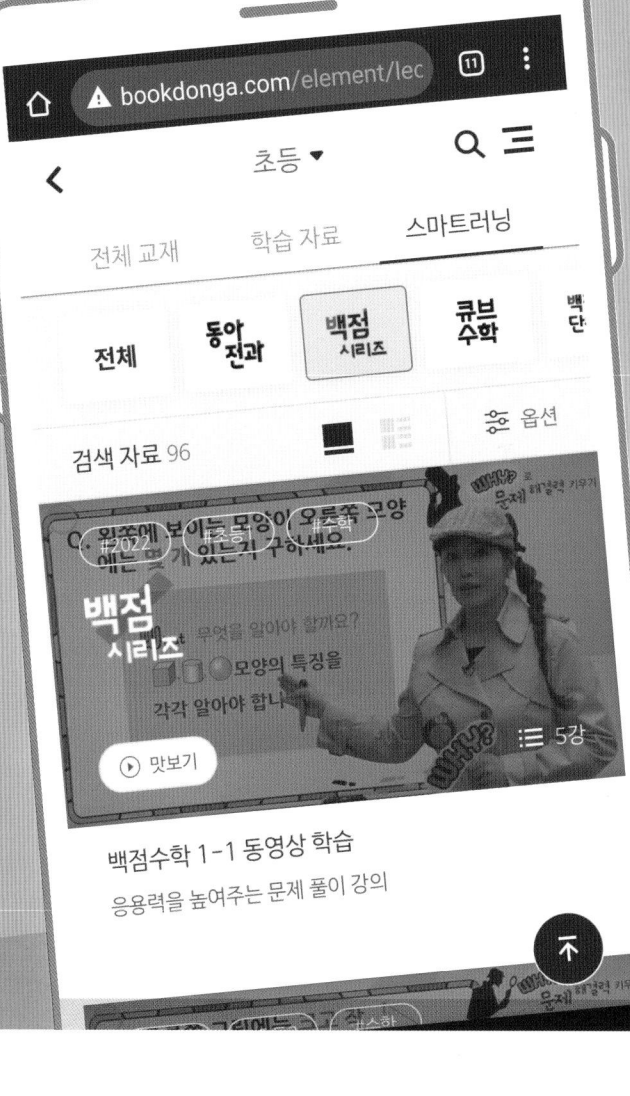

동아출판 초등 **무료 스마트러닝**으로
초등 전 과목 · 전 영역을 쉽고 재미있게!

백점수학 1-1 동영상 학습
응용력을 높여주는 문제 풀이 강의

과목별 · 영역별 특화 강의

전 과목 개념 강의

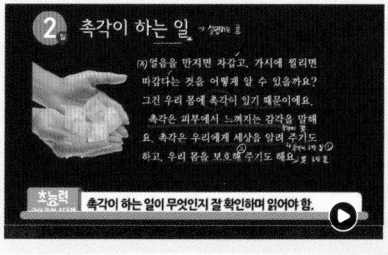

국어 독해 지문 분석 강의

구구단 송

그림으로 이해하는 비주얼씽킹 강의

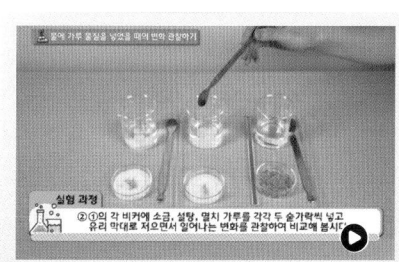

과학 실험 동영상 강의

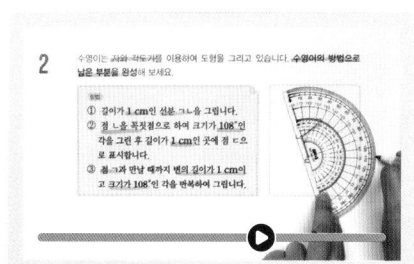

과목별 문제 풀이 강의

서비스 제공 교재 동아전과 | 백점 시리즈 | 큐브수학 | 빠작 초등 국어 | 초능력 | 초고필 | 하이탑 초등 과학

강의가 더해진, **교과서 맞춤 학습**

백점

사회 4·2

동아출판

평가북

- 묻고 답하기
- 중단원 평가, 대단원 평가
- 수행 평가

평가북 구성과 특징

1 **단원별 개념 정리**가 있습니다.
- **묻고 답하기:** 단원의 핵심 내용을 묻고 답하기로 빠르게 정리할 수 있습니다.

2 **단원별 다양한 평가**가 있습니다.
- **중단원 평가, 대단원 평가, 수행 평가:** 다양한 유형의 문제를 풀어봄으로써
수시로 실시되는 학교 시험을 완벽하게 대비할 수 있습니다.

백점

BOOK 2 평가북

● 차례

사회 **4·2**

✏️ 빈칸에 알맞은 답을 쓰세요.

1 농촌, 어촌, 산지촌처럼 자연환경을 주로 이용하여 살아가는 지역을 무엇이라고 합니까?

---

2 바다에서 물고기를 잡거나 김과 미역 등을 기르는 일을 ( )(이)라고 합니다.

---

3 촌락은 자연환경의 영향을 많이 받기 때문에 계절이나 날씨에 따라 ( )이/가 달라집니다.

---

4 ( )은/는 사람들이 모여 살며 사회, 정치, 경제활동의 중심이 되는 곳입니다.

---

5 우리나라의 주요 도시들은 주로 평평한 곳이나 ( )와/과 가까운 곳에 위치합니다.

---

6 ( )에서는 일을 할 수 있는 사람들이 줄어들면서 어려움을 겪기도 합니다.

---

7 촌락에서는 다양한 기계를 이용하여 ( ) 부족 문제를 해결하고 생산량을 늘리기 위해 노력하고 있습니다.

---

8 도시에 사는 사람이 촌락으로 삶의 터전을 옮기는 일을 무엇이라고 합니까?

---

9 전체 인구 중 도시에 사는 ( )이/가 많아지면서 여러 가지 문제가 발생하고 있습니다.

---

10 도시에서는 쓰레기 처리 시설이나 하수 처리 시설을 늘리면서 ( ) 문제를 해결하기 위해 노력하고 있습니다.

✏️ 빈칸에 알맞은 답을 쓰세요.

1 촌락은 지역의 자연환경과 사람들이 주로 하는 일에 따라 농촌, (   ), 산지촌으로 나눌 수 있습니다.

2 산이 많은 곳에 자리 잡은 (   )에 사는 사람들은 주로 목장을 만들어 가축을 기르거나 밭농사를 짓습니다.

3 사람들이 주로 농사짓는 땅을 이용하여 생산 활동을 하는 촌락은 무엇입니까?

4 촌락과 달리 인구가 밀집해 있고 사회, 정치, 경제활동의 중심이 되는 곳은 어디입니까?

5 도시는 (   ) 시설이 많아서 사람들이 취미 생활과 여가 생활을 할 수 있습니다.

6 촌락과 도시는 모두 (   )와/과 더불어 살아간다는 공통점이 있습니다.

7 촌락 사람들이 (   )을/를 찾아 도시로 이동하면서 촌락의 인구는 점점 줄어들게 되었습니다.

8 촌락에서는 품질 좋은 농수산물을 생산하여 (   )을/를 높이려고 노력하고 있습니다.

9 도시에 인구가 많아지면서 (   ) 혼잡 문제, 환경 오염 문제, 일자리 부족 문제 등 여러 가지 문제가 발생하고 있습니다.

10 도시에서는 (   ) 문제를 해결하기 위해 낡은 주택이 모여 있는 지역을 새롭게 정비하고 있습니다.

[1-2] 다음 사진을 보고, 물음에 답하시오.

▲ 농촌　　▲ 어촌　　▲ 산지촌

1 ➕ 11종 공통

위와 같이 자연환경을 주로 이용하여 살아가는 지역을 무엇이라고 하는지 쓰시오.

(　　　　　　　)

2 ➕ 11종 공통

위 농촌과 관련된 내용으로 알맞은 것을 두 가지 고르시오. (　　, 　　)

① 해수욕장, 양식장 등을 볼 수 있다.
② 농사짓는 데 도움을 주는 시설들이 있다.
③ 주로 바다를 이용하여 생산 활동을 한다.
④ 생활 모습은 자연환경의 영향을 받지 않는다.
⑤ 사람들은 특산품을 활용해 농촌 체험 활동이나 축제를 꾸린다.

3 서술형 ➕ 11종 공통

산지촌에 사는 사람들이 주로 하는 일을 쓰시오.

_____

_____

4 ➕ 11종 공통

다음 보기 에서 촌락이 날씨를 중요하게 여기는 까닭으로 알맞은 것을 모두 골라 기호를 쓰시오.

보기
㉠ 비가 많이 내리면 친구들과 밖에서 놀지 못할 수 있기 때문에
㉡ 비가 오랫동안 내리지 않으면 농작물이 큰 피해를 입을 수 있기 때문에
㉢ 태풍으로 인해 바다에서 물고기를 잡는 사람들의 안전이 위협받을 수 있기 때문에

(　　　　　　　)

5 ➕ 11종 공통

도시에 대한 설명으로 알맞지 않은 것은 어느 것입니까? (　　　)

① 높은 건물이 많다.
② 많은 사람이 모여 살고 있다.
③ 사람들이 주로 농사를 지으며 살아간다.
④ 버스나 지하철과 같은 교통수단이 발달했다.
⑤ 공공 기관, 상점과 같은 다양한 시설을 볼 수 있다.

6 ➕ 11종 공통

도시의 특징을 조사할 때 살펴봐야 할 점으로 알맞지 않은 것은 어느 것입니까? (　　　)

① 집의 모양은 어떨까?
② 무엇을 볼 수 있을까?
③ 사람들이 하는 일은 무엇일까?
④ 대중교통의 이용 모습은 어떨까?
⑤ 이곳에 사는 사람들의 취미는 무엇일까?

7 ⊕ 11종 공통

도시에서 주로 볼 수 있는 모습을 모두 골라 기호를 쓰시오.

㉠

▲ 밀집한 인구

㉡

▲ 편리한 교통

㉢

▲ 높고 낮은 건물

㉣

▲ 농업과 관련된 시설

(   )

8 ⊕ 11종 공통

촌락과 도시의 차이점을 알맞게 말한 친구를 골라 이름을 쓰시오.

- 나라: 도시보다 촌락에 사람들이 많이 살아.
- 민지: 촌락에는 높은 건물이 적고, 도시에는 높은 건물이 많아.
- 은혁: 촌락은 자연환경과 더불어 살아가지만 도시는 그렇지 않아.

(   )

9 ⊕ 11종 공통

촌락과 도시의 공통점으로 알맞은 것을 두 가지 고르시오. (,   )

① 여러 사람이 모여 산다.
② 자연환경과 더불어 살아간다.
③ 버스나 지하철 등의 교통수단이 발달했다.
④ 사람들이 주로 회사나 공장에서 일을 한다.
⑤ 높은 건물이 많고 거리에는 많은 사람들이 오고 간다.

[10-11] 다음은 촌락의 인구 변화를 나타난 그래프입니다. 물음에 답하시오.

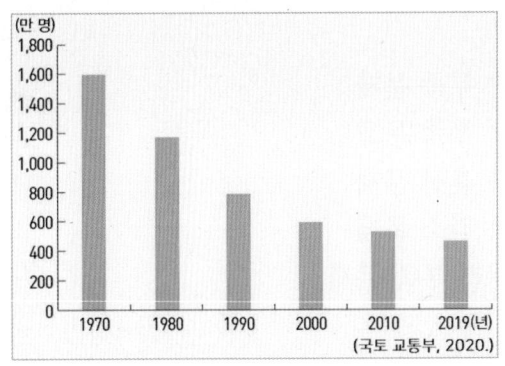

10 서술형 ⊕ 11종 공통

위 그래프를 보고 촌락의 인구 변화에 대해 쓰시오.

_____

_____

11 미래엔, 천재교육 외

위 그래프와 관련하여 촌락에서 나타나는 문제는 어느 것입니까? (   )

①

▲ 환경 오염 문제

②

▲ 교통 혼잡 문제

③

▲ 시설 부족 문제

④

▲ 주택 부족 문제

12 ➕ 11종 공통

촌락에서 주로 발생하는 문제를 두 가지 고르시오.
(,)

① 일손 부족 문제
② 주택 부족 문제
③ 교통 혼잡 문제
④ 소득 감소 문제
⑤ 일자리 부족 문제

13 ➕ 11종 공통

다음과 같은 촌락 문제를 해결하기 위한 노력으로 알맞은 것은 어느 것입니까? ( )

> 외국에서 값싼 농수산물이 들어오면서 농수산물 가격이 내려가 촌락에 사는 사람들의 수입이 줄어들었습니다.

① 품질 좋은 농수산물을 생산한다.
② 도시의 공장과 회사를 촌락으로 옮긴다.
③ 촌락에 문화 시설과 편의 시설을 늘린다.
④ 귀촌하는 사람들을 적극적으로 지원한다.
⑤ 낡은 주택이 모여 있는 지역을 새롭게 정비한다.

14 ➕ 11종 공통

다음 ( ) 안에 들어갈 알맞은 말을 쓰시오.

> 최근에는 ( )을/를 하는 사람들이 많아지면서 도시에서 촌락으로 이사하는 사람들이 늘어나고 있습니다.

( )

15 서술형 ➕ 11종 공통

다음 모습은 촌락의 어떤 문제를 해결하기 위한 노력인지 쓰시오.

▲ 농기계로 벼를 수확하는 모습

_____

_____

16 ➕ 11종 공통

도시에 다양한 문제가 발생하는 까닭으로 알맞은 것을 보기 에서 골라 기호를 쓰시오.

> **보기**
> ㉠ 도시의 교통수단이 불편하기 때문에
> ㉡ 도시에 편의 시설이 부족하기 때문에
> ㉢ 전체 인구 중 도시에 사는 인구가 매우 많기 때문에
> ㉣ 도시에서 일을 할 수 있는 사람이 점점 줄어들고 있기 때문에

( )

[17-18] 다음은 촌락과 도시의 인구 구성이 나타난 그래프입니다. 물음에 답하시오.

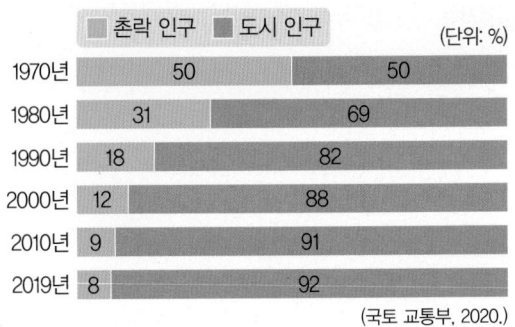

	촌락 인구	도시 인구	(단위: %)
1970년	50	50	
1980년	31	69	
1990년	18	82	
2000년	12	88	
2010년	9	91	
2019년	8	92	

(국토 교통부, 2020.)

17 동아출판, 아이스크림 외

위 그래프와 관련된 설명으로 알맞은 것은 어느 것입니까? ( )

① 앞으로 도시 인구는 점점 줄어들 것이다.
② 1970년에는 도시 인구가 촌락 인구보다 많았다.
③ 1980년에는 촌락 인구가 도시 인구의 두 배였다.
④ 귀촌하는 사람들이 늘어나면서 도시 인구가 많아졌다.
⑤ 도시 인구가 늘어나면서 도시에 여러 가지 문제가 발생하고 있다.

18 서술형 ➕ 11종 공통

위 그래프와 관련해 도시에서 발생하는 문제를 두 가지 쓰시오.

_____

19 ➕ 11종 공통

다음 신문 기사에 나타난 도시 문제를 해결하기 위해 공공 기관에서 할 수 있는 노력을 두 가지 고르시오.

(,)

○○신문   20△△년 △△월 △△일

○○시 쓰레기 대란 '위기'... 쓰레기 매립장 넘쳐

○○시 쓰레기 매립장에 들어오는 쓰레기는 하루에 수백 톤에 달한다. 현재 들어오는 양으로 볼 때 내년 5월이면 쓰레기 매립장에 더 이상 쓰레기를 묻을 곳이 없게 된다.

① 높은 건물을 짓는다.
② 버스 전용 차로를 만든다.
③ 쓰레기는 한 곳에 모아 놓는다.
④ 쓰레기를 분리배출할 수 있는 시설을 만든다.
⑤ 쓰레기를 함부로 버릴 경우 과태료를 내게 한다.

20 ➕ 11종 공통

살기 좋은 촌락과 도시를 만들기 위해 할 일로 알맞지 않은 것은 어느 것입니까? ( )

① 편리한 교통수단을 갖춥니다.
② 촌락에 새로운 문화 시설을 만듭니다.
③ 대기 오염을 줄일 수 있는 시설을 만듭니다.
④ 화학 비료의 사용을 늘려 농작물을 잘 자라게 합니다.

✎ 빈칸에 알맞은 답을 쓰세요.

1 사람들이 오고 가거나 물건, 문화, 기술 등을 서로 주고받는 것을 무엇이라고 합니까?

2 지역마다 생산물, (   ), 문화 등이 다르기 때문에 교류가 이루어집니다.

3 촌락과 도시의 교류 모습을 조사하기 위해 지역의 공공 기관 (   )에서 '교류'를 검색할 수 있습니다.

4 도시 사람들은 촌락의 생활을 체험할 수 있는 (   )에 참여하기 위해 촌락을 찾습니다.

5 촌락에서 자연환경과 특산물을 활용하여 다양한 방법과 주제로 여는 행사는 무엇입니까?

6 (   ) 사람들은 첨단 기계를 갖춘 의료 시설을 이용하고, 대형 종합 병원에서 검사를 받으려고 도시에 갑니다.

7 도시 사람들이 촌락 사람들에게 직접 촌락의 싱싱한 농수산물을 싸게 구매할 수 있는 장터는 무엇입니까?

8 도시의 기업이나 단체는 촌락의 마을과 (   )을/를 하여 일손 돕기 봉사 활동을 하기도 합니다.

9 촌락의 사람들이 도시의 다양한 시설을 이용하면서 주변의 상점들도 이용하기 때문에 도시의 (   )활동을 더욱 활발하게 합니다.

10 촌락과 도시에 사는 사람들은 서로 부족한 것들을 채워 주면서 (   )하고 있습니다.

✏️ 빈칸에 알맞은 답을 쓰세요.

1 ( )은/는 사람들이 오고 가거나 물건, 문화, 기술 등을 서로 주고받는 것을 말합니다.

2 지역마다 생산물, 기술, 문화 등이 ( ) 때문에 교류가 이루어집니다.

3 촌락과 도시가 교류하는 장소를 직접 찾아가는 ( )을/를 통해 촌락과 도시의 교류 모습을 조사할 수 있습니다.

4 촌락과 도시의 교류 모습 조사 ( )에는 조사 지역, 조사 방법, 조사 내용, 알게된 점이나 느낀 점 등을 작성합니다.

5 촌락에서는 ( ) 산업을 발달시켜 지역의 전통과 문화를 알리고자 노력합니다.

6 도시 사람들은 자연환경, 특산물을 활용하는 촌락의 ( )에 참여하기 위해 촌락을 찾습니다.

7 도시 사람들은 깨끗한 자연환경을 이용하여 휴식과 여가를 즐기려고 ( )을/를 찾습니다.

8 촌락 사람들은 종합 병원, 백화점, 공공 기관 등을 이용하려고 ( )(으)로 이동하기도 합니다.

9 ( )을/를 통해 촌락 사람들은 농사를 짓지 않는 땅을 도시 사람들에게 빌려주고, 도시 사람들은 휴일에 촌락에서 과일이나 채소를 가꿀 수 있습니다.

10 도시 사람들이 촌락에서 다양한 체험을 하면서 주변 상점들을 이용하기 때문에 촌락의 ( )에 도움이 됩니다.

1 단원

1 ✚ 11종 공통

교류의 의미로 가장 알맞은 것은 어느 것입니까?
( )

① 필요한 물건을 돈 주고 사는 것
② 필요한 물건을 직접 만들어 사용하는 것
③ 다른 지역 사람에게 도움을 요청하는 것
④ 텃밭에서 직접 심은 농작물을 수확하는 것
⑤ 사람들이 오고 가거나 물건, 기술 등을 서로 주고
받는 것

2 ✚ 11종 공통

다음 보기 에서 교류의 모습으로 알맞은 것을 모두
골라 기호를 쓰시오.

보기 ●
㉠ 사회 숙제를 하기 위해 백과사전을 찾아보기
㉡ 가족들과 다른 지역에서 생산된 과일을 사 먹기
㉢ 도시에 사는 사람들이 촌락에 가서 자연환경을
체험하기

( )

3 서술형 ✚ 11종 공통

다음 제시된 단어를 모두 포함하여 교류가 이루어지
는 까닭을 쓰시오.

| ·생산물 | ·기술 | ·문화 |

_____

_____

4 ✚ 11종 공통

다음 ㈎, ㈏ 중 다른 지역의 문화를 접할 수 있는 교
류의 모습을 골라 기호를 쓰시오.

㈎ △△시에서 만든 세탁기입니다.

㈏ 다음은 ○○에서 온 합창단입니다.

( )

5 ✚ 11종 공통

오른쪽 그림과 관련해 도시 사
람들이 촌락과의 교류를 통해
얻을 수 있는 좋은 점은 무엇입
니까? ( )

이렇게 소금을 만들 수 있구나.

① 촌락 생활을 체험해 볼 수 있다.
② 삶의 터전을 촌락으로 옮길 수 있다.
③ 도시의 경제활동에 도움을 줄 수 있다.
④ 도시 생활의 좋은 점을 알려 줄 수 있다.
⑤ 촌락 사람들로부터 도움을 받을 수 있다.

6 ✚ 11종 공통

다음과 같이 촌락에서 지역의 자연환경과 특산물을
활용해 지역의 전통과 문화를 알릴 수 있는 행사를
무엇이라고 하는지 네 글자로 쓰시오.

( )

7 ➕ 11종 공통

지역 축제에 참여한 도시 사람들이 촌락의 경제에 도움을 주고 있는 모습은 무엇입니까? (   )

① 촌락으로 이사를 온다.
② 촌락의 자연환경을 체험한다.
③ 촌락에 도시의 문화를 알린다.
④ 촌락의 전통과 문화를 배운다.
⑤ 촌락에 있는 식당이나 상점을 이용한다.

8 ➕ 11종 공통

도시 사람들이 촌락에 가는 까닭으로 알맞지 <u>않은</u> 것은 어느 것입니까? (   )

① 휴양림으로 야영을 하러 간다.
② 대형 할인점으로 냉장고를 사러 간다.
③ 고구마 밭에서 고구마 캐기 체험을 한다.
④ 체험 마을에서 인절미 만들기 체험을 한다.
⑤ 산천어 축제에서 산천어를 잡는 행사에 참여한다.

9 ➕ 11종 공통

촌락에서 다음과 같은 노력을 하는 까닭으로 알맞은 것은 무엇입니까? (   )

> 촌락에서는 다양한 지역 축제를 여는 등 관광 산업을 발달시키기 위해 노력하고 있습니다.

① 지역의 전통과 문화를 알리기 위해
② 촌락의 일손 문제를 해결하기 위해
③ 도시에서 발달한 기술을 배우기 위해
④ 촌락에 다양한 문화 시설을 만들기 위해
⑤ 귀촌하는 사람들을 제도적으로 지원하기 위해

[10-11] 다음 도시의 시설을 보고, 물음에 답하시오.

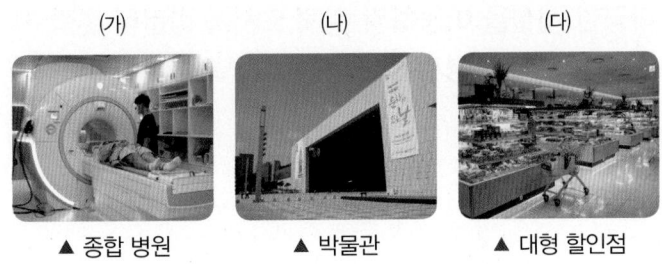

(가) ▲ 종합 병원　　(나) ▲ 박물관　　(다) ▲ 대형 할인점

10 ➕ 11종 공통

위 (가)~(다) 중 다음 그림과 관련하여 촌락 사람들이 찾는 도시에 있는 시설의 기호를 쓰시오.

(   )

11 ➕ 11종 공통

위 (다)와 같은 시설을 이용할 가장 알맞은 사람은 누구입니까? (   )

① 영준: 여러 종류의 책을 읽고 싶어.
② 석희: 공공 기관에서 처리해야 할 일이 있어.
③ 성민: 다른 나라 사람들의 생활 모습을 알고 싶어.
④ 지우: 우리 지역에서는 공연이 자주 열리지 않아.
⑤ 소혜: 다른 지역에서 온 여러 가지 상품을 사고 싶어.

12 서술형 동아출판, 천재교육 외

다양한 시설을 이용하기 위해 도시를 방문한 촌락 사람들이 도시의 경제활동을 더욱 활발하게 해 주는 까닭을 쓰시오.

_____

_____

13 ➕ 11종 공통

농수산물 직거래 장터와 관련하여 촌락과 도시 사람들이 얻는 좋은 점을 선으로 알맞게 연결하시오.

(1) 촌락 •

(2) 도시 •

• ㉠ 싱싱한 농수산물을 싸게 구매할 수 있음.

• ㉡ 직접 소비자에게 농수산물을 팔아 높은 소득을 올릴 수 있음.

14 ➕ 11종 공통

도시 사람들이 촌락에서 여가 생활을 즐기는 모습으로 알맞지 않은 것은 어느 것입니까? (   )

① 어촌을 방문해 낚시를 즐긴다.
② 산지촌을 방문해 등산을 즐긴다.
③ 울창한 숲이 우거진 곳에서 야영을 한다.
④ 자매결연을 하고 촌락 사람들을 도시로 초대한다.
⑤ 촌락의 자연 휴양림에서 맑은 공기를 마시며 휴식을 한다.

[15-16] 다음은 촌락과 도시의 교류 모습을 나타낸 것입니다. 물음에 답하시오.

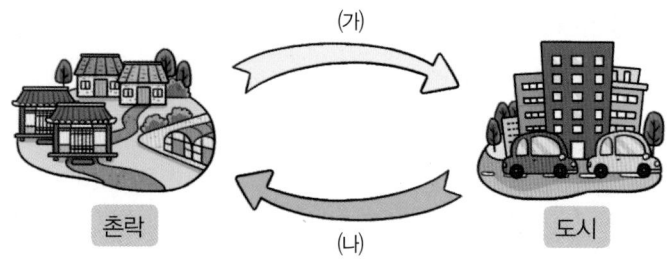

촌락   (가) →   (나) ←   도시

15 ➕ 11종 공통

위 (가), (나)에 들어갈 말이 알맞게 짝지어진 것은 어느 것입니까? (   )

	(가)	(나)
①	농수산물	일손
②	농수산물	깨끗한 자연환경
③	편의 시설	일손
④	편의 시설	농수산물
⑤	문화 시설	편의 시설

16 서술형 ➕ 11종 공통

위 자료를 보고 알 수 있는 촌락과 도시의 교류가 이루어지는 모습을 간단히 쓰시오.

_____

_____

17 ✚ 11종 공통

도시 사람들이 촌락에 가는 까닭을 <u>잘못</u> 말한 친구는 누구입니까? (   )

① 축제에 참여해 지역의 전통문화를 체험할 수 있습니다.

② 백화점이나 대형 할인점을 이용하려고 갑니다.

③ 촌락에서 낚시, 등산, 야영을 하며 여가를 보냅니다.

④ 촌락의 마을과 자매결연을 하여 일손 돕기 봉사 활동을 하기도 합니다.

18 서술형 ✚ 11종 공통

다음은 촌락에 사는 가족이 도시에 사는 가족에게 보낸 편지입니다. 밑줄 친 내용과 관련된 도시와 촌락의 교류 모습을 쓰시오.

> 안녕하세요? 지난여름 태풍으로 어려울 때 마을 일을 도와주셔서 큰 도움이 되었습니다. 감사의 마음을 담아 우리 마을 사람들이 정성을 들여 키운 친환경 농산물을 보냅니다.

_____

_____

[19-20] 다음은 촌락과 도시가 교류하는 모습을 정리한 내용입니다. 물음에 답하시오.

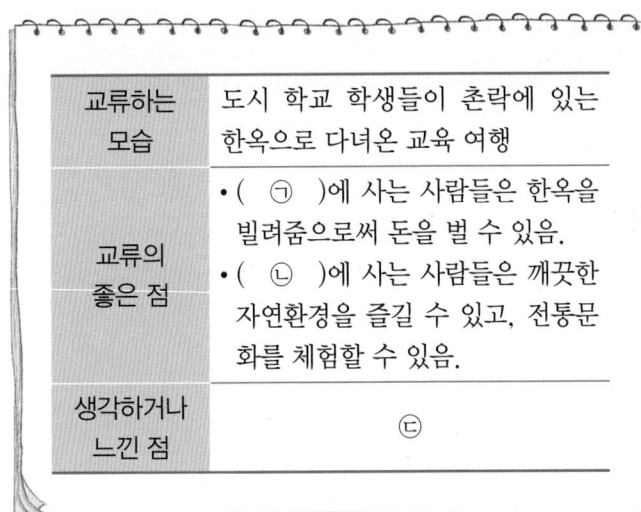

교류하는 모습	도시 학교 학생들이 촌락에 있는 한옥으로 다녀온 교육 여행
교류의 좋은 점	• (㉠)에 사는 사람들은 한옥을 빌려줌으로써 돈을 벌 수 있음. • (㉡)에 사는 사람들은 깨끗한 자연환경을 즐길 수 있고, 전통문화를 체험할 수 있음.
생각하거나 느낀 점	㉢

19 ✚ 11종 공통

위 ㉠, ㉡에 들어갈 알맞은 내용을 촌락과 도시 중에 각각 골라 쓰시오.

㉠ (   ), ㉡ (   )

20 서술형 ✚ 11종 공통

위 교류 모습과 관련해 ㉢에 들어갈 알맞은 내용을 쓰시오.

_____

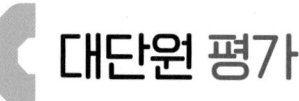

1 ⊕ 11종 공통

촌락에 대한 설명으로 알맞지 <u>않은</u> 것은 어느 것입니까? (　　　)

① 농촌, 어촌, 산지촌 등이 있다.
② 자연환경의 영향을 많이 받는다.
③ 주로 자연환경을 이용하여 살아간다.
④ 사회, 정치, 경제활동의 중심이 되는 곳이다.
⑤ 계절이나 날씨에 따라 생활 모습이 달라진다.

2 ⊕ 11종 공통

다음 (　　　) 안에 공통으로 들어갈 촌락이 무엇인지 쓰시오.

> 농사짓는 땅을 이용하여 생산 활동을 하는 곳을 (　　　)(이)라고 합니다. (　　　)에는 농사짓는 땅과 농사짓는 데 도움을 주는 시설들이 있습니다.

(　　　　　　)

3 ⊕ 11종 공통

다음 보기 에서 어촌에 사는 사람들의 생산 활동 모습을 모두 골라 기호를 쓰시오.

> **보기**
> ㉠ 김과 미역을 기른다.
> ㉡ 바다에서 물고기를 잡는다.
> ㉢ 양식장에서 물고기를 기른다.
> ㉣ 울창한 숲에서 나무를 기르고 목재를 생산한다.

(　　　　　　)

4 ⊕ 11종 공통

다음은 산지촌을 조사한 뒤 작성한 촌락 조사 보고서의 내용입니다. 산지촌의 특징과 관련 <u>없는</u> 내용을 골라 기호를 쓰시오.

조사 지역	강원도 양구군
조사 내용	• 볼 수 있는 것 ㉠ 목장, 버섯 재배장, 밭, 자연 휴양림 • 자연환경을 이용하는 모습 ㉡ 나무를 가꾸어 목재를 생산한다. ㉢ 산비탈에 밭을 만들어 배추를 생산한다. • 사람들이 하는 일 ㉣ 버섯이나 약초 등을 재배한다. ㉤ 목장에서 소를 길러 우유를 생산한다.
알게 된 점	㉥ 계절이나 날씨와 관계없이 사람들은 다양한 일을 하고 있다.

(　　　　　　)

5 서술형 ⊕ 11종 공통

다음 모습을 통해 알 수 있는 도시의 의미가 무엇인지 쓰시오.

▲ 높고 낮은 건물　　　　　▲ 편리한 교통

6 ✛ 11종 공통

도시에서 볼 수 있는 모습을 알맞게 말한 친구를 골라 이름을 쓰시오.

박물관, 공연장 등이 부족해요.

▲ 유하

사람들이 일하는 회사나 공장이 많아요.

▲ 동훈

어업이나 농업과 관련된 시설을 쉽게 볼 수 있어요.

▲ 영은

자연환경을 직접 체험할 수 있는 곳이 많아요.

▲ 민수

( )

7 서술형 ✛ 11종 공통

도시의 모습을 조사할 때 조사 내용으로 정할 수 있는 질문을 한 가지만 쓰시오.

_____

_____

8 ✛ 11종 공통

촌락과 도시의 공통점으로 알맞은 것은 무엇입니까?
( )

① 여러 사람이 모여 산다.
② 모두 산에 위치한 곳이다.
③ 인구가 계속 늘어나고 있다.
④ 높은 건물을 쉽게 볼 수 있다.
⑤ 사람들이 주로 자연환경을 이용해 어업을 한다.

[9-10] 다음 그림을 보고, 물음에 답하시오.

농기계를 정비할 시설이 부족해요.

일손이 모자라서 농사짓기가 힘이 드네요.

㉠ 외국에서 값싼 농산물이 많이 들어와 걱정이에요.

젊은 사람들이 없어서 힘들어요.

9 ✛ 11종 공통

위 그림과 같은 문제를 겪고 있는 곳은 촌락과 도시 중 어디인지 쓰시오.

( )

10 ✛ 11종 공통

위 그림에 나타난 ㉠ 문제를 해결하기 위한 사람들의 노력으로 알맞은 것은 어느 것입니까? ( )

① 기계를 이용해 농사를 짓는다.
② 부족한 문화 시설을 보충한다.
③ 귀촌을 하고 싶은 사람들을 지원한다.
④ 농약 사용을 줄여 환경 오염을 막는다.
⑤ 품질 좋은 농수산물을 생산하거나, 축제를 활용해 소득을 높인다.

11 서술형 ⊕ 11종 공통

다음과 같이 다양한 도시 문제가 발생하고 있는 까닭을 쓰시오.

차가 너무 막혀요.

환경 문제로 머리가 아파요.

범죄 문제로 걱정이에요.

_____

_____

12 ⊕ 11종 공통

도시 문제를 해결하기 위한 노력을 선으로 알맞게 연결하시오.

(1) •

• ㉠ 쓰레기를 분리 배출을 할 수 있는 시설을 만듦.

(2) •

• ㉡ 버스 전용 차로를 만들고, 차량 2부제를 실시함.

13 ⊕ 11종 공통

다음 내용과 관련된 모습을 무엇이라고 하는지 쓰시오.

예린이네와 삼촌네 가족은 촌락과 도시를 오고 가면서 물건과 문화 등 필요한 것을 서로 주고받기도 합니다.

(   )

14 ⊕ 11종 공통

지역 간에 교류가 이루어지는 까닭으로 알맞은 것은 무엇입니까? (   )

① 지역의 특산물이 모두 같기 때문에
② 지역의 자연환경이 비슷하기 때문에
③ 지역마다 사용하는 표준시가 다르기 때문에
④ 지역끼리 교류할 것을 법으로 정해 놨기 때문에
⑤ 지역마다 생산물, 기술, 문화 등이 다르기 때문에

15 ⊕ 11종 공통

교류의 모습으로 알맞지 <u>않은</u> 것은 어느 것입니까? (   )

① 사람들이 오고 가는 것
② 물건을 서로 주고받는 것
③ 문화를 서로 주고받는 것
④ 기술을 서로 주고받는 것
⑤ 다른 지역을 오고 가지 않는 것

16 ⊕ 11종 공통

다음 가족이 찾아간 촌락의 장소를 무엇이라고 하는지 쓰시오.

> 우리 가족은 주말에 어촌을 찾았는데, 도시 사람들이 촌락의 생활을 체험할 수 있는 다양한 시설과 행사가 진행되고 있었습니다. 우리 가족은 염전에서 소금 만들기 체험을 하고 여가를 즐길 수 있었습니다.

(   )

17 동아출판, 천재교육 외

촌락 사람들이 도시를 방문한 모습으로 알맞은 것을 두 가지 고르시오. (,   )

① 휴양림에서 야영을 하는 사람들
② 시청을 방문해 필요한 서류를 받는 사람들
③ 박물관에서 다양한 전시물을 관람하는 사람들
④ 체험 마을에서 소금 만들기 체험을 하는 사람들
⑤ 지역 축제에 참여해 여가를 즐겁고 보람 있게 보내는 사람들

18 서술형 ⊕ 11종 공통

촌락 사람들이 도시의 다음과 같은 장소에 찾아 가는 까닭을 쓰시오.

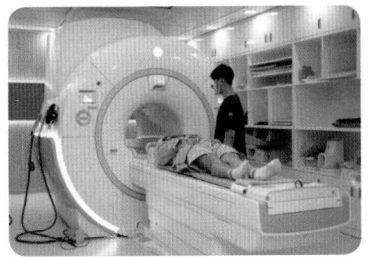

_____

_____

19 ⊕ 11종 공통

도시를 찾는 촌락 사람들이 도시의 경제활동을 더욱 활발하게 해 주는 까닭으로 알맞은 것은 어느 것입니까? (   )

① 도시의 부족한 일손을 채울 수 있기 때문에
② 도시에서 일자리를 찾아 새로운 일을 하기 때문에
③ 여러 시설을 이용하면서 주변의 상점들도 이용하기 때문에
④ 도시로 이동하기 위해 다양한 교통 시설을 이용하기 때문에
⑤ 촌락 사람들이 도시에서 생산한 다양한 농수산물을 구입하기 때문에

20 ⊕ 11종 공통

다음 보기 에서 촌락과 도시가 상호 의존하는 사례에 해당하는 것을 모두 골라 기호를 쓰시오.

> 보기
> ㉠ 한 달에 한 번씩 광장에서 열리는 농산물 직거래 장터
> ㉡ 도시 학교 학생들이 촌락에 있는 한옥으로 다녀온 교육 여행
> ㉢ 품질 좋은 농수산물을 생산하기 위한 촌락 사람들의 연구 활동
> ㉣ 태풍으로 피해를 본 마을의 일을 도시 사람들이 도와준 일손 돕기 봉사 활동

(   )

평가 주제	다양한 촌락의 모습과 특징 설명하기
평가 목표	촌락의 종류를 구분하고 촌락의 특징을 설명할 수 있다.

[1-2] 다음은 다양한 촌락의 모습이 나타난 그림입니다. 물음에 답하시오.

▲ 농촌　　　　　　　▲ 어촌　　　　　　　▲ 산지촌

1 위 촌락과 관계있는 사람들의 생산 활동 모습을 선으로 알맞게 연결하시오.

(1) 농촌 •

(2) 어촌 •

(3) 산지촌 •

• ㉠ 논에서 벼를 재배하거나, 밭에서 채소를 기른다.

• ㉡ 산에서 목재를 생산하고, 목장에서 가축을 기른다.

• ㉢ 바다에서 물고기를 잡거나 기르고, 김과 미역을 기른다.

2 다음은 어촌을 조사한 보고서입니다. ㉠~㉢에 들어갈 알맞은 말을 쓰시오.

조사 지역	전라남도 ○○군○○면
조사 일시	20○○년 ○○월 ○○일
조사 내용	1. 무엇을 볼 수 있나요? - (㉠　　　　　　　　　　　　　　　　　　　) 2. 자연환경을 어떻게 이용하고 있나요? - 바다에서 고기잡이를 한다. 모래사장을 해수욕장으로 이용한다. 3. 사람들은 주로 무슨 일을 하나요? - (㉡　　　　　　　　　　　　　　　　　　　)
알게 된 점	이 지역은 (㉢　　　　　　　　　　　)의 영향을 많이 받기 때문에 계절이나 날씨에 따라 생활 모습이 달라진다.

평가 주제	촌락과 도시의 교류 모습 설명하기
평가 목표	촌락과 도시의 교류 모습과 주고받는 도움을 설명할 수 있다.

[1-3] 다음은 사람들이 도시와 촌락을 오고 가면서 필요한 것을 얻거나 시설을 이용하는 모습입니다. 물음에 답하시오.

1 위 ㈎~㈐ 중 사람들이 다른 지역을 방문해 일손을 도와주는 모습을 골라 기호를 쓰시오.

(   )

2 위 ㈎에 나타난 도시 사람들이 촌락으로 가는 까닭과 관련해 (   ) 안에 들어갈 알맞은 말을 쓰시오.

도시 사람들은 깨끗한 (   )을/를 즐기며 여가를 보내기 위해

촌락으로 갑니다.

3 위 ㈐와 같은 교류로 촌락과 도시 사람들이 얻는 좋은 점을 쓰시오.

촌락 사람들	㉠
도시 사람들	㉡

✏️ 빈칸에 알맞은 답을 쓰세요.

1 ( )활동은 사람들이 생활하는 데 필요한 여러 가지 것들을 만들고 사용하는 것과 관련된 모든 활동을 말합니다.

2 ( )의 문제는 경제활동을 하는 모든 사람에게 일어나며, 무엇을 ( )하는지는 사람에 따라 다를 수 있습니다.

3 경제활동에서 선택의 문제가 일어나는 까닭은 ( ) 때문입니다.

4 현명한 선택을 하기 위해서는 ( ), 특징, 디자인 등을 미리 따져 보고 자신에게 가장 알맞은 것을 골라야 합니다.

5 스마트폰이나 컴퓨터를 이용해 ( )(으)로 다양한 상품을 비교하여 살 수 있습니다.

6 생활에 필요한 물건을 만들거나 우리 생활을 편리하고 즐겁게 해 주는 활동을 무엇이라고 합니까?

7 우리가 음식점에서 음식을 사 먹거나 신발 가게에서 신발을 사는 것은 ( ) 활동의 모습입니다.

8 생산 활동의 종류 중 벼농사 짓기, 물고기 잡기 등은 생활에 필요한 것을 ( )에서 얻는 활동입니다.

9 현명한 소비 생활을 하기 위해서는 소득의 범위 내에서 소비하고, 미리 소비 ( )을/를 세워야 합니다.

10 현명한 소비 생활을 하기 위해서는 가격, 품질 등 필요한 ( ) 을/를 찾아 활용하는 것이 중요합니다.

1 사람들이 생활하는 데 필요한 여러 가지 것들을 만들고 사용하는 것과 관련된 모든 활동을 무엇이라고 합니까?

2 경제활동에서 선택의 문제가 일어나는 까닭은 사람들이 원하는 것은 많으나, 그것을 모두 가질 수 없는 상태인 (   ) 때문입니다.

3 선택을 할 때에는 여러 가지 상황을 고려하여 신중하게 생각해야 (   ) 선택을 할 수 있습니다.

4 현명한 선택을 하면 큰 만족감을 얻을 수 있을 뿐만 아니라 돈과 자원의 (   )을/를 막을 수 있습니다.

5 사람들이 직접 만나지 않는 시장인 텔레비전 (   )은/는 가정에서 텔레비전 방송으로 상품 정보를 보고 상품을 살 수 있습니다.

6 빵집 주인이 빵을 만드는 모습, 물건을 배달하는 모습은 (   ) 활동의 모습입니다.

7 생산한 것을 구매하여 사용하는 활동을 (   )(이)라고 합니다.

8 생산 활동의 종류 중 자동차 만들기, 건물 짓기 등은 생활에 필요한 것을 (   ) 활동입니다.

9 생산 활동의 종류 중 생활을 편리하고 즐겁게 해 주는 활동으로는 공연하기, 환자 (   ), 물건 배달하기 등이 있습니다.

10 현명한 소비 생활을 위해서는 예상하지 못한 일을 대비하거나 목돈을 마련하기 위해 소득의 일부를 (   )합니다.

1 ➕ 11종 공통

다음 그림과 같이 경제활동을 하는 모든 사람에게 일어나는 문제를 무엇이라고 하는지 쓰시오.

친구 생일 선물을 골라요.

( )

2 ➕ 11종 공통

경제활동과 관련하여 돈과 자원의 특징을 가장 알맞게 설명한 것은 어느 것입니까? ( )

① 사람마다 쓸 수 있는 돈은 무한하다.
② 누구나 원하는 만큼 돈을 가질 수 있다.
③ 사람마다 가지고 있는 돈의 양은 모두 같다.
④ 돈과 자원의 양은 선택의 문제와 관계가 없다.
⑤ 사람이 쓸 수 있는 돈이나 자원은 한정되어 있다.

3 서술형 ➕ 11종 공통

다음 밑줄 친 단어의 의미를 쓰시오.

경제활동에서 선택의 문제가 일어나는 이유는 바로 희소성 때문입니다.

_____

_____

4 ➕ 11종 공통

다음은 재준이네 가족이 여행지의 숙소를 선택한 과정입니다. 재준이네 가족이 즐거운 여행을 하지 <u>못한</u> 까닭은 무엇입니까? ( )

여행지와 거리가 가까운 곳인지만 따져 봐야지.

가격이 비싼 줄은 몰랐네.

① 여행을 하며 적은 돈을 썼기 때문에
② 여행지의 날씨가 좋지 못했기 때문에
③ 여행지와 관련된 정보를 미리 알고 있었기 때문에
④ 여행지와 거리가 먼 곳으로 숙소를 선택했기 때문에
⑤ 숙소를 선택할 때 여러 가지 것들을 고려하지 않았기 때문에

5 ➕ 11종 공통

다음은 재준이가 생일 선물을 고르기 위해 관련된 정보를 수집한 자료입니다. ⓛ 휴대 전화를 선택했을 때 얻을 수 있는 좋은 점을 두 가지 고르시오.

(,)

〈㉠ 휴대 전화〉 	• 가격: 70,000원 • 모양: 보통 • 인터넷 속도가 느림.
〈㉡ 휴대 전화〉 	• 가격: 300,000원 • 모양: 예쁨 • 인터넷 속도가 빠름.

① 튼튼하다.
② 모양이 예쁘다.
③ 가격이 가장 싸다.
④ 통신 요금이 저렴하다.
⑤ 인터넷 속도가 빠르다.

6 ➕ 11종 공통

물건을 살 때 현명한 선택을 위해 고려할 점으로 알맞지 <u>않은</u> 것은 무엇입니까? ( )

① 가격
② 품질
③ 날씨
④ 디자인
⑤ 필요성

7 ➕ 11종 공통

시장에서 볼 수 있는 다음과 같은 활동을 무엇이라고 합니까? ( )

- 음식점에서 음식을 만드는 활동
- 미용사가 머리를 손질해 주는 활동

① 문화 활동 ② 생산 활동

③ 소비 활동 ④ 여가 활동

⑤ 정치 활동

8 ➕ 11종 공통

생산 활동과 소비 활동의 모습을 선으로 알맞게 연결하시오.

(1) 생산 활동 •

(2) 소비 활동 •

• ㉠ 음식을 사 먹어요.

• ㉡ 물건을 배달해요.

9 ➕ 11종 공통

다음 중 생활을 편리하고 즐겁게 해 주는 활동의 모습이 <u>아닌</u> 것은 어느 것입니까? ( )

①
▲ 물건 배달하기

②
▲ 공연하기

③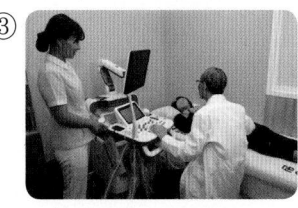
▲ 환자 진료하기

④
▲ 벼농사 짓기

10 ➕ 11종 공통

다음 보기 에서 생산과 소비에 대한 설명으로 알맞은 것을 모두 고른 것은 어느 것입니까? ( )

보기

㉠ 생산하지 않으면 소비할 수 없다.
㉡ 생산과 소비는 동시에 일어날 수 없다.
㉢ 소비가 없어도 생산이 원활하게 이루어진다.
㉣ 하나의 생산 활동은 다른 생산 활동에 영향을 준다.

① ㉠, ㉡ ② ㉠, ㉢ ③ ㉠, ㉣

④ ㉡, ㉣ ⑤ ㉢, ㉣

11 ➕ 11종 공통

가정에서 현명한 소비 생활과 관련해 예상하지 못한 일을 대비하거나 목돈을 마련하기 위해 하는 일은 어느 것입니까? ( )

① 소득의 일부를 저축한다.

② 소비 생활을 하지 않는다.

③ 물건의 가격과 정보를 확인한다.

④ 물건을 고를 때 선택 기준을 세운다.

⑤ 가족들이 가지고 싶은 것을 모두 산다.

12 서술형 ➕ 11종 공통

오른쪽 그림과 같이 물건을 구매하기 전에 물건의 정보를 얻는 것의 좋은 점을 쓰시오.

_____

_____

✏ 빈칸에 알맞은 답을 쓰세요.

1 스마트폰을 이용해 상품에 표시된 (　　　)을/를 찍어서 우리 주변의 상품이 어디에서 왔는지 살펴볼 수 있습니다.

2 개인이나 지역이 경제적 이익을 얻기 위해 물건, 기술, 정보 등을 서로 주고받는 것을 (　　　) 교류라고 합니다.

3 경제적 교류가 발생하는 까닭은 사는 곳의 (　　　), 생산 기술, 자원 등이 다르기 때문입니다.

4 직거래 장터에서 지역의 (　　　)을/를 소개하고 지역을 홍보하여 경제적 이익을 얻을 수 있습니다.

5 경제적 교류를 통해 (　　　) 협력으로 더 나은 상품을 개발할 수 있습니다.

6 오늘날에는 (　　　)와/과 통신의 발달로 다양한 장소에서 여러 가지 방법으로 경제적 교류를 하고 있습니다.

7 인터넷, 스마트폰, (　　　) 등의 대중 매체를 이용해 경제적 교류를 하면 쉽고 편리하게 물건을 사고팔 수 있습니다.

8 교통 발달로 (　　　)에서 신선하고 질이 좋은 상품을 직접 확인하고 살 수 있습니다.

9 지역 간 대표 (　　　)의 경제적 교류를 통해 지역의 기술이나 상품을 소개할 수 있습니다.

10 촌락과 (　　　)은/는 지역마다 자연환경과 기술 수준이 달라서 생산하는 물건이 다릅니다.

✏️ 빈칸에 알맞은 답을 쓰세요.

1 상품이 어디에서 왔는지 조사하는 방법에는 (   ) 표시 확인하기, 광고 전단지 확인하기, 상품 정보 확인하기 등이 있습니다.

2 우리 주변의 상품이 어디에서 왔는지 조사하기 위해 (   )에서 상품 소개를 검색할 수 있습니다.

3 개인이나 지역이 경제적 이익을 얻기 위해 물건, 기술, 정보 등을 서로 주고받는 것을 무엇이라고 합니까?

4 개인, 기업, 지역, 국가 사이에 경제적 교류가 발생하는 까닭은 사는 곳의 자연환경과 생산 기술, 자원 등이 (   ) 때문입니다.

5 상품 (   )을/를 통해 다른 지역의 경제 소식, 상품 등 여러 가지 유용한 정보를 주고받을 수 있습니다.

6 우리 지역의 특산물을 소개하거나 지역을 홍보해서 경제적 (   ) 을/를 얻을 수 있습니다.

7 경제적 교류는 물자와 기술뿐만 아니라 (   ), 기술, 운동 경기 등과 함께 더욱 활발히 이루어지기도 합니다.

8 (   )은/는 생선, 미역, 조개, 소금 등을 생산해 다른 지역과 교류합니다.

9 (   )의 경제 교류 물품은 곡식, 채소, 과일 등의 생산물입니다.

10 우리 지역의 경제적 교류 사례를 조사하기 위해 지역 누리집과 (   ) 기사에서 찾아볼 수 있습니다.

1 ➕ 11종 공통

다음 ㈎, ㈏ 중 우리 주변의 상품이 어디에서 왔는지 살펴보기 위해 품질 인증 표시를 확인하는 것과 관련된 모습을 골라 기호를 쓰시오.

㈎

	친환경 농산물 표시 사
유기농 (ORGANIC) 농림축산식품부	생산자: □□□ 인증번호: ×××-×××-× 품목: 감귤 생산지: 제주시

㈏

131932 대한민국 우수품종상 Korea Variety Awar

( )

[2-3] 다음은 우리 지역으로 들어온 상품이 어디에서 왔는지 정리한 표입니다. 물음에 답하시오.

상품	생산지
신발	부산광역시
고추장	전라북도 순창군
고등어	제주특별자치도
밀가루	미국
바나나	필리핀

2 비상교과서, 천재교육 외

다른 나라에서 온 상품을 모두 골라 쓰시오.

( )

3 서술형 ➕ 11종 공통

위와 같이 다양한 지역의 물건이 우리 지역으로 들어오는 까닭을 쓰시오.

_____

_____

4 ➕ 11종 공통

다음 ( ) 안에 공통으로 들어갈 말을 쓰시오.

개인이나 지역이 ( ) 이익을 얻기 위해 물건, 기술, 정보 등을 서로 주고받는 것을 ( ) 교류라고 합니다.

( )

5 ➕ 11종 공통

다음 보기 에서 경제적 교류가 발생하는 까닭으로 알맞은 것을 모두 고른 것은 어느 것입니까? ( )

보기

㉠ 사는 곳의 지명이 다르기 때문에
㉡ 사는 곳의 자연환경이 다르기 때문에
㉢ 사는 곳의 생산 기술이 다르기 때문에

① ㉠   ② ㉡   ③ ㉠, ㉢
④ ㉡, ㉢   ⑤ ㉠, ㉡, ㉢

6 ➕ 11종 공통

경제적 교류가 필요한 까닭으로 알맞지 <u>않은</u> 것은 어느 것입니까? ( )

① 지역 간의 화합을 가져온다.
② 지역 간의 경쟁에서 이길 수 있다.
③ 기술 협력으로 더 나은 상품을 개발할 수 있다.
④ 지역의 특산물을 소개해 경제적 이익을 얻을 수 있다.
⑤ 다른 지역의 경제 소식 등 여러 가지 유용한 정보를 주고받을 수 있다.

7 ➕ 11종 공통

다음 (가), (나) 중 지역과 지역의 경제적 교류 모습을 골라 기호를 쓰시오.

(가)

(나)

(   )

8 ➕ 11종 공통

다음 (   ) 안에 들어갈 내용이 알맞게 짝지어진 것은 어느 것입니까? (   )

> 오늘날에는 (   )과 (   )의 발달로 다양한 장소에서 여러 가지 방법으로 경제적 교류를 하고 있습니다.

① 교통, 역사
② 과학, 문화
③ 교통, 통신
④ 통신, 역사
⑤ 과학, 예술

9 ➕ 11종 공통

인터넷, 홈 쇼핑 등과 관련된 경제적 교류 모습을 조사한 친구를 골라 이름을 쓰시오.

> • 보나: 시장을 이용한 경제적 교류
> • 은결: 대중 매체를 이용한 경제적 교류
> • 지운: 지역 간 대표 자원의 경제적 교류
> • 대한: 문화 활동과 함께하는 경제적 교류
> • 주영: 촌락과 도시의 생산물에 따른 경제적 교류

(   )

10 ➕ 11종 공통

다음과 같은 방법으로 경제적 교류를 하면 좋은 점으로 알맞은 것은 어느 것입니까? (   )

▲ 전통 시장

▲ 대형 할인점

① 지역의 정보를 쉽게 알릴 수 있다.
② 문화 교류가 활발히 이루어질 수 있다.
③ 물건의 품질을 직접 확인하고 살 수 있다.
④ 교통의 발달과 상관없이 교류를 할 수 있다.
⑤ 장소에 관계없이 상품의 정보를 얻을 수 있다.

[11-12] 다음은 촌락과 도시의 경제적 교류를 나타낸 자료입니다. 물음에 답하시오.

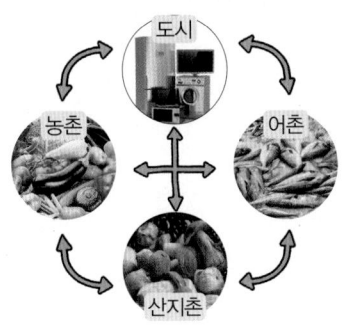

11 ➕ 11종 공통

위 자료에 나타난 어촌과 도시의 생산물을 선으로 알맞게 연결하시오.

(1) 어촌 •

(2) 도시 •

• ㉠ 자동차, 텔레비전 등

• ㉡ 생선, 미역, 조개 등

12 서술형 ➕ 11종 공통

위 자료와 같이 촌락과 도시에서 생산하는 물건이 서로 다른 까닭을 쓰시오.

_____

_____

2
단원

[1-2] 다음 그림을 보고, 물음에 답하시오.

> 공연을 보러 갈까, 영화를 보러 갈까?

1 ⊕ 11종 공통

위와 같이 사람들이 경제활동을 하며 겪는 문제를 무엇이라고 하는지 쓰시오.

( )의 문제

2 서술형 ⊕ 11종 공통

위 **1**번 답과 같은 문제가 발생하는 까닭을 쓰시오.

_____

_____

3 ⊕ 11종 공통

다음 보기 에서 희소성의 의미로 알맞은 것을 골라 기호를 쓰시오.

보기
㉠ 사람들이 원하는 것이 많고, 그것을 모두 가질 수 있는 상태
㉡ 사람들이 원하는 것은 많으나, 그것을 모두 가질 수 없는 상태
㉢ 사람들이 원하는 것은 적어서, 그것을 모두 가질 수 있는 상태

( )

[4-5] 다음은 이준이가 생일 선물을 고르기 위해 관련된 정보를 수집한 자료입니다. 물음에 답하시오.

물건	가방	장난감	필통
가격	10,000원	5,000원	7,000원
디자인	보통	보통	예쁨
특징	• 가방끈이 얇고, 무거움. • 주머니가 많아서 수납이 편리함.	• 다양한 형태로 변형이 가능함. • 친환경 소재로 만들었음.	• 지퍼가 있어서 사용하기 편리함. • 필기도구를 많이 담을 수 없음.

4 비상교과서, 천재교육 외

위 자료에서 가격을 가장 중요한 선택 기준으로 삼았을 때 고를 수 있는 물건을 쓰시오.

( )

5 ⊕ 11종 공통

위 자료에 나타난 정보를 알맞게 분석한 것은 어느 것입니까? ( )

① 가방은 주머니가 적다.
② 필통은 지퍼가 없어서 불편하다.
③ 장난감은 친환경 소재로 만들었다.
④ 필통은 필기도구를 많이 담을 수 있다.
⑤ 장난감은 다양한 형태로 변경이 불가능하다.

6 ➕ 11종 공통

현명한 선택을 한 친구는 누구입니까? (   )

① 꼭 필요한 학용품을 샀어.

② 원래 입던 옷과 비슷한 옷을 샀어.

③ 예쁘지만 책이 들어가지 않는 가방을 샀어.

④ 저렴하지만 모양이 예쁘지 않은 공책을 샀어.

7 ➕ 11종 공통

시장에서 볼 수 있는 생산 활동의 모습으로 알맞지 않은 것은 어느 것입니까? (   )

① 물건을 배달한다.
② 빵집에서 빵을 만든다.
③ 분식집에서 음식을 만든다.
④ 생선 가게에서 생선을 판다.
⑤ 미용실에서 머리 손질을 받는다.

8 서술형 ➕ 11종 공통

생산과 소비의 의미를 비교하여 쓰시오.

_____

_____

9 ➕ 11종 공통

다음 보기 에서 생산 활동 중 생활에 필요한 것을 만드는 활동을 모두 골라 기호를 쓰시오.

보기

ㄱ ▲ 휴대 전화 만들기

ㄴ ▲ 물고기 잡기

ㄷ ▲ 과자 만들기

ㄹ ▲ 환자 진료하기

(   )

10 서술형 ➕ 11종 공통

다음 그림과 관련하여 우리가 소비 생활을 현명하게 해야 하는 까닭을 쓰시오.

지난 달에 받은 용돈을 아껴 쓰지 못해서 친구 생일 선물을 살 수 없네.

_____

_____

2 단원

[11-12] 영기는 우리 주변의 상품이 어디에서 왔는지 살펴보려고 합니다. 물음에 답하시오.

11 ➕ 11종 공통

상품의 포장에 ○ 표시되어 있는 위와 같은 그림을 무엇이라고 하는지 쓰시오.

(   )

12 서술형 ➕ 11종 공통

위 **11**번의 답을 이용해 상품이 어디에서 왔는지 알 수 있는 방법을 쓰시오.

_____

_____

13 ➕ 11종 공통

다음 ㈎, ㈏ 중 인터넷을 이용해 우리 주변의 상품이 어디에서 왔는지 조사하는 방법을 골라 기호를 쓰시오.

㈎	㈏

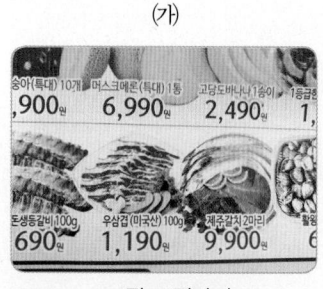
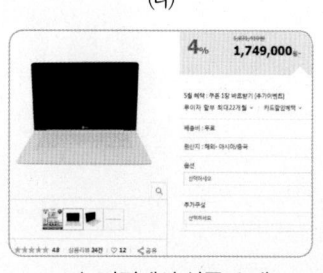

▲ 광고 전단지
확인하기

▲ 누리집에서 상품 소개
검색하기

(   )

14 ➕ 11종 공통

다음 빈칸에 들어갈 알맞은 내용을 두 가지 고르시오. (,   )

> 개인, 지역, 국가 간의 경제적 교류가 발생하는 까닭은 _____ 때문입니다.

① 사는 곳의 자원이 다르기
② 사람들의 생각이 비슷하기
③ 사는 곳의 자연환경이 다르기
④ 사람들이 먹는 음식이 비슷하기
⑤ 사는 곳의 생산 기술이 비슷하기

15 ➕ 11종 공통

다음 그림에 나타난 경제적 교류를 하는 대상은 어느 것입니까? (   )

① 개인과 기업   ② 지역과 기업
③ 지역과 지역   ④ 기업과 기업
⑤ 국가와 국가

16 ➕ 11종 공통

경제적 교류 모습과 조사 대상을 선으로 알맞게 연결하시오.

(1) 시장을 이용한 경제적 교류 • • ㉠ 인터넷, 홈 쇼핑

(2) 대중 매체를 이용한 경제적 교류 • • ㉡ 전통 시장, 도소매 시장

17 서술형 금성출판사, 비상교과서 외

오른쪽 장소에서 경제적 교류를 하면 좋은 점을 한 가지만 쓰시오.

▲ 대형 할인점

_____

_____

18 ➕ 11종 공통

다음 자료에 나타난 경제적 교류 방법은 어느 것입니까? ( )

> 강원도 내 3개 지역은 각 지역의 대표적인 관광 자원을 활용한 관광 사업을 공동으로 추진하기로 협약했습니다. 특히 이번 협약에서는 우리나라 관광객을 비롯하여 외국의 관광객도 유치하기 위해 노력하기로 했습니다.

① 시장을 이용한 경제적 교류
② 대중 매체를 이용한 경제적 교류
③ 지역 간 대표 자원의 경제적 교류
④ 문화 활동과 함께하는 경제적 교류
⑤ 촌락과 도시의 생산물에 따른 경제적 교류

19 비상교과서, 아이스크림 외

다음을 통해 알 수 있는 경제적 교류의 특징은 무엇입니까? ( )

○○신문	20△△년 ○○월 ○○일

서울특별시 '방콕의 날' 행사 열어

서울특별시와 태국의 수도 방콕은 자매결연 후 경제와 문화 분야에서 다양한 교류를 하고 있습니다. 교통 체계를 교류하고, 서로의 전통 문화 예술 작품을 공연하기도 합니다. 또한 청소년들이 상대 나라를 방문하며 가까워지고 있습니다.

① 다른 나라와는 경제 교류만 이루어진다.
② 문화 교류는 다른 나라와만 이루어진다.
③ 경제 교류보다는 문화 교류가 더 중요하다.
④ 교통과 통신의 발달로 나라 간 교류가 어려워지고 있다.
⑤ 다른 나라와 경제 및 문화 분야에서 다양한 교류가 이루어진다.

20 ➕ 11종 공통

촌락과 도시의 생산물에 따른 경제적 교류와 관련된 설명으로 알맞지 않은 것은 어느 것입니까? ( )

① 도시에서는 옷, 장난감 등을 생산한다.
② 농촌에서는 다양한 곡식과 채소를 생산한다.
③ 어촌에서는 생선, 조개, 소금 등을 생산한다.
④ 산지촌에서는 목재, 버섯, 약초 등을 생산한다.
⑤ 농촌, 어촌, 산지촌은 서로 생산물을 교류하지 않는다.

2단원

| 평가 주제 | 생산과 소비 활동의 의미와 특징 설명하기 |
| 평가 목표 | 생산과 소비 활동을 구분하고 생산 활동의 종류를 설명할 수 있다. |

[1-2] 다음은 다양한 경제활동의 모습입니다. 물음에 답하시오.

ㄱ
▲ 빵집 주인이 빵을 만드는 모습

ㄴ
▲ 음식점에서 음식을 사 먹는 모습

ㄷ
▲ 미용사가 머리를 손질해 주는 모습

ㄹ
▲ 생선 가게에서 생선을 사는 모습

ㅁ
▲ 물건을 배달하는 모습

ㅂ
▲ 신발 가게에서 신발을 사는 모습

1 위 ㄱ~ㅂ을 각각 생산 활동과 소비 활동으로 구분하여 기호를 쓰시오.

(1) 생산 활동

(2) 소비 활동

2 위와 같은 생산 활동의 종류와 관련해 ㈎, ㈏에 들어갈 알맞은 말을 쓰시오.

　생산 활동은 생활에 필요한 것을 (㈎　　　　　　　　)에서 얻는 활동, 생활에 필요한 것을 만드는 활동, 생활을 (㈏　　　　　　　　)하고 즐겁게 해 주는 활동으로 나눌 수 있습니다.

평가 주제	경제적 교류가 발생하는 까닭과 영향 설명하기
평가 목표	경제적 교류가 발생하는 까닭을 설명하고 지역에 미치는 영향을 말할 수 있다.

[1-3] 다음은 재준이네 지역과 영희네 지역이 가진 자원과 기술에 대한 설명입니다. 물음에 답하시오.

재준이네 지역은 옛날부터 품질 좋은 포도를 생산하기로 유명한 곳입니다.

영희네 지역은 주변 지역에서 나는 생산물을 이용해 여러 가지 상품을 만들고 있습니다.

1 위 그림과 같이 개인이나 지역이 경제적 이익을 얻기 위해 물건, 기술, 정보 등을 서로 주고받는 것을 무엇이라고 하는지 쓰시오.

(   )

2 위 두 지역이 경제적 교류를 하는 까닭을 쓰시오.

_____

_____

3 위 두 지역이 경제적 교류를 통해 얻을 수 있는 점과 관련해 ㉠, ㉡에 들어갈 알맞은 말을 쓰시오.

재준이네 지역	지역에서 생산한 질 좋은 포도를 영희네 지역에 팔고, 지역의 생산물을 (㉠)할 수 있습니다.
영희네 지역	재준이네 지역에서 생산한 질 좋은 포도를 원료로 다양한 상품을 만들어 팔고 많은 (㉡)을/를 얻을 수 있습니다.

✏ 빈칸에 알맞은 답을 쓰세요.

1   전체 인구에서 노인이 차지하는 비율이 높아지는 현상을 (   ) (이)라고 합니다.

2   노인을 대상으로 한 상품을 만들거나, 서비스를 제공하는 것을 목적 으로 하는 산업인 (   )이/가 발달하고 있습니다.

3   저출산의 영향으로 (   ) 인구가 줄어들면서 일할 사람이 부족해져 경제에 영향을 미치고 있습니다.

4   저출산·고령화 사회에 대비하기 위해 세대 간에 서로 소통하고 (   )하는 태도를 길러야 합니다.

5   사회가 발전해 나가는 데 정보가 중요한 자원이 되어 중심 역할을 담당하는 것을 무엇이라고 합니까?

6   학교에서 정보와 지식을 활용하는 모습으로는 다양한 정보가 담긴 (   ) 교과서로 학습하는 것이 있습니다.

7   정보화 사회가 되면서 다른 사람들이 만든 자료를 불법으로 내려받아 (   ) 침해 문제가 발생하기도 합니다.

8   사이버 공간에서 대화할 때에도 (   )을/를 지키고 상대방을 존 중해야 합니다.

9   교통·통신 수단이 발달하면서 세계 여러 나라들이 다양한 분야에서 교류하고 가까워지는 것을 무엇이라고 합니까?

10   세계화의 영향으로 생활 속에서 우리의 (   )이/가 점점 사라지 고 있습니다.

묻고 답하기 2회

❶ 사회 변화로 나타난 일상생활의 모습

◉ 정답과 풀이 29쪽

✎ 빈칸에 알맞은 답을 쓰세요.

1 태어나는 아이의 수가 줄어드는 현상을 무엇이라고 합니까?

2 우리나라는 출생아 수는 점점 (　　　) 있으며, 노인 인구는 계속 늘어나고 있습니다.

3 우리 사회가 (　　　)(으)로 변화함에 따라 노인 전문 병원, 노인정 등 노인을 위한 전문 시설이 생겨나고 있습니다.

4 저출산에 대비하기 위한 노력으로 걱정 없이 아이를 낳아 키울 수 있도록 다양한 (　　　)이/가 필요합니다.

5 (　　　)(이)란 사회가 발전해 나가는 데 정보가 중요한 자원이 되어 중심 역할을 담당하는 것입니다.

6 다른 사람의 정보를 동의 없이 나쁜 목적으로 사용하는 (　　　) 유출은 정보화 사회에서 나타나는 문제점입니다.

7 세계화는 교통·통신 수단이 발달하면서 세계 여러 나라들이 다양한 분야에서 (　　　)하고 가까워지는 것을 말합니다.

8 통신 수단의 발달로 세계 여러 나라의 소식을 바로 알 수 있고, (　　　)이/가 발달하면서 세계 곳곳을 빠르게 갈 수 있습니다.

9 세계화로 경제 교류가 확대되면서 경쟁력을 갖춘 나라와 그렇지 못한 나라의 (　　　)이/가 커지고 있습니다.

10 세계화 속에서 우리는 다른 나라의 문화를 (　　　)(으)로 받아들이고, 우리 것을 소중히 여기는 태도가 필요합니다.

1 ⊕ 11종 공통

다음 사진을 보고 알 수 있는 옛날 교실 모습이 오늘날 교실 모습과 다른 점으로 알맞은 것은 어느 것입니까? (   )

▲ 옛날의 교실 모습

▲ 오늘날의 교실 모습

① 남학생들만 공부를 했다.
② 교실에 텔레비전이 있었다.
③ 컴퓨터를 이용해 수업을 했다.
④ 오늘날보다 학급 수가 적었다.
⑤ 오늘날보다 교실에 학생의 수가 많았다.

2 서술형 ⊕ 11종 공통

사회 변화로 달라진 생활 모습을 두 가지 쓰시오.

_____

_____

3 ⊕ 11종 공통

다음 그래프와 관련 있는 사회 변화는 무엇입니까?
(   )

▲ 출생아 수 변화

① 세계화   ② 정보화   ③ 저출산
④ 고령화   ⑤ 기계화

4 ⊕ 11종 공통

저출산에 대비하기 위한 노력으로 알맞지 <u>않은</u> 것은 어느 것입니까? (   )

① 출산 비용을 지원한다.
② 육아 휴직을 확대한다.
③ 자녀 교육비를 지원한다.
④ 어린이집과 같은 보육 시설을 늘린다.
⑤ 출산과 육아의 부담을 개인이 책임지도록 한다.

5 ⊕ 11종 공통

다음 신문 기사와 관련 있는 사회 변화는 무엇인지 쓰시오.

◇◇신문	20△△년 ○월 ○일

일하는 노인들이 늘어나고 있어요

◇◇ 지역에서는 노인 경제활동 지원을 위해 '노인 일자리 급식 도우미 사업'이 활발하게 운영되고 있다. 이 사업으로 노인들은 일할 기회를 얻게 되었고, 학교에는 학생들의 점심 식사를 도와주는 사람들이 늘어나게 되었다.

(   )

6 ⊕ 11종 공통

고령화로 변화하는 일상생활의 모습을 알맞게 말한 친구를 모두 골라 이름을 쓰시오.

• 은하: 노인을 위한 전문 시설이 생겨나고 있어.
• 진우: 노인을 위한 복지 제도가 없어지고 있어.
• 승윤: 노인을 대상으로 하는 여러 가지 산업이 발달하고 있어.

(   )

[7-8] 다음 글을 읽고, 물음에 답하시오.

> 사회가 발전해 나가는 데 정보가 중요한 자원이 되어 중심 역할을 담당하는 현상으로, 이로 인해 <u>학교의 모습도 크게 달라지고 있습니다.</u>

7 ⊕ 11종 공통

윗글에서 설명하는 현상을 무엇이라고 하는지 쓰시오.

( )

8 미래엔, 아이스크림 외

윗글의 밑줄 친 부분에 해당하는 모습으로 알맞지 <u>않은</u> 것은 어느 것입니까? ( )

① 반 친구들과 소풍을 간다.
② 디지털 교과서로 학습을 한다.
③ 인터넷에서 다양한 자료를 찾아본다.
④ 학교 누리집에서 학교 소식을 확인한다.
⑤ 학교 도서관에서 도서 대출 프로그램을 이용한다.

9 ⊕ 11종 공통

다음 보기 에서 정보화 사회의 특징으로 알맞은 것을 모두 골라 기호를 쓰시오.

> 보기 ●
> ㉠ 사람들의 생활이 더욱 편리해지고 있다.
> ㉡ 인터넷으로 다양한 정보와 지식을 빠르게 얻는다.
> ㉢ 정보와 지식을 활용하여 새로운 자료를 만들기 어려워지고 있다.
> ㉣ 정보와 지식을 활용하여 만든 새로운 자료를 다른 사람들과 공유한다.

( )

10 서술형 ⊕ 11종 공통

다음 그림과 같이 정보화 사회에서 나타나는 문제점을 해결하기 위한 방안을 한 가지만 쓰시오.

친구들이 대화방에서 내 말을 무시하는 것 같아서 속상해요.

_____

_____

11 ⊕ 11종 공통

다음 ( ) 안에 들어갈 알맞은 말을 쓰시오.

> ( )(이)란 교통·통신 수단이 발달하면서 세계 여러 나라들이 다양한 분야에서 교류하고 가까워지는 것을 말합니다.

( )

12 ⊕ 11종 공통

세계화가 우리 생활에 미치는 영향과 관련해 ( ) 안에 공통으로 들어갈 말을 쓰시오.

> • 세계 여러 나라의 다양한 ( )을/를 접할 수 있습니다.
> • 서로의 ( )을/를 이해하지 못해 문제가 생기고 있습니다.

( )

✏️ 빈칸에 알맞은 답을 쓰세요.

1 사람들이 가지고 있는 공통의 생활 방식을 무엇이라고 합니까?

2 옷차림, 음식을 먹는 방법, 사는 (   ) 등을 살펴보면 각 문화의 공통점과 차이점을 찾을 수 있습니다.

3 공정하지 못하고 한쪽으로 치우친 의견이나 생각을 무엇이라고 합니까?

4 어떤 기준을 두어 대상을 구별하고 다르게 대우하는 것을 무엇이라고 합니까?

5 우리 주변에는 피부색, 언어, 종교, 출신 지역 등이 (   )은/는 이유로 사람들과 사회로부터 부당한 대우를 받는 사람들이 있습니다.

6 남자가 할 수 있는 일과 여자가 할 수 있는 일이 따로 있다고 생각하는 것은 (   )에 대한 차별의 모습입니다.

7 편견과 차별을 없애기 위해 다른 문화도 우리 문화처럼 (   )해야 합니다.

8 자신이 잘하는 운동 경기에는 (   ) 구분 없이 참여할 수 있어야 합니다.

9 편견과 차별이 없는 사회를 만들기 위해 사람들의 생각을 바꾸기 위한 (   )을/를 하기도 합니다.

10 살색이 피부색에 대한 편견의 뜻이 담긴 말이라고 하여 바꾼 말은 무엇입니까?

✏️ 빈칸에 알맞은 답을 쓰세요.

1 사람들이 오랜 시간을 함께 생활하면서 만들어지고 전해져 내려온 공통의 생활 방식을 무엇이라고 합니까?

2 사람들은 ( )와/과 습기를 피하기 위해서 나무로 만든 물 위의 집에서 생활하기도 합니다.

3 더운 지역에 사는 사람들은 천으로 된 긴 옷을 입고, 추운 지역에 사는 사람들은 가죽이나 ( )(으)로 만든 옷을 입습니다.

4 우리 사회에서는 ( )에 대한 차별, 남녀에 대한 차별, 나이에 대한 차별, 임신과 출산에 대한 차별 등을 볼 수 있습니다.

5 ( )은/는 어떤 기준을 두어 대상을 구별하고 다르게 대우하는 것으로, 편견 때문에 ( )이/가 나타납니다.

6 우리 주변에는 피부색, 언어, 종교 등이 다르다는 이유로 사람들과 사회로부터 ( )한 대우를 받는 사람들이 있습니다.

7 편견과 차별이 지속되면 사람들이 자신의 능력을 발휘하지 못해 사회의 발전이 ( ) 문제가 발생할 수 있습니다.

8 편견과 차별을 해결하기 위해 서로의 다름을 인정하는 문화 ( ) 을/를 존중하는 태도가 필요합니다.

9 편견과 차별이 없는 사회를 만들기 위해 일상생활을 하는 데 도움이 되는 ( )을/를 제공해야 합니다.

10 사회는 편견과 차별 문제를 해결하기 위해 ( )을/를 만들고 기관을 세우는 등의 노력을 하고 있습니다.

3 단원

1 ➕ 11종 공통

다음은 국어사전의 일부분입니다. (   ) 안에 들어갈 알맞은 말을 쓰시오.

> [ㅁ]
> (   )
> 사람들이 가지고 있는 공통의 생활 방식.

(   )

[2-3] 다음 집의 모습을 보고, 물음에 답하시오.

(가)   (나)

2 ➕ 11종 공통

위 (가), (나)에 대한 설명으로 알맞지 <u>않은</u> 것은 어느 것입니까? (   )

① (가)는 나무와 천으로 만든 집이다.
② (가)는 이동을 쉽게 하기 위해 지은 집이다.
③ (나)는 물 위에 지은 집이다.
④ (나)는 더위와 습기를 피하기 위해 지은 집이다.
⑤ (가), (나)와 같이 사는 집은 문화라고 할 수 없다.

3 서술형 ➕ 11종 공통

위 (가), (나)를 통해 알 수 있는 문화의 특징을 쓰시오.

_____

_____

4 ➕ 11종 공통

다음 ㉠, ㉡에 들어갈 알맞은 말을 쓰시오.

> (㉠)(이)란 공정하지 못하고 한쪽으로 치우친 의견이나 생각을 말하고, (㉡)은/는 어떤 기준을 두어 대상을 구별하고 다르게 대우하는 것을 말합니다.

㉠ (   ) ㉡ (   )

5 ➕ 11종 공통

차별이 나타나는 까닭으로 알맞은 것은 어느 것입니까? (   )

① 서로를 존중하기 때문에
② 공정하게 생각하기 때문에
③ 편견을 가지고 있기 때문에
④ 상대방의 입장에서 생각하기 때문에
⑤ 한쪽으로 치우치지 않는 생각을 하려고 노력하기 때문에

6 ➕ 11종 공통

다음 그림에 담긴 편견의 모습은 무엇입니까?

(   )

왜 맨손으로 음식을 먹지?

① 문화에 대한 편견
② 장애에 대한 편견
③ 종교에 대한 편견
④ 옷차림에 대한 편견
⑤ 피부색에 대한 편견

7 ✚ 11종 공통

다음 빈칸에 들어갈 내용으로 알맞지 <u>않은</u> 것은 어느 것입니까? (　　　)

> 우리 주변에는 ＿＿＿＿＿＿＿＿＿는 이유로 사람들과 사회로부터 부당한 대우를 받는 사람들이 있습니다.

① 나이가 많다
② 종교가 다르다
③ 피부색이 다르다
④ 출신 지역이 다르다
⑤ 나와 비슷한 생각을 한다

[8-9] 다음 그림은 우리 사회에 볼 수 있는 차별의 모습입니다. 물음에 답하시오.

(가) 여자 직원들이 우리 회사 일에 더 적합해. / 우리 회사에는 남자 직원들이 많이 있으면 좋겠어.

(나) 나이가 많아서 곤란해요. / ○○ 회사 직원 모집

8 ✚ 11종 공통

위 (가), (나) 중 성별에 대한 차별의 모습을 골라 기호를 쓰시오.

(　　　　　)

9 서술형 ✚ 11종 공통

위 (가), (나) 같은 상황이 지속될 경우 사회적으로 발생할 수 있는 문제점을 쓰시오.

＿＿＿＿＿＿＿＿＿＿＿＿＿＿＿＿＿＿＿

＿＿＿＿＿＿＿＿＿＿＿＿＿＿＿＿＿＿＿

10 ✚ 11종 공통

다음 보기 에서 편견과 차별이 지속될 경우 학교에서 나타날 수 있는 모습으로 알맞은 것을 모두 골라 기호를 쓰시오.

> 보기 ●
> ㉠ 공부하기 싫어질 수 있다.
> ㉡ 친구들이 서로를 존중하고 이해할 수 있다.
> ㉢ 친구들과 관계가 나빠져서 학교에 오기 싫어질 수 있다.

(　　　　　)

11 ✚ 11종 공통

편견과 차별을 없애기 위한 노력에 대해 <u>잘못</u> 말한 친구는 누구입니까? (　　　)

① 이슬: 나와 다른 문화도 이해해야 해.
② 태영: 한쪽으로 치우쳐서 생각해야 해.
③ 솔아: 상대방의 입장에서 생각해야 해.
④ 병현: 서로의 문화를 소개하고 이해해야 해.
⑤ 예지: 다른 문화도 우리 문화처럼 존중해야 해.

12 ✚ 11종 공통

다음 학습 목표에 대한 답변으로 알맞지 <u>않은</u> 것은 어느 것입니까? (　　　)

> 우리 사회가 편견과 차별이 없는 사회를 만들기 위해 하는 노력을 설명할 수 있습니다.

① 편견이나 차별의 뜻이 담긴 말을 바꾼다.
② 일상생활을 하는 데 도움이 되는 교육을 제공한다.
③ 법을 만들고 기관을 세워 편견과 차별을 없애려고 노력한다.
④ 서로 다른 문화를 가진 사람들이 지역을 구분하여 살게 한다.
⑤ 다양한 문화를 가진 사람들이 함께 어울릴 수 있는 자리를 마련한다.

1 ⊕ 11종 공통

다음과 같은 사회 변화로 인해 달라진 생활 모습은 어느 것입니까? (   )

> 밖에서도 쉽게 인터넷으로 정보를 얻을 수 있게 되었습니다.

① 노인 전문 시설이 많이 생겼다.
② 마을에서 외국인을 자주 볼 수 있다.
③ 학교의 학급 수가 점점 줄어들고 있다.
④ 버스 도착 시간을 알려 주는 기계가 생겼다.
⑤ 다양한 나라의 음식을 파는 가게가 많이 생겨났다.

2 ⊕ 11종 공통

저출산에 대한 설명으로 알맞은 것은 어느 것입니까? (   )

① 태어나는 아이의 수가 줄어드는 현상이다.
② 이사 오는 아이의 수가 늘어나는 현상이다.
③ 전체 인구에서 노인이 차지하는 비율이 높아지는 현상이다.
④ 전체 인구에서 노인이 차지하는 비율이 낮아지는 현상이다.
⑤ 한 사회에서 14세 이하 인구와 65세 이상 인구가 같아지는 현상이다.

3 ⊕ 11종 공통

다음에 제시된 대책과 관련 있는 사회 변화는 무엇입니까?

> • 육아 휴직, 교육비 지원, 가구별 맞춤 지원 등을 합니다.
> • 아이를 안전하게 키울 수 있는 시설과 서비스를 마련합니다.

(   )

[4-5] 다음은 동훈이가 사회 변화에 대해 정리한 내용입니다. 물음에 답하시오.

> 1. (㉠)(으)로 변화된 일상생활 모습
> • 노인 전문 병원, 노인정 등 노인을 위한 전문 시설이 생겨나고 있습니다.
> • 노인을 대상으로 하는 여러 가지 산업이 발달하고 있습니다.
>
> 2. (㉠)에 대비하기 위한 방법
>
> ㉡

4 ⊕ 11종 공통

위 ㉠에 들어갈 사회 변화로 알맞은 것은 무엇입니까? (   )

① 고령화   ② 산업화
③ 세계화   ④ 저출산
⑤ 정보화

5 서술형 ⊕ 11종 공통

위 ㉡에 들어갈 알맞은 내용을 두 가지 쓰시오.

_____

_____

6 ✚ 11종 공통

정보화 사회에 대한 설명으로 알맞지 <u>않은</u> 것은 어느 것입니까? (　　　)

① 정보와 지식을 활용하여 새로운 자료를 만든다.
② 인터넷으로 다양한 정보와 지식을 빠르게 얻는다.
③ 사람들의 생활이 더욱 편리해지고 다양하게 변화한다.
④ 대부분의 사람들이 지식과 정보를 얻기가 어려워진다.
⑤ 사회가 발전해 나가는 데 정보가 중요한 자원이 되는 사회이다.

7 ✚ 11종 공통

다음 [보기] 에서 정보화로 달라지고 있는 일상생활의 모습으로 알맞은 것을 모두 고르시오.

보기
㉠ 가게에 가지 않아도 쉽게 물건을 살 수 있다.
㉡ 은행 업무를 보기 위해서 직접 은행에 가야만 한다.
㉢ 인터넷 뉴스로 전 세계 소식을 실시간으로 알 수 있다.
㉣ 밖에서도 휴대 전화로 집안에 있는 가전 기기를 작동할 수 있다.

(　　　　　　　)

8 서술형 ✚ 11종 공통

다음과 같은 정보화 사회의 문제점을 해결하기 위한 방안을 쓰시오.

회사에서 개발한 프로그램을 사람들이 불법으로 내려받아 회사가 많은 손해를 입고 있습니다.

_____

_____

9 ✚ 11종 공통

세계화로 달라진 생활 모습을 <u>잘못</u> 말한 친구는 누구니까? (　　　)

① 우리나라에 온 외국 가수의 공연을 봤어.

② 휴대 전화를 이용해 운동화를 샀어.

③ 주말에 베트남 쌀국수를 사 먹었어.

④ 부모님께서 칠레에서 온 포도를 시장에서 사오셨어.

10 서술형　동아출판, 아이스크림 외

다음은 세계화가 우리 생활에 미치는 영향을 정리한 표입니다. ㉠에 들어갈 내용을 한 가지만 쓰시오.

긍정적인 영향	• 세계 여러 나라의 물건을 쉽게 살 수 있습니다. • 세계 여러 나라의 다양한 문화를 접할 수 있습니다.
부정적인 영향	㉠

_____

_____

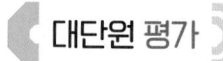
11 ⊕ 11종 공통

다음 보기 에서 문화에 해당하는 것을 모두 골라 기호를 쓰시오.

> **보기**
> ㉠ 날씨　　　　　㉡ 옷차림
> ㉢ 사는 집　　　　㉣ 음식을 먹는 방법

(　　　　　　　　　　)

12 ⊕ 11종 공통

문화의 특징으로 알맞은 것은 어느 것입니까?

(　　　)

① 오늘날 새롭게 나타난 변화이다.
② 혼자서 하는 활동은 문화가 아니다.
③ 문화에는 공통점도 있고 차이점도 있다.
④ 서로 다른 나라의 문화에는 공통점이 없다.
⑤ 같은 나라 사람들은 모두 같은 문화를 가진다.

13 비상교과서, 아이스크림 외

지역과 그 지역에서 주로 입는 옷차림을 선으로 알맞게 연결하시오.

(1) | 더운 지역 |　　　　•

•㉠

(2) | 추운 지역 |　　　　•

•㉡

14 ⊕ 11종 공통

다음 그림과 같이 어떤 기준을 두어 대상을 구별하고 다르게 대우하는 것을 무엇이라고 하는지 쓰시오.

(　　　　　　　　　　)

15 서술형 ⊕ 11종 공통

다음 그림과 같은 일들이 일어나는 까닭은 무엇인지 쓰시오.

_____

_____

16 ✚ 11종 공통

다음 그림과 관련 있는 차별은 어느 것입니까?
( )

임산부나 아이를 키우는 엄마는 곤란해요.

① 나이에 대한 차별
② 문화에 대한 차별
③ 종교에 대한 차별
④ 학력에 대한 차별
⑤ 임신, 출산에 대한 차별

17 ✚ 11종 공통

다음 ( ) 안에 들어갈 알맞은 말을 쓰시오.

편견과 차별이 없는 사회를 만들기 위해서 서로 다른 문화도 우리 문화처럼 ( )해야 합니다.

( )

18 ✚ 11종 공통

편견과 차별 문제를 해결하기 위한 방안에 대해 잘못 말한 친구는 누구입니까? ( )

① 정석: 서로의 문화를 무시해야 해.
② 미나: 나와 다른 문화도 이해해야 해.
③ 영진: 상대방의 입장에서 생각해야 해.
④ 은지: 다른 문화도 우리 문화처럼 존중해야 해.
⑤ 하남: 한쪽으로 치우치지 않는 생각을 하도록 노력해야 해.

19 ✚ 11종 공통

다음과 같은 갈등을 해결하기 위한 방안으로 가장 알맞은 것은 어느 것입니까? ( )

- 근범: 학급 체육의 날에 남학생은 축구, 여학생은 피구를 하자.
- 은지: 나도 축구를 하고 싶은데?
- 근범: 안 돼. 여자는 축구를 잘 못하잖아.
- 은지: 무슨 소리야! 여자도 축구를 잘할 수 있어.

① 학급 체육의 날을 없앤다.
② 남자는 피구, 여자는 축구를 한다.
③ 축구와 피구 대신 다른 운동 경기를 한다.
④ 선생님이 정해 주시는 운동 경기에 참여한다.
⑤ 자신이 잘하는 운동 경기에 남녀 구분 없이 참여할 수 있게 한다.

3
단원

20 서술형 ✚ 11종 공통

다음 빈칸에 들어갈 알맞은 내용을 한 가지만 쓰시오.

우리 사회는 편견과 차별이 없는 사회를 만들기 위해 _____ 등 다양한 노력을 하고 있습니다.

_____

_____

| 평가 주제 | 사회 변화로 달라진 모습 파악하기 |
| 평가 목표 | 사회 변화를 구분하고 이에 대비하기 위한 노력을 설명할 수 있다. |

[1-2] 다음은 사회 변화로 달라진 일상생활의 모습입니다. 물음에 답하시오.

1 위 (가)~(라)를 저출산, 고령화, 정보화, 세계화로 인해 달라지고 있는 모습으로 구분하여 각각 기호를 쓰시오.

(1) 저출산   (2) 고령화

(3) 정보화   (4) 세계화

2 저출산·고령화에 대비하기 위한 노력을 쓰시오.

(1) 저출산

(2) 고령화

평가 주제	편견과 차별의 모습 파악하고 설명하기
평가 목표	편견과 차별이 나타나는 까닭을 설명하고 이를 해결하기 위한 방법을 말할 수 있다.

[1-3] 다음 그림을 보고, 물음에 답하시오.

(가)

(나)

1 위 (가), (나) 그림에 나타난 차별의 모습을 각각 쓰시오.

(가) ( )에 대한 차별

(나) ( )에 대한 차별

2 위와 같은 편견과 차별이 지속될 때 사회적으로 발생할 수 있는 문제를 쓰시오.

_____

_____

3 위와 같은 편견과 차별 문제를 해결하기 위한 방법을 두 가지 쓰시오.

_____

_____

여기까지 온 너,
이미 넌 백점이야

강의가 더해진, 교과서 맞춤 학습

백점

사회 4·2

모바일
빠른 정답

친절한 해설북

- 한눈에 보이는 **정확한 답**
- 한번에 이해되는 **자세한 풀이**

동아출판

친절한 해설북 구성과 특징

1 자료 다시보기
• 문제와 관련된 자료를 다시 한번 확인하면서 학습 내용에 대해 깊이 있게 이해할 수 있습니다.

2 서술형 채점 TIP
• 서술형 문제 풀이에는 채점 기준과 채점 TIP을 구체적으로 제시하고 있습니다. 또한 '이런 답도 가능해!'를 통해 다양한 예시 답안을 확인할 수 있습니다.

차례

백점 사회 빠른 정답

QR코드를 찍으면 **정답과 해설**을 쉽고 빠르게 확인할 수 있습니다.

모바일
빠른 정답

1. 촌락과 도시의 생활 모습

① 촌락과 도시의 특징

8쪽~11쪽 **문제 학습**

1 촌락 2 × 3 임업 4 도시 5 ○ 6 ③
7 ② 8 ⑩ 자연환경의 영향을 많이 받습니다. 계절이나 날씨에 따라 생활 모습이 달라집니다.
9 ㉡ 10 ㉢ 11 ㉠ 12 농촌 13 ⑴ ㉢ ⑵ ㉡
⑶ ㉠ 14 ⑩ 목장, 버섯 재배장, 캠핑장, 스키장 등의 시설을 볼 수 있습니다. 15 ①, ② 16 ⑩ 목장을 만들어 가축을 기르거나 밭농사를 짓습니다.
17 ⑤ 18 교통로 19 ㉠, ㉡, ㉣ 20 ⑩ 주로 회사나 공장에서 일을 합니다. 대형 할인점이나 문화 시설 등에서 사람들의 생활을 편리하게 해 주는 일을 합니다. 21 ㈏ 22 ⑩ 촌락에 사는 사람들은 주로 자연환경을 이용하여 일합니다. 도시에 사는 사람들은 주로 회사나 공장에서 일합니다. 23 도시
24 현규, 윤수 25 ⑴ ㉡ ⑵ ㉠

6 촌락은 자연환경을 주로 이용하며 살아가는 곳입니다.

7 촌락은 자연환경의 영향을 많이 받기 때문에 계절이나 날씨에 따라 생활 모습이 달라집니다.

8 농촌, 어촌, 산지촌은 자연환경이 조금씩 다르고, 사람들이 주로 하는 일이 다릅니다.

  채점 tip 자연환경의 영향을 많이 받고 계절이나 날씨에 따라 생활 모습이 달라진다고 썼으면 정답으로 합니다.

9 제시된 사진은 어촌에서 물고기를 잡는 모습입니다.

자료 다시보기

촌락의 종류

농촌	사람들이 주로 농업을 하며 평평한 곳에 자리 잡은 촌락임.
어촌	사람들이 주로 어업을 하며 바닷가에 자리 잡은 촌락임.
산지촌	사람들이 주로 임업을 하며 들이 적고 산이 많은 곳에 자리 잡은 촌락임.

10 산지촌에 사는 사람들은 나무를 가꾸어 베거나 산나물을 캐는 일 등 임업을 주로 합니다.

11 농촌에 사는 사람들은 논에서 벼를 재배하거나, 밭에서 과일이나 채소를 기릅니다. 또한 소, 돼지, 닭 등 가축을 기릅니다.

12 농촌은 땅을 이용하여 생산 활동을 하는 곳으로 평평한 곳에 자리 잡은 촌락입니다.

13 농촌, 어촌, 산지촌처럼 자연환경을 주로 이용하며 살아가는 곳을 촌락이라고 합니다.

14 산지촌에 사는 사람들은 주로 산을 이용하여 임업을 합니다.

  채점 tip 산지촌에서 볼 수 있는 시설을 정확히 썼으면 정답으로 합니다.

15 농촌은 사람들이 주로 농업을 하며 평평한 곳에 자리 잡은 촌락입니다.

16 산지촌에 사는 사람들은 산을 이용하여 생활합니다.

  채점 tip 산지촌에 사는 사람들이 하는 일을 알맞게 쓴 경우 정답으로 합니다.

17 ⑤ 도시에는 다양한 교통수단이 있어서 교통이 편리합니다.

18 도시는 주로 교통이 발달하여 사람과 물건의 이동이 편리한 곳에 있습니다.

19 도시는 사람들이 모여 살며 다양한 시설이 있고, 경제활동의 중심이 되는 곳입니다.

20 도시에 사는 사람들은 공공 기관이나 문화 시설에서 일하기도 합니다.

  채점 tip 도시에 사는 사람들이 하는 일을 알맞게 쓴 경우 정답으로 합니다.

21 ㈎는 촌락의 모습, ㈏는 도시의 모습이 나타난 사진입니다.

22 촌락과 도시는 사람들의 일하는 모습이 다릅니다.

  채점 tip 촌락에 사는 사람들은 자연환경을 이용하여 일하고, 도시에 사는 사람들은 회사나 공장에서 일한다고 썼으면 정답으로 합니다.

23 도시는 사람들이 모여 살며 사회, 정치, 경제활동의 중심이 됩니다.

24 촌락과 도시 모두 여러 사람이 모여 사는 곳으로, 사람들이 자연환경과 더불어 살아가고 있습니다.

25 비슷한 자연환경에 위치한 촌락과 도시라고 할지라도 주로 발달한 산업과 사람들이 하는 일의 모습은 서로 다릅니다.

14쪽~17쪽 문제 학습

1 줄어들고 2 귀촌 3 소득 4 도시 5 주택
6 ④ 7 ③ 8 ⓐ 일할 수 있는 사람이 줄어들면서 일손이 부족한 문제가 나타났습니다. 9 ㉠, ㉣ 10 내려가 11 ② 12 ③ 13 (1) ㉡ (2) ㉠ 14 귀촌 15 ㉠ 촌락 ㉡ 도시 16 ④ 17 ③ 18 ㉢ 19 ② 20 ㉢ 21 교통 문제 22 이정, 해민 23 ⑤ 24 증가, 부족합니다 25 ⓐ 쓰레기 처리 시설을 늘리고, 분리배출을 실시합니다.

6 도시가 발달하면서 촌락 사람들이 일자리를 찾아 도시로 이동하여 촌락의 인구는 점점 줄어들었습니다.

7 제시된 그래프를 통해 촌락에 사는 인구가 점점 줄어들고 있음을 알 수 있습니다.

8 촌락에서는 인구 감소, 일손 부족, 소득 감소, 시설 부족 등의 문제가 나타나고 있습니다.

　채점 tip 촌락에서 나타나는 문제를 알맞게 쓴 경우 정답으로 합니다.

9 ㉡, ㉢은 도시에서 나타나는 문제입니다.

10 외국에서 값싼 농수산물이 들어와 농수산물의 가격이 내려가면서 촌락 사람들의 수입이 줄어들었습니다.

11 촌락에서는 품질 좋은 농수산물을 생산하여 소득을 높이려고 노력하고 있습니다.

자료 다시보기

촌락의 문제를 해결하기 위한 노력

다양한 기계 이용	다양한 기계를 이용하여 일손 부족 문제를 해결하고 생산량을 늘리기 위해 노력하고 있음.
귀촌 지원	귀촌 박람회나 귀촌 지원 정책 등을 통해 다양한 정보를 제공하고, 귀촌을 하려는 사람들을 적극적으로 지원함.
시설 확충	시청이나 군청 등 공공 기관에서는 도시보다 부족한 문화 시설이나 대중교통을 보충하기 위해 노력함.
품질 좋은 농수산물 생산	품질 좋은 농수산물을 생산하거나, 축제를 활용해 소득을 높이려고 노력함.
체험 프로그램 운영	촌락의 환경을 활용해 다양하고 특색 있는 체험 프로그램을 운영하여 지역을 발전시키고 홍보함.

12 촌락에서는 기계를 이용하여 일손 부족 문제를 해결하고 있습니다.

13 촌락 사람들은 촌락 문제를 해결하기 위해 문화 시설 및 편의 시설을 늘리고 품질 좋은 농수산물을 생산하거나 축제를 활용해 소득을 높이는 등의 노력을 합니다.

14 촌락의 인구를 늘리기 위해 사회에서는 귀촌을 하려는 사람들이 촌락에 잘 적응하며 살아갈 수 있도록 지원하고 있습니다.

15 1960년대부터 일자리를 찾아 사람들이 도시로 모이면서 전체 인구 가운데 도시에 사는 인구가 매우 많습니다.

16 도시에 사는 인구가 많아지면서 도시에는 여러 가지 문제가 발생하고 있습니다.

17 ③ 시설 부족 문제는 촌락에서 발생하는 문제입니다.

18 도시에서는 주택 부족 문제, 교통 혼잡 문제, 범죄 문제 등 다양한 문제가 발생하고 있습니다.

19 도시에는 쓰레기 처리, 소음 공해, 미세 먼지 발생 등의 환경 문제가 발생하고 있습니다.

20 공공 기관에서는 환경 오염 문제를 해결하기 위하여 태양열, 풍력 등 에너지를 사용하는 방법을 연구하고 있습니다.

21 도시의 교통 문제를 해결하기 위해 버스 전용 차로, 차량 2부제 등을 실시하고 있습니다.

자료 다시보기

차량 2부제
차량 등록 번호의 끝자리를 홀수와 짝수로 나누어 홀수일에는 홀수 차량만, 짝수일에는 짝수 차량만 운행하는 제도입니다.

22 경석, 진우가 말한 내용은 공공 기관이 하는 노력입니다.

23 제시된 자료는 도시의 환경 오염 문제를 해결하기 위한 노력입니다.

24 도시의 인구 증가로 주택이 부족하고, 차가 많아서 주차할 공간이 부족합니다.

25 도시에서는 쓰레기 문제를 해결하기 위해 노력하고 있습니다.

　채점 tip 쓰레기 문제를 해결하기 위한 노력 한 가지를 정확히 쓴 경우 정답으로 합니다.

② 함께 발전하는 촌락과 도시

1 교류   **2** ×   **3** ○   **4** 누리집   **5** 답사   **6** ①, ③
7 교류   **8** 예 다른 지역에서 생산된 것들이 우리 지역에서도 팔립니다. 사람들이 공부나 일을 하려고 다른 지역으로 이동합니다.   **9** ⑵ ○   **10** ④
11 ㉡, ㉢   **12** 예 생산물, 기술, 문화   **13** ③
14 예 촌락과 도시는 서로 교류하면서 상호 의존합니다.   **15** 인지   **16** 누리집   **17** 예 지역에서 발행하는 홍보 자료를 살펴봅니다. 공공 기관 담당자와 면담합니다.   **18** ㉡, ㉢, ㉣   **19** 예 촌락과 도시가 교류를 하면서 서로 부족한 점을 채울 수 있습니다.   **20** 자매결연   **21** ⑴ ○ ⑵ ○ ⑶ ×
22 예 촌락 사람들은 농산품을 판매하여 소득을 올릴 수 있고, 도시 사람들은 품질이 좋은 상품을 살 수 있습니다.   **23** 체험 마을   **24** ④   **25** 예 촌락 사람들은 체험 마을을 운영하여 소득을 얻을 수 있습니다.

6 윗글을 통해 사람이 오고 간 것과 옥수수가 오고 간 것을 알 수 있습니다.

7 교류는 사람들이 오고 가거나 물건, 문화, 기술 등을 서로 주고받는 것을 말합니다.

8 이 외에도 서로 다른 문화를 경험하거나 각자의 문화를 알리려고 사람들이 오고 가기도 합니다.

채점 tip 지역끼리 교류하는 모습을 한 가지 정확히 썼으면 정답으로 합니다.

9 ⑴ 사람들이 오고 가거나 물건, 문화 등을 서로 주고받지 않았기 때문에 교류의 모습으로 보기 어렵습니다.

10 서로 다른 문화를 경험하거나 각자의 문화를 알리려고 사람들이 오고 가는 경우도 있습니다.

11 교류는 개인과 개인 사이뿐만 아니라 촌락과 도시 등 지역이나 단체 사이에도 할 수 있습니다.

12 지역마다 생산물, 기술, 문화 등이 다르기 때문에 교류가 이루어집니다.

13 도시 사람들은 다양한 방법으로 촌락 사람들과 교류하고 있습니다. ③ 도시와 촌락 사람들이 교류하는 모습으로 보기 어렵습니다.

14 우리가 생활하는 데 필요한 것을 어느 한 지역에서만 구할 수 없기 때문에 촌락과 도시는 서로 교류하면서 상호 의존합니다.

채점 tip 촌락과 도시는 교류하면서 상호 의존한다고 썼으면 정답으로 합니다.

15 인지는 도시가 촌락과 교류하여 얻는 좋은 점을 말했습니다.

16 공공 기관 누리집에서 촌락과 도시의 교류 모습을 검색할 수 있습니다.

17 이 외에도 공공 기관 누리집에서 검색하거나, 교류 장소를 답사할 수 있습니다.

| 채점 기준 | 상 | 촌락과 도시의 교류 모습을 조사하는 방법 두 가지를 모두 정확히 쓴 경우 |
| | 중 | 촌락과 도시의 교류 모습을 조사하는 방법을 한 가지만 정확히 쓴 경우 |

18 조사 보고서에는 조사 지역, 조사 방법, 조사 내용, 알게 된 점이나 느낌 점 등을 씁니다. ㉠ 준비물은 조사 보고서에 들어가야 할 내용이 아닙니다.

19 이 외에도 우리 지역의 자랑거리를 많은 사람에게 알릴 수 있어서 우리 지역에 대한 자부심이 높아졌다고 쓸 수 있습니다.

채점 tip 예시 답안 중에서 한 가지를 썼으면 정답으로 합니다.

20 촌락과 도시는 지역이나 단체가 자매결연을 맺어 교류하기도 합니다.

21 ⑶ 농수산물 직거래 장터를 통해 도시 사람들은 품질이 좋은 상품을 살 수 있습니다.

22 직거래 장터에서 촌락과 도시 사람들은 교류를 하고 있습니다.

채점 tip 촌락 사람들은 소득을 올리고, 도시 사람들은 품질 좋은 상품을 살 수 있다고 썼으면 정답으로 합니다.

23 최근 도시 사람들이 촌락 생활을 체험하고, 여가를 즐길 수 있는 체험 마을이 늘어나고 있습니다.

24 도시 사람들은 다양한 체험 활동을 하기 위해 촌락에 갑니다.

25 교류를 통해 촌락 사람들은 소득이 늘어나고 지역의 농산물을 판매할 수 있어서 경제적인 도움을 얻을 수 있습니다.

채점 tip 경제적인 소득을 얻을 수 있다고 썼으면 정답으로 합니다.

26쪽~29쪽 　문제 학습

1 축제　**2** ×　**3** 도시　**4** 직거래 장터　**5** ◯
6 ②　**7** ③　**8** ⑴ 도시 ⑵ 촌락　**9** ㉠ 관광 ㉡ 축제　**10** ③　**11 ⑩** 도시 사람들은 촌락의 깨끗한 자연환경에서 여가를 즐길 수 있습니다.　**12** 공공 기관　**13** ④　**14** ㉠, ㉡　**15** ②　**16** ⑤　**17 ⑩** 도시의 경제활동이 더욱 활발해집니다.　**18** ②　**19** ③
20 상호 의존　**21** ④　**22** ⑴ ㉡ ⑵ ㉠　**23 ⑩** 도시 사람들은 값싸고 질 좋은 농수산물을 살 수 있고, 촌락 사람들은 지역의 특산품을 홍보하고 판매하여 소득을 얻을 수 있습니다.　**24** ⑤　**25** ⑤

6 촌락의 생활을 체험해 볼 수 있는 체험 마을에 참여하기 위해 도시 사람들은 촌락을 찾습니다.

> **자료 다시보기**
>
> **도시 사람들이 촌락에 가는 까닭**
>
> | 지역 축제 참여 | 지역의 전통과 문화를 알리거나 자연환경, 특산물을 활용하는 촌락의 지역 축제에 참여하기 위해 촌락을 찾음. |
> |---|---|
> | 전통문화 체험 | 촌락에 남아 있는 전통문화를 체험하기 위해 촌락을 찾음. |
> | 자연환경 이용 | 촌락의 깨끗한 자연환경을 이용하여 휴식과 여가를 즐기려고 촌락을 찾음. |
> | 체험 마을 참여 | 촌락의 생활을 체험해 볼 수 있는 체험 마을에 참여하기 위해 촌락을 찾음. |

7 ③ 촌락 사람들이 도시를 방문한 모습입니다.

8 도시 사람들은 지역 축제에 참여하여 자연환경을 즐기거나 특색 있는 문화를 체험할 수 있고, 촌락 사람들은 소득을 얻을 수 있습니다.

9 촌락에서는 축제 등의 관광 산업을 발달시켜 지역의 전통과 문화를 알리고, 소득을 올리기도 합니다.

10 ③ 국제 교류의 모습으로, 도시와 촌락 사람들이 교류하는 모습이 아닙니다.

11 도시 사람들은 등산, 야영, 낚시 등 자연환경을 이용한 여가 활동을 하기 위해 촌락을 찾습니다.
채점 tip 촌락의 깨끗한 자연환경에서 여가를 즐길 수 있다고 썼으면 정답으로 합니다.

12 촌락 사람들은 다양한 시설과 공공 기관을 이용하려고 도시를 찾습니다.

13 ④ 정미소는 쌀 찧는 일을 전문적으로 하는 곳으로, 촌락 사람들이 도시로 이동해 이용하는 시설로 보기 어렵습니다.

14 촌락 사람들은 상업 시설, 의료 시설, 문화 시설 등을 이용하기 위해 도시에 갑니다.

15 촌락 사람들은 도시의 대형 할인점에서 다양한 물건을 삽니다.

16 도시 사람들은 자매결연 등을 통한 봉사 활동에 참여하여 보람과 긍지를 느낄 수 있습니다.

17 촌락 사람들이 도시의 시설을 이용하면서 주변 상점들도 이용하기 때문에 도시의 경제활동이 더욱 활발해집니다.
채점 tip 도시의 경제활동이 더욱 활발해진다고 썼으면 정답으로 합니다.

18 촌락과 도시는 서로 부족한 것들을 채워 주면서 상호 의존하고 있습니다.

19 제시된 그림은 도시의 공연장에서 공연을 보는 모습입니다.

20 촌락과 도시 사람들은 교류를 하며 상호 의존하고 있습니다.

21 ④ 깨끗한 자연환경은 촌락에서 볼 수 있습니다.

22 촌락과 도시는 자매결연과 직거래 장터 등을 통해 교류하고 있습니다.

23 농수산물 직거래 장터를 통해 도시 사람들과 촌락 사람들 모두 경제적인 이익을 얻을 수 있습니다.

채점 기준	상	촌락과 도시 사람들이 얻을 수 있는 좋은 점을 모두 정확히 쓴 경우
	중	촌락과 도시 사람들이 얻을 수 있는 좋은 점을 한 가지만 정확히 쓴 경우

24 ⑤ 다른 나라와의 거래는 도시와 촌락 사람들 간의 교류로 볼 수 없습니다.

> **자료 다시보기**
>
> **서로 돕는 촌락과 도시의 모습**
>
> | 직거래 장터 | 촌락 사람들이 재배한 농수산물을 도시 사람들에게 직접 판매하여 교류함. |
> |---|---|
> | 자매결연, 봉사 활동 | 도시는 촌락의 마을과 자매결연을 하여 일손 돕기 봉사 활동을 하기도 함. |

25 ⑤ 촌락과 도시에 사는 사람들은 교류를 통해 서로 부족한 것들을 채워 주면서 상호 의존하고 있습니다.

30쪽~31쪽 교과서 통합 핵심 개념

1 자연환경 **2** 임업 **3** 교통 **4** 환경 **5** 누리집
6 상업 시설 **7** 직거래 장터 **8** 경제활동

32쪽~34쪽 단원 평가 ❶회

1 (1) ㉢ (2) ㉠ (3) ㉡ **2 ⑳** 촌락은 자연환경의 영향을 많이 받기 때문입니다. **3** ⑤ **4** ㉠, ㉢
5 (1) ㉠ (2) ㉡ **6** ② **7** ②, ④ **8 ⑳** 촌락 사람들은 일손 부족 문제를 해결하려고 다양한 기계를 이용하고 있습니다. **9** ③ **10** ① **11** ㉠
12 ⑳ 다른 지역의 문화와 물건을 얻을 수 있습니다. 서로 부족한 점을 채울 수 있습니다. **13** ①, ②
14 ④ **15** ⑤

1 농촌, 어촌, 산지촌은 다양한 자연환경을 이용하여 사람들이 농업, 어업, 임업 등을 하며 살아가는 촌락입니다.

2 촌락은 주로 자연환경을 이용하여 생산 활동을 하며 살아가는 지역으로 계절이나 날씨에 따라 생활 모습이 달라집니다.

> **채점 tip** 자연환경의 영향을 많이 받는다고 썼으면 정답으로 합니다.

3 ⑤ 도시는 교통수단이 발달하여 교통이 편리합니다.

4 촌락과 도시 모두 자연환경과 더불어 여러 사람들이 살아가는 곳입니다.

5 비슷한 자연환경에 있는 촌락과 도시라도 주로 발달한 산업과 사람들이 하는 일의 모습은 서로 다릅니다.

6 촌락은 인구가 줄어들고 고령화 현상으로 일손 부족, 시설 부족 등 문제가 발생하고 있습니다.

7 촌락에서는 소득을 높이고 살기 좋은 환경을 만들기 위해 노력하고 있습니다.

8 촌락 사람들은 일손 부족 문제를 해결하고 생산량을 늘리기 위해 노력하고 있습니다.

> **채점 tip** 일손 부족 문제를 해결하기 위해서라고 썼으면 정답으로 합니다.

9 도시에서는 높은 건물을 짓거나, 낡은 주택이 모여 있는 지역을 새롭게 정비하여 주택 부족 문제를 해결하고 있습니다.

자료 다시보기	
도시의 문제를 해결하기 위한 노력	
주택 문제	• 낡은 주택이 모여 있는 지역을 새롭게 정비함. • 높은 건물을 짓거나, 나라에서 주택을 지어 사람들이 집을 구할 수 있게 함.
교통 문제	• 버스 전용 차로를 만들고, 차량 2부제와 차량 요일제 등을 실시함. • 자전거를 편리하게 이용할 수 있도록 도움.
환경 문제	• 쓰레기 처리 시설이나 하수 처리 시설을 늘림. • 자동차에서 나오는 배기가스를 줄이기 위해 친환경 전기 자동차의 보급을 늘림. • 태양열, 풍력 등 자연에서 얻을 수 있는 에너지를 사용하기 위해 노력함.

10 도시의 환경 문제를 해결하기 위해 개인은 쓰레기를 분리배출하고, 쓰레기 줄이기 캠페인 등을 할 수 있습니다. ③, ④, ⑤는 공공 기관이 해야 할 노력입니다.

11 ㉠은 문화를 주고받은 모습, ㉡은 물건을 주고받은 모습입니다.

12 교류를 통해 문화, 물건 등 생활하는 데 필요한 것을 얻을 수 있습니다.

> **채점 tip** 교류를 통해 필요한 것을 얻을 수 있다고 썼으면 정답으로 합니다.

13 지역마다 생산물, 기술, 문화 등이 다르기 때문에 교류가 이루어집니다.

14 ④ 자연을 즐기는 여가 활동을 하기에는 도시보다 촌락이 적합합니다.

자료 다시보기	
촌락 사람들이 도시에 가는 까닭	
상업 시설 이용	백화점, 대형 할인점 등의 시설에서 필요한 물건을 사려고 도시에 감.
의료 시설 이용	첨단 기계를 갖춘 의료 시설을 이용하고, 대형 종합 병원에서 검사를 받으려고 도시에 감.
공공 기관 이용	시청, 도청, 법원 등 다양한 공공 기관에서 일을 처리하기 위해 도시에 감.
문화 시설 이용	문화 공연을 보거나 복지 시설을 이용하기 위해 도시에 감.

15 촌락 사람들은 도시와 교류를 하면서 소득을 얻을 수 있습니다.

35쪽~37쪽 단원 평가 ②회

1 ⑩ 자연환경의 영향을 많이 받습니다. 계절이나 날씨에 따라 생활 모습이 달라집니다. **2** ①
3 ①, ⑤ **4** 도시 **5** ㉡, ㉢ **6** ① **7** ③, ④
8 ㉠, ㉡, ㉣ **9** ③ **10 ⑩** 버스 전용 차로를 만듭니다. 차량 2부제와 차량 요일제 등을 실시합니다.
11 (1) × (2) ○ (3) ○ **12 ⑩** 지역마다 생산물, 기술, 문화 등이 다르기 때문에 교류가 이루어집니다.
13 ① **14** 체험 마을 **15** ④

---

1 농촌, 어촌, 산지촌은 자연환경이 조금씩 다르고 사람들이 하는 일이 다릅니다.

> **채점 tip** 자연환경의 영향을 많이 받고, 계절이나 날씨에 따라 생활 모습이 달라진다고 썼으면 정답으로 합니다.

2 '사람들이 주로 무슨 일을 하는지, 무엇을 볼 수 있는지, 자연환경을 어떻게 이용하고 있는지' 등을 물어볼 수 있습니다.

3 도시는 주로 평평하고, 교통이 발달하여 사람과 물건의 이동이 편리한 곳에 위치합니다.

> **자료 다시보기**
>
> **우리나라 주요 도시의 위치**
>
>
> 0 ___ 40km
>
> [출처: 한국 도로 공사, 2016]
>
> 우리나라의 주요 도시들은 주로 평평한 곳에 위치합니다. 또한 주로 교통로와 가까운 곳에 도시가 위치합니다.

4 높고 낮은 건물이 많고, 크고 작은 도로가 연결되어 교통이 편리한 곳은 도시입니다.

5 도시는 촌락에 비해 많은 사람이 모여 살고 있는 곳으로, 여러 시설과 높고 낮은 건물이 많습니다. 또한 버스나 지하철과 같은 교통수단이 발달하였습니다.

6 ① 촌락의 젊은 사람들이 일자리를 찾아 도시로 이동하여 젊은 사람들이 부족하여 일손이 부족합니다.

> **자료 다시보기**
>
> **촌락에서 발생하는 문제**
> • 일을 할 수 있는 사람이 줄어들면서 일손이 부족해졌습니다.
> • 외국에서 값싼 농수산물이 들어오면서 농수산물의 가격이 내려가 촌락에 사는 사람들의 수입이 줄어들었습니다.
> • 대중교통이나 문화 시설 등 여러 시설의 부족 문제가 발생하고 있습니다.

7 ①, ②, ⑤는 도시에서 발생하는 문제를 해결하기 위한 방법입니다.

8 ㉢ 촌락에서는 지역의 전통과 문화를 알리기 위해 관광 산업을 발달시키고 있습니다.

9 ③은 인구가 줄어든 촌락에서 발생하는 문제입니다. 도시는 인구가 증가하면서 일자리 부족 문제가 발생하고 있습니다.

10 이 외에도 자전거를 편리하게 이용할 수 있도록 노력합니다.

> | **채점** | 상 | 교통 문제의 해결 방안 두 가지를 정확히 쓴 경우 |
> |---|---|---|
> | **기준** | 중 | 교통 문제의 해결 방안을 한 가지만 정확히 쓴 경우 |

11 (1) 사람들은 물건, 기술, 문화 등을 서로 주고받습니다.

12 생활하는 데 필요한 것을 어느 한 지역에서만 구할 수 없기 때문에 교류를 합니다.

> **채점 tip** 지역마다 생산물, 기술, 문화 등이 다르기 때문에 교류가 이루어진다고 썼으면 정답으로 합니다.

13 ① 외딴섬에서 혼자 살아가는 것은 교류라고 할 수 없습니다.

14 도시 사람들은 촌락의 체험 마을에서 촌락의 다양한 생활을 체험하고 여가를 즐길 수 있습니다.

15 도시 사람들이 축제에 참여하는 동안 촌락에 있는 식당이나 상점, 숙박 시설을 이용하기 때문에 촌락의 경제에 도움을 주기도 합니다.

BOOK 1 개념북

1 단원

자료 다시보기

촌락과 도시가 교류하면 좋은 점

• 도시 사람들이 촌락에서 다양한 체험을 하면서 주변 상점들을 이용하기 때문에 촌락의 경제에 도움이 됩니다.

• 촌락 사람들이 도시의 다양한 시설을 이용하면서 주변 상점들도 이용하기 때문에 도시의 경제활동을 더욱 활발하게 합니다.

• 도시 사람들은 촌락의 자연환경과 문화를 경험할 수 있고, 촌락에서는 관광 산업이 발달할 수 있습니다.

38쪽 **수행 평가 ❶회**

1 ㈎ 촌락 ㈏ 도시 **2** ㉠ ⑩ 자연환경과 더불어 살아가며 여러 사람이 모여 살고 있습니다. ㉡ 농업 ㉢ 회사

1 제시된 사진의 촌락은 논과 밭에서 농사짓는 모습을 볼 수 있는 농촌의 모습입니다. 도시에서는 높은 건물과 도로, 공공 기관 등을 볼 수 있습니다.

자료 다시보기

촌락과 도시 비교하기

촌락	• 촌락은 자연환경의 영향을 많이 받기 때문에 계절이나 날씨에 따라 생활 모습이 달라짐. • 지역의 자연환경과 사람들이 주로 하는 일에 따라 농촌, 어촌, 산지촌으로 나눌 수 있음.
도시	• 인구가 밀집해 있고 높고 낮은 건물이 많음. • 여러 시설과 공공 기관 등이 모여 있음. • 문화 시설이 많아서 사람들이 취미 생활과 여가 생활을 할 수 있음. • 버스나 지하철 등이 잘 갖춰져 있어서 교통이 편리함.

2 촌락과 도시에서는 서로 다른 모습으로 자연환경을 다양하게 이용하며 생활합니다.

39쪽 **수행 평가 ❷회**

1 ㉠ 자연환경 ㉡ 여가 **2** ㈎ ⑩ 도시 사람들이 지역 축제에 참여하는 동안 촌락에 있는 식당이나 상점, 숙박 시설 등을 이용하기 때문에 촌락의 경제에 도움이 됩니다. ㈏ ⑩ 도시 사람들은 촌락의 축제에 참여해 지역의 전통과 문화를 체험할 수 있습니다.

1 도시 사람들은 촌락의 깨끗한 자연환경에서 휴식과 여가를 즐깁니다.

자료 다시보기

촌락과 도시의 교류 모습

도시 사람들	촌락의 깨끗한 자연환경을 이용하여 휴식과 여가를 즐기려고 촌락을 찾음.
촌락 사람들	촌락에서 다양한 체험을 하면서 주변 상점들을 이용하기 때문에 촌락의 경제에 도움이 됨.

2 촌락에서는 자연환경과 특산물을 활용해 지역 축제를 열어 소득을 올리기도 합니다.

40쪽 **쉬어 가기**

2. 필요한 것의 생산과 교환

1 경제활동과 현명한 선택

44쪽~47쪽 문제 학습

1 선택 2 경제활동 3 ○ 4 한정되어 있기 5 ○
6 경제활동 7 ④ 8 예 사람이 쓸 수 있는 돈이나 자원이 한정되어 있기 때문입니다. 9 ⑤ 10 ㈎
11 ㉢ 12 현명한 선택 13 ② 14 예 자신에게 알맞은 물건을 골라 큰 만족감을 얻을 수 있을 뿐만 아니라 돈과 자원의 낭비를 막을 수 있습니다.
15 ④ 16 예 현명한 선택이 아닙니다. 왜냐하면 가방에 대한 정보를 자세히 알아보지 않고 사서 책이 안 들어가는 가방을 샀기 때문입니다. 17 ①, ②
18 ㉢ 19 ㉠, ㉡, ㉣ 20 시후 21 ②, ⑤
22 ㈏ 23 ①, ② 24 높은 25 광고

6 경제활동을 하는 모든 사람에게 선택의 문제가 일어납니다.

7 우리는 생활 속에서 여러 가지 크고 작은 선택을 합니다. 무엇을 선택하는지는 사람에 따라 다를 수 있습니다.

8 경제활동에서 선택의 문제가 일어나는 까닭은 희소성 때문입니다. 사람이 쓸 수 있는 돈이나 자원은 한정되어 있으므로 원하는 것을 모두 가질 수는 없습니다.

   채점 tip 쓸 수 있는 돈이나 자원이 한정되어 있다고 썼으면 정답으로 합니다.

9 제시된 자료는 희소성에 대한 설명입니다.

10 희소성은 ㈎와 같이 쓸 수 있는 돈이 한정되어 있어 사 먹고 싶은 음식을 모두 사 먹을 수 없는 모습에 해당합니다.

11 쓸 수 있는 돈이나 자원이 한정되어 있기 때문에 경제활동에서 선택의 문제가 일어납니다.

12 현명한 선택을 하기 위해 미리 숙소의 가격, 거리, 시설, 이용 후기 등을 자세히 알아보고 비교해야 합니다.

13 현명한 선택은 여러 가지를 고려해 돈과 자원을 낭비하지 않고 큰 만족감을 얻는 것입니다. ①, ③, ④는 잘못된 선택으로 문제가 생겼던 경험입니다.

14 선택을 할 때에는 여러 가지 상황을 고려하여 신중하게 생각해야 현명한 선택을 할 수 있습니다.

   채점 tip 만족감을 얻을 수 있고, 돈과 자원의 낭비를 막을 수 있다고 썼으면 정답으로 합니다.

15 물건을 살 때에는 가격, 필요성, 품질 등을 꼼꼼하게 따져 보고 자신에게 가장 알맞은 것을 선택해야 합니다.

16 제시된 그림의 친구는 가방을 살 때 여러 가지를 알아보지 않고 구매하여 현명한 선택을 하지 못했습니다.

   채점 tip 현명한 선택이 아니라고 쓰고, 가방에 대한 정보를 자세히 알아보지 않고 샀기 때문이라고 썼으면 정답으로 합니다.

17 현명한 선택을 하려면 가격, 필요성, 품질, 디자인 등을 따져 봐야 합니다.

18 ㉢ 선택 기준을 정하고, 기준별로 점수를 매겨 점수가 가장 높은 물건을 구매합니다.

> **자료 다시보기**
>
> **물건을 살 때 현명한 선택을 하는 방법**
> 1 사고 싶은 물건 생각해 보기
> 2 현재 쓸 수 있는 돈 확인하기
> 3 사려고 하는 물건의 정보 수집하고 분석하기
> 4 선택하기 위한 기준을 정하고, 선택 기준별로 점수 매기기
> 5 점수가 가장 높은 물건 선택하기

19 숙소를 정할 때에는 가격, 거리, 시설, 청결 상태 등을 알아봐야 합니다. ㉢은 식당을 고를 때 고려해야 할 점입니다.

20 물건을 살 때 필요성, 가격, 품질 등을 고려해서 현명한 선택을 해야 합니다.

21 알맞은 휴대 전화를 고르기 위해서는 관련된 정보를 수집하고 분석한 후에 선택해야 합니다.

22 가장 먼저 고려해야 할 기준으로 인터넷 속도가 빠른 것은 ㈏와 ㈐입니다. 두 번째로 고려해야 할 기준으로 가격이 보다 저렴한 것은 ㈏, ㈐ 중 ㈏입니다.

23 현명한 선택을 하면 자신에게 알맞은 물건을 골라 큰 만족감을 얻을 수 있을 뿐만 아니라 돈과 자원의 낭비를 막을 수 있습니다.

24 제시된 그림은 에너지 절약 마크로, 에너지 절약 효과가 높은 물건에 붙이는 표시입니다.

25 신문이나 텔레비전 광고를 보면 물건의 정보를 얻을 수 있습니다.

50쪽~53쪽 문제 학습

1 생산 2 ○ 3 소비 4 자연 5 × 6 시장 7 ② 8 생산, 소비 9 (나), (다) 10 (가), (라) 11 **예** 빵집에서 빵을 사 먹는 모습, 미용실에서 머리 손질을 받는 모습 등이 있습니다. 12 ④ 13 ㉠, ㉢, ㉣ 14 (1) ㉡ (2) ㉢ (3) ㉠ 15 ③, ⑤ 16 ④ 17 ㉠ 18 ② 19 ⑤ 20 소비 21 **예** 필요한 물건을 못 사거나 하고 싶은 일을 못 하게 됩니다. 가정의 살림살이가 어려워집니다. 22 ㉠, ㉢, ㉣ 23 저축 24 ④ 25 **예** 값싸고 품질이 좋은 물건을 살 수 있습니다.

6 시장은 사람들이 생활하면서 필요한 여러 가지 상품을 사고파는 곳입니다.

7 사람들이 직접 만나는 시장에는 전통 시장, 백화점, 할인 매장 등이 있고, 사람들이 직접 만나지 않는 시장에는 텔레비전 홈 쇼핑, 온라인 쇼핑 등이 있습니다.

8 생산하지 않으면 소비할 수 없고, 소비하지 않으면 생산할 필요가 없습니다.

9 (나) 빵집 주인이 빵을 만드는 모습, (다) 택배와 같은 물건을 배달해 주는 모습 등 생활에 필요한 물건을 만들거나 사람들의 생활을 편리하고 즐겁게 해 주는 활동 등은 모두 생산 활동의 모습입니다.

10 생산한 것을 구매하여 사용하는 활동을 소비라고 합니다.

11 우리는 생활하면서 여러 가지 소비 활동을 합니다.

채점 기준	상	소비 활동의 모습 두 가지를 정확히 쓴 경우
	중	소비 활동의 모습을 한 가지만 정확히 쓴 경우

12 소비는 생산한 물건을 사는 것, 서비스를 이용하는 것을 말합니다.

13 생산 활동은 생활에 필요한 것을 만드는 활동, 생활을 편리하고 즐겁게 해 주는 활동, 생활에 필요한 것을 자연에서 얻는 활동으로 나눌 수 있습니다.

14 벼농사 짓기는 생활에 필요한 것을 자연에서 얻는 활동, 자동차 만들기는 생활에 필요한 것을 만드는 활동, 환자를 진료하는 것은 생활을 편리하고 즐겁게 해 주는 활동입니다.

15 ① 공연하기는 생활을 편리하고 즐겁게 해 주는 활동, ② 건물 짓기, ④ 책 만들기는 생활에 필요한 것을 만드는 활동입니다.

16 ④ ㉠~㉢은 모두 생산 활동입니다.

자료 다시보기

다양한 생산 활동의 모습

생활에 필요한 것을 자연에서 얻는 활동	벼농사 짓기, 물고기 잡기, 버섯 따기, 닭 키우기, 딸기 수확하기 등
생활에 필요한 것을 만드는 활동	자동차 만들기, 건물 짓기, 과자 만들기, 장난감 만들 기, 휴대 전화 만들기 등
생활을 편리하고 즐겁게 해 주는 활동	공연하기, 환자 진료하기, 물건 배달하기, 머리 손질하기 등

17 생활에 필요한 것을 만드는 활동에는 과자 만들기, 건물 짓기, 자동차 만들기, 아이스크림 만들기 등이 있습니다. ㉡은 생활을 편리하고 즐겁게 해 주는 활동, ㉢은 생활에 필요한 것을 자연에서 얻는 활동입니다.

18 ①은 생활에 필요한 것을 자연에서 얻는 활동, ③과 ④는 생활에 필요한 것을 만드는 활동입니다.

19 신발과 같은 물건이 우리 손에 오기까지 여러 가지 생산 활동이 이루어집니다.

20 대부분의 가정은 소득이 한정되어 있기 때문에 현명한 소비 생활을 해야 합니다.

21 어려움을 겪지 않기 위해서는 현명한 소비 생활이 필요합니다.

채점 tip 필요한 물건을 못 사거나 하고 싶은 일을 못 하게 된다, 가정의 살림살이가 어려워진다 등의 내용을 썼으면 정답으로 합니다.

22 ㉡ 현명한 소비 생활을 하기 위해서는 소득의 일부를 저축하여 미래를 준비해야 합니다.

23 현명한 소비 생활을 하기 위해 소득의 일부를 저축하여 예상하지 못한 일을 대비하거나 목돈을 마련할 수 있습니다.

24 ④ 물건의 가격, 품질 등을 고려하여 물건을 선택해야 합니다.

25 현명한 소비 생활을 하기 위해서는 정보를 활용하는 것이 중요합니다.

채점 tip 값싸고 품질 좋은 물건을 살 수 있다고 썼으면 정답으로 합니다.

2 교류하며 발전하는 우리 지역

56쪽~59쪽 문제 학습

1 전단지 2 누리집 3 × 4 교류 5 ○
6 ⑵ ○ 7 제주시 8 ⒫ 품질 인증 표시 확인하기,
상품 정보 확인하기 등이 있습니다. 9 ② 10 큐
아르(QR) 코드 11 다양한 12 ⒫ 상품이 어디에
서 왔는지 알 수 있습니다. 13 ㉡, ㉢, ㉤ 14 ㉠,
㉣, ㉥ 15 ㉠ 굴비 ㉡ 신발 16 ③, ④ 17 ⑴ ×
⑵ ○ 18 ⒫ 기술 협력으로 더 나은 상품을 개발
할 수 있습니다. 지역이 경제적 이익을 얻을 수 있습
니다. 19 ② 20 ⒫ 다른 지역의 경제 소식, 상품
등 여러 가지 유용한 정보를 주고받을 수 있습니다.
21 ㉡ 22 ①, ⑤ 23 경제적 교류 24 ④
25 영희네

6 대형 할인점에는 다양한 상품이 어디에서 왔는지 여
러 가지 방법으로 표기되어 있습니다.

자료 다시보기

우리 주변의 상품이 어디에서 왔는지 조사하는 방법
· 광고 전단지 확인하기
· 품질 인증 표시 확인하기
· 누리집에서 상품 소개 검색하기
· 상품 정보 확인하기
· 큐아르(QR) 코드 찍어서 확인하기
· 상품 안내판 확인하기

---

7 제품에 표시되어 있는 품질 인증 표시를 살펴보면
상품이 어디에서 왔는지 알 수 있는 생산지 또는 원
산지가 표기되어 있습니다.

8 이 외에도 누리집에서 상품 소개 검색하기, 큐아르
(QR) 코드 찍어서 확인하기, 상품 안내판 확인하기,
광고 전단지 확인하기 등이 있습니다.

채점 기준	상	상품이 어디에서 왔는지 조사하는 방법 두 가지를 모두 정확히 쓴 경우
	중	상품이 어디에서 왔는지 조사하는 방법을 한 가지만 정확히 쓴 경우

9 ② 저축하기는 상품이 어디에서 왔는지 조사하는
방법으로 알맞지 않습니다.

10 상품에 표시되어 있는 큐아르(QR) 코드를 찍어서
상품에 대한 여러 가지 정보를 알 수 있습니다.

11 상품의 정보를 보면 다양한 지역에서 상품이 생산
되었다는 것을 알 수 있습니다.

12 다양한 지역에서 생산된 상품이 우리 지역으로 들
어오는 까닭은 우리 지역과 자연환경, 제품을 생산
하는 기술, 자원 등이 다르기 때문입니다.

채점 tip 상품이 어디에서 왔는지 알 수 있다고 썼으면 정답으로
합니다.

13 ㉡ 오렌지, ㉢ 프라이팬, ㉤ 옷은 다른 나라에서 온
상품입니다.

14 ㉠ 고추장, ㉣ 신발, ㉥ 텔레비전은 우리나라의 여
러 지역에서 온 상품입니다.

15 지도에 표시된 지역과 관련해 우리 지역에 들어온
상품의 생산지를 찾아볼 수 있습니다.

16 경제적 교류가 발생하는 까닭은 사는 곳의 자연환
경과 자원, 생산 기술 등이 다르기 때문입니다.

17 ⑴ 경제적 교류를 하면 지역의 특산물을 판매하여
이익을 얻을 수 있습니다.

18 경제적 교류를 통해 각 지역들은 서로 좋은 영향을
주고받을 수 있습니다.

채점 기준	상	경제적 교류가 필요한 까닭 두 가지를 정확히 쓴 경우
	중	경제적 교류가 필요한 까닭을 한 가지만 정확히 쓴 경우

19 직거래 장터에서 지역의 특산물을 소개하고 지역을
홍보하여 경제적 이익을 얻을 수 있습니다.

20 지역에서는 상품 박람회, 자매결연, 기술 교류, 직
거래 장터 등 다양한 방법으로 경제적 교류를 하고
있습니다.

채점 tip 여러 가지 유용한 정보를 주고받을 수 있다고 썼으면 정
답으로 합니다.

21 지역 간의 경제적 교류를 하지 않는다면 우리 지역
에 필요한 자원이나 생산 기술, 상품 등을 구할 수
없게 됩니다.

22 경제적 교류로 각 지역들이 서로 좋은 영향을 미칠
수 있습니다.

23 경제적 교류는 개인, 기업, 지역, 국가 사이에서 다
양하게 이루어집니다.

24 ④ 영희네 지역은 여러 가지 기술로 포도를 가공해
포도잼, 포도즙과 같은 상품을 개발하고 있습니다.

25 영희네 지역에서는 재준이가 사는 지역의 포도를
이용해 다양한 상품을 만들어 판매합니다.

문제 학습

1 기업 **2** × **3** 교통 **4** 대중 매체 **5** ○ **6** ①
7 ③ **8** ③ **9** (1) (가) (2) (나) **10** ⑤ **11** **예** 인터넷, 스마트폰 등을 이용하면 짧은 시간에 물건의 정보를 쉽게 얻을 수 있습니다. **12** 영수 **13** ①
14 ㉡, ㉢, ㉣ **15** ④ **16** ④ **17** 자원 **18** 어촌
19 ③ **20** (1) × (2) ○ **21** ⑤ **22** **예** 각 지역의 자연환경, 생산 기술, 자원 등이 서로 다르기 때문입니다. **23** ㉠, ㉡, ㉣ **24** 시장 **25** **예** 지역의 기술이나 상품을 다른 지역에 소개할 수 있고, 경제적 이익을 얻을 수 있습니다.

6 경제적 교류를 하는 대상은 개인, 기업, 지역, 국가 등 다양합니다.

자료 다시보기

경제적 교류를 하는 대상

개인과 기업	개인과 기업 간에 상품, 기술, 정보 등을 교류함.
지역과 기업	지역과 기업 간에 경제 협약을 맺음.
지역과 지역	농촌, 어촌, 산지촌, 도시 등 각 지역 간에 생산물을 교류함.
국가와 국가	국가 간에 서로 필요한 상품이나 기술 등을 교류함.

7 제시된 그림은 어촌 지역과 농촌 지역이 경제적 교류를 하는 모습입니다.

8 오늘날에는 교통과 통신의 발달로 다양한 장소에서 여러 가지 방법으로 경제적 교류를 하고 있습니다.

9 옛날에는 주로 시장에서 경제적 교류를 했고, 오늘날에는 다양한 장소에서 여러 가지 방법으로 경제적 교류를 합니다.

10 대중 매체를 통해 장소나 시간에 관계없이 상품의 정보를 얻을 수 있습니다.

11 이 외에도 대중 매체를 이용해 쉽고 편리하게 물건을 사고팔 수 있습니다.

채점 **tip** 물건의 정보를 쉽게 얻을 수 있고, 쉽고 편리하게 물건을 사고팔 수 있다고 썼으면 정답으로 합니다.

12 사람들은 인터넷, 스마트폰, 홈 쇼핑 등 대중 매체를 이용해 경제적 교류를 합니다.

13 시장에서 경제적 교류를 하면 물건의 품질을 직접 확인하고 살 수 있습니다.

14 전통 시장, 대형 할인점, 도소매 시장 등에서 사람들은 각 지역의 다양한 물건을 볼 수 있습니다.

15 ④ 지역 간의 경제 교류는 항상 두 지역 사이에서만 이루어지는 것은 아니고 여러 지역이 협력해 교류하기도 합니다.

16 제시된 자료는 문화 활동과 함께하는 경제적 교류의 사례입니다.

자료 다시보기

문화 활동과 함께하는 경제적 교류
• 경제적 교류는 문화, 기술, 운동 경기 등과 함께 더욱 활발히 이루어지기도 합니다.
• 국내 여러 지역뿐 아니라 중국이나 일본, 미국 등 세계 여러 나라와 교류를 하고 있습니다.

17 지역 간 대표 자원의 경제적 교류로 각 지역의 기술이나 상품을 소개할 수 있으며, 서로 협력해 경제적 이익을 얻습니다.

18 어촌에서는 바다, 갯벌 등의 자연환경을 이용하여 바다에서 물고기를 잡거나 기르고 소금, 미역, 조개 등을 생산합니다.

19 각 지역마다 자연환경과 기술 수준이 달라서 생산되는 물건이 다르기 때문에 촌락과 도시의 생산물에 따른 경제적 교류가 활발합니다.

20 (1) 촌락과 도시는 자연환경과 기술 수준이 달라서 생산하는 물건이 다릅니다.

21 ⑤ 전주시의 대표 상품은 한지입니다. 오징어는 울릉도의 대표 상품입니다.

22 각 지역의 자연환경, 상품을 생산하는 기술, 생산되는 자원, 시설 등이 서로 다르기 때문에 각 지역마다 대표 상품이 다양합니다.

채점 기준		
	상	자연환경, 기술, 자원 등이 다르기 때문이라고 쓴 경우
	중	지역이 다르기 때문이라고만 쓴 경우

23 ㉢ 도서관에서 백과사전을 찾아보는 것은 우리 지역의 경제적 교류 사례를 조사하는 방법으로 알맞지 않습니다.

24 전통 시장이나 할인 매장에 가서 우리 지역과 다른 지역의 대표 상품을 찾아보고, 사람들이 어떤 상품을 많이 사 가는지 조사할 수 있습니다.

25 경제적 교류로 다양한 지역과 협력하는 기회로 발전하기도 합니다.

채점 **tip** 지역의 기술이나 상품을 소개하고, 경제적 이익을 얻을 수 있다고 썼으면 정답으로 합니다.

BOOK **1** 개념북 **2** 단원

66쪽～67쪽 교과서 통합 핵심 개념

1 경제활동 **2** 희소성 **3** 소비 **4** 계획 **5** 경제적 교류 **6** 자연환경 **7** 물자

68쪽～70쪽 단원 평가 **①**회

1 ㉠, ㉢, ㉣ **2** ㉞ 사람들이 원하는 것은 많으나 그것을 모두 가질 수 없는 상태를 말합니다. **3** 정민 **4** ②, ⑤ **5** ④ **6** (1) ㉡ (2) ㉠ **7** ㉡, ㉣ **8** ㉠, ㉢ ㉞ 소비는 생산한 것을 구매하여 사용하는 활동을 말합니다. **9** ① **10** ③ **11** ④ **12** 리정 **13** ④ **14** ② **15** 인터넷

1 사람들은 경제활동을 하면서 여러 가지 크고 작은 선택을 합니다. ㉡은 선택의 문제라고 보기 어렵습니다.

2 사람이 쓸 수 있는 돈이나 자원은 한정되어 있기 때문에 원하는 것을 모두 가질 수는 없습니다.

> **채점 tip** 사람들이 원하는 것은 많으나 그것을 모두 가질 수 없는 상태라고 썼으면 정답으로 합니다.

3 물건을 구매할 때는 다양한 정보를 조사한 후 구매해야 합니다.

4 선택을 할 때에는 여러 가지 상황을 고려하여 신중하게 생각하고, 물건이 나에게 꼭 필요한 것인지, 내가 얻을 수 있는 편리함이나 즐거움이 무엇인지 따져 봅니다.

5 ㉡ 휴대 전화는 ㉠ 휴대 전화보다 가격이 비싸지만 모양이 예쁘고, 인터넷 속도가 빠르며 얼굴 인식을 할 수 있습니다.

6 현명한 소비 생활을 하기 위해서는 정보를 활용하는 것이 중요합니다.

7 생활에 필요한 물건을 만들거나 우리 생활을 편리하고 즐겁게 해 주는 활동을 생산이라고 합니다.

8 생산한 물건을 사는 것, 서비스를 이용하는 것을 소비라고 합니다.

> **채점 tip** ㉠, ㉢이라고 쓰고, 소비의 뜻을 정확히 썼으면 정답으로 합니다.

9 ① 생산하지 않으면 소비를 할 수 없고, 소비하지 않으면 생산할 필요가 없습니다. 이처럼 생산과 소비는 서로 영향을 줍니다.

10 공연하기와 환자 진료하기는 생활을 편리하고 즐겁게 해 주는 활동입니다.

11 ④ 신발을 구입하는 것은 소비 활동입니다.

12 현명한 소비를 하기 위해서는 소득의 일부를 저축하여 미래를 준비해야 합니다.

13 오늘날에는 교통과 통신의 발달로 다양한 장소에서 여러 가지 방법으로 경제적 교류를 하고 있습니다.

14 제시된 그림은 국가와 국가 간의 경제적 교류를 나타내고 있습니다.

15 인터넷에서 우리 지역의 경제적 교류 사례를 검색하여 조사할 수 있습니다.

71쪽～73쪽 단원 평가 **②**회

1 ① **2** ㉞ 돈, 자원 **3** ③ **4** ②, ⑤ **5** ② **6** (1) ㉠, ㉣ (2) ㉡, ㉢ **7** ③ **8** ㉞ 생활에 필요한 것을 자연에서 얻는 활동입니다. **9** 포도 **10** ㉡, ㉢ **11** ③, ⑤ **12** ① **13** ㉞ 물건의 품질을 직접 확인하고 살 수 있고, 시장에서 각 지역의 다양한 물건을 볼 수 있습니다. **14** ②, ④ **15** ㉣, ㉤

1 ① 각자의 필요와 상황에 따라 사람들의 선택이 달라질 수 있습니다.

2 잘못된 선택을 하면 돈이나 자원을 낭비하고 후회할 수 있습니다.

3 ③은 식당을 선택할 때 고려해야 할 점으로 적합하지 않습니다.

4 현명한 선택을 하면 돈과 자원을 낭비하지 않고 큰 만족감을 얻을 수 있습니다.

5 상점을 방문하면 물건의 상태를 직접 확인할 수 있습니다.

6 생활에 필요한 물건을 만들거나 우리 생활을 편리하고 즐겁게 해 주는 활동을 생산이라고 하고, 생산한 것을 구매하여 사용하는 활동을 소비라고 합니다.

7 ①, ②, ④는 생활에 필요한 것을 만드는 활동, ③은 생활을 편리하고 즐겁게 해 주는 활동입니다.

8 벼농사 짓기, 물고기 잡기, 닭 키우기 등은 생활에 필요한 것을 자연에서 얻는 생산 활동입니다.

채점 tip 생활에 필요한 것을 자연에서 얻는 활동이라고 썼으면 정답으로 합니다.

9 재준이네 지역은 포도를 생산하여 판매하고 있습니다.

10 지역 간에 경제적 교류를 통해 더 나은 상품을 개발할 수 있고, 경제적 이익을 얻을 수 있습니다.

11 경제적 교류를 하면 지역 간의 화합을 할 수 있고, 경제적 이익을 얻을 수 있습니다.

12 ① 경제적 교류는 개인이나 지역이 경제적 이익을 얻기 위해 물건, 기술, 정보 등을 서로 주고받는 것입니다.

13 교통의 발달로 대형 할인점, 전통 시장, 도소매 시장 등 시장을 이용한 경제적 교류가 활발해지고 있습니다.

채점 tip 시장에서 경제 교류를 하면 좋은 점을 정확히 썼으면 정답으로 합니다.

14 대중 매체를 이용하면 장소나 시간에 관계없이 상품의 정보를 얻을 수 있습니다.

┌─────────────────────────────┐
│ **자료 다시보기** │
│ │
│ **대중 매체를 이용한 경제적 교류** │
│ • 인터넷, 스마트폰 등을 이용하면 짧은 시간에 물건의 정보를 │
│   쉽게 얻을 수 있습니다. │
│ • 인터넷, 홈 쇼핑 등을 이용해 쉽고 편리하게 물건을 사고팔 │
│   수 있습니다. │
└─────────────────────────────┘

15 도시에서는 촌락 지역에서 생산한 과일, 곡식, 생선, 미역, 목재, 버섯, 산나물 등의 생산물을 얻고, 도시에서 생산한 공산품을 판매하여 경제적 이익을 얻습니다.

74쪽 **수행 평가 ①회**

1 선택의 문제 2 ㉠ 한정 ㉡ 희소성 3 예 물건의 선택 기준을 세우고 선택 기준에 맞는 물건을 고릅니다. 소득의 일부를 저축하여 미래를 준비합니다.

1 경제활동을 하는 모든 사람에게 선택의 문제가 일어나고, 무엇을 선택하는지는 사람에 따라 다를 수 있습니다.

2 경제활동에서 선택의 문제가 일어나는 까닭은 바로 희소성 때문입니다. 선택할 때에는 여러 가지 상황을 고려하여 신중하게 생각해야 현명한 선택을 할 수 있습니다.

3 또한 소득의 범위 내에서 소비하고, 미리 소비 계획을 세웁니다.

75쪽 **수행 평가 ②회**

1 (1) 가지 않아도 (2) 관계없이 2 예 교통과 통신이 발달했기 때문입니다. 3 예 전통 시장, 백화점 등

1 홈 쇼핑, 인터넷, 스마트폰 등 대중 매체를 이용한 경제적 교류를 통해 사람들은 장소나 시간에 관계없이 상품의 정보를 얻고 상품을 사고팔 수 있습니다.

2 교통과 통신의 발달로 다양한 장소와 방법으로 경제적 교류를 하게 되었습니다.

3 대형 할인점, 전통 시장, 도소매 시장 등 시장에서 사람들은 직접 교류하며 물건을 사고팔 수 있습니다.

76쪽 **쉬어 가기**

3. 사회 변화와 문화 다양성

1 사회 변화로 나타난 일상생활의 모습

80쪽~83쪽 문제 학습

1 저출산 **2** 고령화 **3** × **4** 노인 **5** ○
6 (2) ○ **7** ④ **8** (1) ○ (2) × (3) ○ **9** 예 인터넷 등의 통신 수단이 발달했기 때문입니다. **10** ㉢
11 저출산 **12** ④ **13** ⑤ **14** 예 저출산으로 일할 사람이 줄어들고 있으며, 경제에도 영향을 주고 있습니다. **15** (2) ○ **16** ① **17** 고령화 **18** 늘어날
19 예 노인들을 위한 시설이 많아질 것입니다. 어린이 수가 줄어들어 학교가 줄어들 것입니다. **20** ②
21 ② **22** 예 걱정 없이 아이를 낳아 키울 수 있도록 지원해야 합니다. 육아 시설과 서비스를 마련해야 합니다. **23** (1) 고 (2) 저 (3) 고 (4) 저 **24** ②
25 시후

6 오늘날에는 옛날보다 교실 한 반에 있는 학생의 수가 적고, 옛날과 달리 텔레비전과 컴퓨터가 있습니다.

7 ④ 오늘날에는 태어나는 아이의 수가 줄어들어 예전에 비해 학교의 학년당 학급 수가 줄어들고 있습니다.

8 (2) 다른 나라의 음식을 파는 가게가 많이 생겨 쉽게 다른 나라의 음식을 맛볼 수 있습니다.

9 오늘날에는 인터넷을 통해 다양한 정보를 쉽게 얻을 수 있게 되었습니다.

채점 tip 인터넷으로 쉽게 정보를 얻을 수 있게 되었기 때문이라고 썼으면 정답으로 합니다.

10 ㉠은 고령화, ㉡은 저출산으로 인해 변화된 모습입니다.

11 자녀 양육에 대한 경제적 부담, 결혼과 자녀에 대한 가치관의 변화 등의 이유로 아이를 적게 낳는 사람들이 많아지고 있습니다.

12 태어나는 아이의 수가 줄어드는 현상을 저출산이라고 합니다.

13 ⑤ 사회에서는 저출산 현상 문제를 해결하기 위해 아이를 낳고 기르는 데 도움이 될 수 있도록 다자녀 가구를 지원하고 있습니다.

14 생산 가능 인구가 줄어들면 우리나라의 경제 성장에 걸림돌이 될 수 있습니다.

채점 tip 일할 사람이 줄어들어 경제에 영향을 준다고 썼으면 정답으로 합니다.

15 (1) 저출산으로 신입생이 없는 학교가 늘어나고 있습니다.

16 ① 제시된 신문 기사는 고령화로 노인들을 위한 일자리 사업이 확대되고 있다는 내용입니다.

17 사람들의 수명이 늘어나면서 전체 인구에서 노인 인구가 차지하는 비율이 점점 높아지고 있습니다.

18 제시된 그래프를 보면 2030년 이후에는 65세 이상 인구가 더욱 늘어날 것으로 예상됩니다.

19 이 외에도 가족의 구성원 수가 줄어들고, 출산을 도와주는 병원이 점점 사라지고, 일할 사람이 줄어듭니다. 또한 노인을 대상으로 하는 산업이 발달하고 노인 복지 제도가 마련되고 있습니다.

채점 기준	상	저출산·고령화로 달라진 생활 모습 두 가지를 정확히 쓴 경우
	중	저출산·고령화로 달라진 생활 모습 한 가지만 정확히 쓴 경우

20 ② 고령화로 노인 전문 병원이 많아지고 노인을 대상으로 하는 산업이 발달하며, 노인을 위한 일자리 등이 생겨납니다.

21 ②는 저출산 문제를 해결하기 위한 제도입니다.

22 우리 사회는 저출산·고령화 문제를 해결하기 위해 노력하고 있습니다.

채점 기준	상	저출산 현상에 대비하기 위한 노력 두 가지를 정확히 쓴 경우
	중	저출산 현상에 대비하기 위한 노력을 한 가지만 정확히 쓴 경우

23 저출산에 대비하기 위해서는 걱정 없이 아이를 낳아 키울 수 있도록 다양한 지원이 필요하고, 고령화에 대비하기 위해서는 노인들을 위한 복지 제도를 늘리고 노인들의 사회 활동 참여를 지원해야 합니다.

24 ② 저출산에 대비하려면 아이를 낳아도 부모님들이 편하게 일할 수 있도록 지원해야 합니다.

25 저출산·고령화에 대비하기 위해서는 세대 간에 서로 배려하고 소통하는 태도를 길러야 합니다.

1 정보화　**2** 온라인　**3** ○　**4** 세계화　**5** ×
6 정보화　**7** (2) ○　**8** ㉢, ㉣　**9** ③　**10** (1) ○
(2) ×　(3) ○　　**11** 예 사이버 폭력, 개인 정보 유출 등이 있습니다.　**12** ④　**13** 저작권　**14** ②
15 저작권 침해　**16** 예 허락받지 않은 프로그램,
글, 사진, 음악 등을 함부로 복제하거나 내려받지
않습니다.　**17** 세계화　**18** ⑤　**19** ㉠, ㉡, ㉣
20 ④　**21** 채은　**22** 예 생활 속에서 우리의 전통
문화가 점점 사라지고 있다. 서로의 문화를 이해하
지 못해 문제가 생기고 있다.　**23** ③　**24** ㉡, ㉢
25 존중

6 정보화 사회가 되면서 사람들은 일상생활에서 많은
정보와 지식을 활용합니다.

7 오늘날 학교에서는 다양한 정보가 담긴 디지털 교과
서로 학습합니다. 이 외에도 학교 누리집, 학교 기상
정보 시스템, 학교 알리미 등 다양하게 정보와 지식을
활용하고 있습니다.

자료 다시보기

학교에서 지식과 정보를 활용하는 모습

온라인 수업	선생님과 학생들이 온라인으로 수업함.
디지털 교과서	다양한 정보가 담긴 디지털 교과서로 학습함.
학교 누리집, 학교 알리미	학교의 다양한 소식을 알리고 알 수 있음.
학교 기상 정보 시스템	오늘의 날씨, 온도, 비 올 확률, 미세 먼지와 관련된 정보를 알 수 있음.

8 정보화 사회에서는 누구나 쉽고 빠르게 정보와 지
식을 얻을 수 있습니다.

9 ③ 정보화가 활발하게 이루어지면서 사람들의 생활
은 다양하게 변화하고 있습니다.

10 (2) 정보화 사회에서는 인터넷에서 자료를 검색해
모둠 과제를 해결할 수 있습니다

11 이 외에도 저작권 침해, 인터넷이나 스마트폰 중독
등이 나타나고 있습니다.

채점 기준	상	정보화 사회에서 나타나는 문제점 두 가지를 정확히 쓴 경우
	중	정보화 사회에서 나타나는 문제점을 한 가지만 정확히 쓴 경우

12 정보화 사회에서는 인터넷을 이용해 악성 댓글을
달고 거짓 소문을 퍼뜨리는 사람들 때문에 고통을
받는 사람들이 생기는 문제점이 있습니다.

13 다른 사람의 자료를 불법으로 내려받아 저작권 침
해가 발행하기도 합니다.

14 ② 개인 정보가 유출되지 않도록 조심해야 합니다.

15 정보화로 사람들이 원하는 정보를 쉽고 빠르게 얻
을 수 있게 되면서 저작권 침해 문제가 발생하고 있
습니다.

16 정보화 사회에서 우리는 다른 사람의 저작권을 침
해하지 않도록 노력해야 합니다.

채점 tip 허락받지 않은 자료는 함부로 복제하거나 내려받지 않는
다고 썼으면 정답으로 합니다.

이런 답도 가능해!

정보화 사회의 문제점을 해결하기 위한 사회의 노력
• 정보화 사회와 관련한 법과 제도를 보완합니다.
• 사이버 예절이나 저작권 보호 등과 관련한 교육을 합니다.

17 세계화로 여러 나라들이 다양한 분야에서 교류하고
소식을 쉽게 접할 수 있게 되었습니다.

18 세계화로 다양한 문화를 접할 수 있습니다.

19 ㉡ 정보화로 변화된 일상생활의 모습입니다.

20 ④ 세계화로 세계 여러 나라의 소식을 바로 알 수
있습니다.

21 세계화로 인해 세계 여러 나라의 물건을 쉽게 살 수
있으며, 세계 여러 나라의 다양한 문화를 접할 수
있습니다.

22 세계화는 우리 생활에 긍정적인 영향을 미치기도
하지만 전통문화가 사라지고 갈등이 생기는 등 부
정적인 영향을 미치기도 합니다.

채점 기준	상	세계화의 부정적인 영향 두 가지를 정확히 쓴 경우
	중	세계화의 부정적인 영향을 한 가지만 정확히 쓴 경우

23 우리는 전통문화를 지키고 세계화하기 위해 노력하
고 있습니다.

24 우리는 다른 나라의 문화를 무분별하지 않고 비판
적으로 받아들여야 합니다. 또한 우리 문화를 소중
히 여겨야 합니다.

25 우리는 다른 나라 문화의 좋은 점을 본받고 존중하
며, 우리의 소중한 문화는 잘 지키고 발전시켜야 합
니다.

BOOK **1** 개념북

3 단원

❷ 다양한 문화에 대한 이해와 존중

92쪽~95쪽   문제 학습

1 문화 2 ○ 3 편견 4 × 5 ○ 6 문화
7 ① 8 ⑴ ○ 9 ⑵ ○ 10 ⑴ ○ ⑵ ×
⑶ ○ 11 **예** 이동을 쉽게 하기 위해서 나무와 천으로 집을 짓습니다. 12 ⑤ 13 ① 14 증가 15 ④
16 ② 17 **예** 피부색에 대한 편견을 가지고 있기 때문입니다. 18 ④ 19 ③ 20 ⑤ 21 ⑷
22 ⑺ 23 ② 24 ⑴ × ⑵ ○ ⑶ ○ ⑷ ×
25 **예** 사회 분위기가 나빠지고, 사람들이 자신의 능력을 발휘하지 못해 사회의 발전이 늦어집니다.

6 문화는 사람들이 오랜 시간을 함께 생활하면서 만들어지고 전해져 내려온 것입니다.

7 ① 나이는 사람들이 가지고 있는 공통의 생활 방식이 아닙니다.

8 더운 지역에 사는 사람들은 천으로 된 긴 옷을 입습니다.

9 ⑴ 사람들은 저마다 즐기는 활동이 다르며, 자신들이 좋아하는 다양한 문화 활동을 하며 사람들과 어울려 살아갑니다.

10 ⑵ 옷차림은 어떠한지, 음식을 먹을 때 어떤 방법으로 먹는지, 사는 집은 어떤 모양인지를 살펴보면 해당 지역의 문화를 알 수 있습니다.

11 나무와 천으로 만든 집은 넓은 초원에서 살아가는 사람들이 이동을 쉽게 하기 위해서 만든 것입니다.

> **채점 tip** 이동을 쉽게 하기 위해서라고 썼으면 정답으로 합니다.

12 쌀로 지은 밥, 나물 등을 먹는 사람들은 젓가락을 사용해서 식사를 합니다.

자료 다시보기

음식을 먹는 다양한 방법

| 젓가락을 사용하여 음식을 먹음. | 포크와 나이프를 사용하여 음식을 먹음. |

13 추운 지역에 사는 사람들은 추위를 막기 위해 털옷을 입습니다.

14 우리나라에 거주하는 외국인 수가 증가하면서 우리 사회에서 볼 수 있는 문화가 많아졌습니다.

15 공정하지 못하고 한쪽으로 치우친 의견이나 생각을 편견이라고 합니다.

16 ② 나와 다르다고 해서 차별하는 것이 아니라, 나와 다른 모습을 그대로 인정하고 받아들이려는 노력이 필요합니다.

17 우리 주변에는 피부색이 다르다는 이유로 사람들과 사회로부터 부당한 대우를 받는 사람들이 있습니다.

> **채점 tip** 피부색에 대한 편견을 가지고 있기 때문이라고 썼으면 정답으로 합니다.

18 제시된 그림은 종교에 대한 차별을 나타낸 모습입니다.

19 제시된 그림은 남자만 또는 여자만 할 수 있는 일이 따로 있다는 편견을 가지고 차별하는 모습입니다.

20 피부색, 언어, 종교, 출신 지역 등에 대한 편견으로 인해 차별을 받는 사람들이 있습니다.

21 ⑷는 장애가 있다는 이유로 일자리를 구하는 데에서 차별을 받고 있는 모습입니다.

22 ⑺는 음식을 먹는 방법에 대해 다른 문화를 가진 사람에 대해 편견을 가지고 차별하는 모습입니다.

자료 다시보기

우리나라에 거주하는 외국인 수

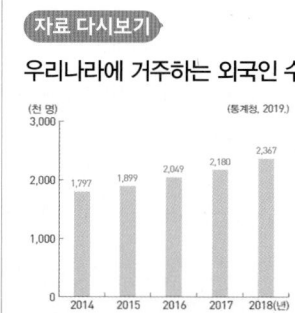

우리 사회에는 외국인의 수가 증가하고 있습니다. 외국인 근로자는 우리 사회가 저출산·고령화로 일할 사람이 줄어드는 문제를 해결하는 데 도움을 줄 수 있습니다.

23 ② 편견과 차별을 없애기 위해서는 상대방의 입장에서 생각하는 태도가 필요합니다.

24 ⑴ 다른 나라의 문화도 우리의 문화처럼 존중합니다.
⑷ 서로의 문화를 소개하고 이해하도록 노력합니다.

25 편견과 차별이 지속된다면 사회적으로 여러 가지 문제가 발생할 수 있습니다.

> **채점 tip** 사회 분위기가 나빠지거나 사회의 발전이 늦어진다고 썼으면 정답으로 합니다.

문제 학습

1 편견 2 차별 3 ○ 4 법 5 ○ 6 태권도, 남자 7 **예** 남녀를 떠나서 자기가 원하는 종목에 참여할 수 있도록 존중합니다. 8 ③ 9 ㉠, ㉡, ㉢ 10 존중 11 **예** 나와 다른 사람의 특징을 가지고 놀리지 않습니다. 12 ① 13 ④ 14 ④ 15 ㉡, ㉢ 16 ①, ④ 17 국가 인권 위원회 18 ⑴ × ⑵ ○ ⑶ ○ 19 **예** 법을 만들고 기관을 세웁니다. 다양한 문화를 가진 사람들이 함께 어울릴 수 있는 자리를 마련합니다. 20 ④ 21 ⑴ 기관 ⑵ 교육 22 ③ 23 살구색 24 **예** 사람의 피부색은 다양하기 때문입니다. 25 유니버설 디자인

6 제시된 글을 통해 현명이는 태권도를 남자만 하는 것이라는 편견을 가지고 있다는 것을 알 수 있습니다.

7 학교에서는 편견이나 차별 없이 지내기 위해 서로 존중하고 이해해야 합니다.

  채점 tip 원하는 종목에 참여할 수 있도록 존중한다고 썼으면 정답으로 합니다.

8 ③ 성별에 따라 다른 화장실에 가야 하는 것은 편견이 담긴 말이 아닙니다.

9 ㉣ 편견과 차별이 지속되면 친구들과 매일 싸우게 될 수도 있습니다.

10 모두를 위한 학급 규칙을 만들기 위해서는 존중, 배려, 이해, 서로의 입장에서 생각하기 등의 자세를 지녀야 합니다.

11 이 외에도 '남녀 역할을 구분하지 말고 서로 나눠 함께합니다.' 등이 있습니다.

  채점 tip 편견이나 차별을 바꾸기 위한 약속을 알맞게 쓴 경우 정답으로 합니다.

12 남자와 여자의 성별에 따라 잘하는 운동 종목이 다르다는 편견을 가지고 있습니다.

13 남녀의 구분 없이 자신이 잘하는 운동 경기를 즐길 수 있도록 규칙을 정해야 합니다.

14 편견과 차별을 없애기 위해서는 성별이나 성적 등에 따라 차별하지 않아야 합니다.

15 ㉠ 우리는 피부색에 관계없이 모두를 동등하게 대우해야 합니다.

16 피부색, 언어, 종교, 출신 지역에 상관없이 서로 다른 문화를 이해하고 존중하려고 노력해야 합니다.

17 국가 인권 위원회는 개인의 인권을 보호하는 국가 기관입니다.

18 ⑴ 편견과 차별을 없애기 위한 법을 만듭니다.

19 이 외에도 편견이나 차별의 뜻이 담긴 말을 바꾸거나 사람들에게 알맞은 교육을 제공합니다.

채점 기준	상	편견과 차별을 없애기 위한 사회의 노력 두 가지를 정확히 쓴 경우
	중	편견과 차별을 없애기 위한 사회의 노력을 한 가지만 정확히 쓴 경우

20 ④ 다양한 문화를 가진 사람들이 일상생활을 하는 데 도움이 되는 교육을 제공해야 합니다.

21 사회에서는 법을 만들고 기관을 세워 편견과 차별을 없애려고 노력합니다. 또한 도움이 필요한 사람들에게 알맞은 교육을 제공하고 능력을 발휘할 기회를 줍니다.

22 ③ 직거래 장터 열기는 지역 간에 경제 교류를 하는 모습입니다.

23 사람의 피부색은 다양하기 때문에 '살색'이라고 불리던 크레파스 색의 이름을 '살구색'이라고 바꾸어 부르기로 했습니다.

24 국가 인권 위원회의 결정으로 차별적인 표현인 '살색'이 '살구색'으로 바뀌었습니다.

  채점 tip 사람의 피부색은 다양하기 때문이라고 썼으면 정답으로 합니다.

25 유니버설 디자인은 어떤 물건이나 시설 등을 누구나 손쉽게 이용할 수 있게 합니다.

자료 다시보기

유니버설 디자인

▲ 모든 사람이 이용할 수 있도록 계단과 함께 만든 경사로

성별, 연령, 국적, 문화적 배경, 장애의 유무에도 상관없이 누구나 손쉽게 쓸 수 있는 제품 및 사용 환경을 만드는 디자인을 유니버설 디자인이라고 합니다.

BOOK **1** 개념북

3 단원

102쪽~103쪽 교과서 통합 핵심 개념

1 노인 **2** 고령화 **3** 정보화 **4** 세계화 **5** 생활 방식 **6** 공정 **7** 존중

104쪽~106쪽 **단원 평가 ①회**

1 (1) × (2) ○ (3) ○ **2** ㉠ 연도 ㉡ 인구수
3 ① **4** (1) ㉡ (2) ㉠ **5** 효정 **6** ⑤ **7** ③
8 예 허락받지 않은 프로그램, 글, 사진, 음악 등을 함부로 복제하거나 내려받지 않습니다. **9** 세계화
10 예 우리의 전통문화가 점점 사라지고 있습니다. 서로의 문화를 이해하지 못해 문제가 생기고 있습니다.
11 ㉠, ㉡, ㉢ **12** ① **13 예** 어떤 기준을 두어 대상을 구별하고 다르게 대우하는 것을 말합니다.
14 ④ **15** ③

1 (1) 노인들이 많아져 노인 전문 병원, 요양원, 노인정 등이 많이 생겼습니다.

2 제시된 그래프의 가로축은 1980년~2040년까지 연도(단위 년)를 나타내며, 세로축은 인구수(단위 만명)를 나타냅니다.

3 제시된 그래프를 보면 65세 이상 인구가 계속 늘어나 고령화 현상이 심화될 것으로 예상됩니다.

4 오늘날에는 태어나는 아이의 수가 줄어들고 전체 인구에서 노인이 차지하는 비율이 높아지는 저출산·고령화 현상이 점점 심해지고 있습니다.

5 저출산 현상으로 가족의 구성원 수가 줄어들고 있고, 일할 사람도 줄어들고 있습니다.

> **자료 다시보기**
>
> **저출산으로 인한 변화**
> • 가족의 구성원 수가 줄어들고 있으며, 가족의 형태가 변하고 있습니다.
> • 출산을 도와주는 병원이 점점 사라지고, 학생 수가 줄어드는 학교가 늘어나고 있습니다.
> • 계속된 저출산으로 일할 사람이 줄어들고 있으며, 경제에도 영향을 미치고 있습니다.

6 학교 누리집, 인터넷 자료 조사, 학교 기상 정보 시스템 등은 학교에서 정보와 지식을 활용하는 모습입니다.

7 ③ 정보화 사회에서는 휴대 전화를 이용해 어디에서나 은행 업무를 쉽게 볼 수 있습니다.

8 제시된 그림에 나타난 정보화 사회의 문제점은 저작권 침해입니다.

> **채점 tip** 허락받지 않은 자료를 함부로 복제하거나 내려받지 않는다고 썼으면 정답으로 합니다.

> **이런 답도 가능해!**
>
> 다른 사람의 저작권을 소중하게 생각합니다.

9 오늘날은 세계 여러 나라가 다양한 분야에서 서로 영향을 주고받으며 교류하고 있습니다.

> **자료 다시보기**
>
> **세계화의 영향**
>
>
>
> | 세계 여러 나라 사람들이 우리나라에 오고, 우리나라 사람들도 다른 나라에 감. | 세계의 다양한 음식, 문화, 물건 등을 손쉽게 접할 수 있음. | 우리나라에서 열리는 운동 경기에서 외국인 선수가 활약함. |
> |---|---|---|

10 세계화로 인한 긍정적인 영향도 있지만 부정적인 영향도 있습니다.

채점 기준	상	세계화가 우리 생활에 미치는 부정적인 영향 두 가지를 정확히 쓴 경우
	중	세계화가 우리 생활에 미치는 부정적인 영향을 한 가지만 정확히 쓴 경우

11 ㉢ 문화는 서로 비슷한 모습도 있고 다른 모습도 있습니다.

12 차별은 어떤 기준을 두어 대상을 구별하고 다르게 대우하는 것으로, 편견 때문에 차별이 나타납니다.

13 사람들의 편견 때문에 차별이 나타납니다.

> **채점 tip** 제시된 용어를 모두 넣어 차별의 의미를 썼으면 정답으로 합니다.

14 우리 주변에는 피부색, 언어, 종교, 출신 지역이 다르다는 이유로 사람들과 사회로부터 부당한 대우를 받는 사람들이 있습니다.

15 ③ 편견과 차별을 없애려면 한쪽으로 치우치지 않는 생각을 갖도록 노력해야 합니다.

1 준호   **2** ⓔ 저출산 현상이 심해지고 있기 때문입니다.   **3** ㉠ 줄어들고 ㉡ 높아지고   **4** ③, ⑤
5 (1) ㉠, ㉡ (2) ㉢, ㉣   **6** ②, ③   **7** ②
8 (가) ㉢ (나) ㉠   **9** (1) ◯ (2) ✕ (3) ◯   **10** ①
11 ④   **12** ①   **13** ⓔ 다른 문화도 우리 문화처럼 존중하고 이해합니다.   **14** ②   **15** ⑤

1 우리 사회가 빠르게 변화하면서 생활 모습도 달라지고 있습니다. 최근에는 학생 수가 줄어들어 학년당 학급 수가 줄어든 학교가 나타나고 있습니다.

2 태어나는 아이의 수가 줄어드는 저출산 현상이 심해지고 있습니다.

> **채점 tip** 출산 현상이 심해지고 있다고 썼으면 정답으로 합니다.

3 출생아 수가 예전에 비해 많이 줄어들고 있고, 노인이 차지하는 비율은 높아지고 있습니다.

4 ①, ②, ④는 저출산으로 변화하는 일상생활 모습입니다.

5 ㉠, ㉡은 저출산, ㉢, ㉣은 고령화에 대비하기 위한 방법입니다.

6 우리는 세대 간에 서로 배려하고 소통하는 태도를 길러야 합니다.

7 (가)는 아이들이 일상생활에 지장을 불러올 만큼 인터넷 게임에 빠져 있어 부모님께서 걱정하는 모습입니다.

> **자료 다시보기**
>
> **정보화 사회에서 나타나는 문제점**
>
> | | |
> |---|---|
> |  사이버 폭력을 당해 피해를 받는 사람이 생김. |  개인 정보가 유출되어 사생활 침해가 발생함. |
> |  불법으로 자료를 내려받아 저작권 침해가 발생함. |  인터넷이나 스마트폰 중독으로 건강을 해치게 됨. |

8 ㉡은 저작권 침해, ㉣은 사이버 폭력 문제를 해결하기 위한 방안입니다.

9 (2) 개인 정보를 보호하기 위해 노력해야 합니다.

10 ①은 세계화가 우리 생활에 미치는 부정적인 영향입니다.

11 다른 나라 문화의 좋은 점을 본받고 존중하며, 우리의 소중한 문화는 잘 지키고 발전시켜 나가려는 태도가 필요합니다.

> **자료 다시보기**
>
> **세계화 속에서 우리가 지녀야 할 태도**
>
> 다른 나라 문화의 좋은 점은 본받고 존중하며 비판적으로 받아들입니다. 우리의 것을 소중히 여기는 태도가 필요합니다.

12 ① 문화에는 사람들의 옷차림, 먹는 음식, 사는 집 등이 포함됩니다.

13 편견과 차별을 없애기 위해서는 상대방의 입장에서 생각하도록 노력해야 합니다.

> **채점 tip** 다른 문화도 이해하고 존중한다고 썼으면 정답으로 합니다.

> **자료 다시보기**
>
> **우리 사회에서 볼 수 있는 세계 여러 나라의 문화**
>
>
> ▲ 차이나타운   ▲ 이슬람 사원
>
> 우리나라에서 다른 나라의 문화, 종교와 관련된 건물 등을 볼 수 있습니다.

14 ①은 피부색, ③은 나이, ④는 출신 지역에 대한 편견과 차별이 나타난 모습입니다.

15 ⑤ 다른 나라의 문화 중에서 좋은 점만 받아들여야 합니다.

> **자료 다시보기**
>
> **편견과 차별의 문제를 해결하기 위한 노력**
>
> • 모두를 동등하게 대우하려는 노력이 필요합니다.
> • 상대방의 문화를 이해하고 존중하려는 노력이 필요합니다.
> • 자신이 지닌 생각이나 문화를 다른 사람에게 강요하지 않습니다.
> • 다른 문화를 올바르게 이해하기 위해 그 문화가 만들어진 배경을 이해해야 합니다.

BOOK ❶ 개념북

3 단원

110쪽　**수행 평가 ❶회**

1 ⑩ 교통·통신 수단이 발달하면서 세계 여러 나라들이 다양한 분야에서 교류하고 가까워지는 것입니다. **2** ㉠ 물건 ㉡ 문화 **3** ⑩ 우리의 전통문화가 점점 사라지고 있습니다. 서로의 문화를 이해하지 못해 문제가 생기고 있습니다.

1 ㈎에 들어갈 단어는 세계화입니다. 오늘날 세계 여러 나라가 다양한 분야에서 서로 영향을 주고받고 있으며 우리 생활에 영향을 미치고 있습니다.

2 세계화로 인해 우리는 세계 여러 나라의 다양한 문화를 즐길 수 있게 되었고, 교류하면서 경제를 발전시킬 수 있게 되었습니다.

3 세계화 속에서 우리는 다른 나라 문화의 좋은 점을 본받고 존중하며, 우리의 소중한 문화는 잘 지키고 발전시켜야 합니다.

자료 다시보기

세계화가 우리 생활에 미치는 영향

긍정적인 영향	세계 여러 나라의 물건을 쉽게 살 수 있음. 세계 여러 나라의 다양한 문화를 접할 수 있음.
부정적인 영향	생활 속에서 우리의 전통문화가 점점 사라지고 있음. 서로의 문화를 이해하지 못해 문제가 생기고 있음. 경제 교류가 확대되면서 경쟁력을 갖춘 나라와 그렇지 못한 나라의 격차가 커지고 있음.

111쪽　**수행 평가 ❷회**

1 ㉠ 피부색 ㉡ 장애 **2** ⑩ 사람들이 자신의 능력을 발휘하지 못해 사회의 발전이 늦어지고, 사회 분위기가 나빠집니다. **3** ⑩ 출신 지역이나 외모, 피부색 등에 상관없이 우리나라에 사는 사람들을 인정하고 문화를 존중해야 합니다.

1 ㈎는 피부색에 대한 편견과 차별, ㈏는 장애에 대한 편견과 차별이 나타난 모습입니다.

2 편견과 차별이 지속되면 사회 발전이 늦어지는 등 여러 문제가 발생합니다.

3 편견과 차별이 없는 사회를 만들기 위해 우리가 실천할 수 있는 일을 알아보고 실천합니다.

자료 다시보기

편견과 차별

편견	공정하지 못하고 한쪽으로 치우친 의견이나 생각
차별	어떤 기준을 두어 대상을 구별하고 다르게 대우하는 것 → 편견 때문에 차별이 나타남.

우리 주변에는 피부색, 언어, 종교, 출신 지역 등이 다르다는 이유로 사람들과 사회로부터 부당한 대우를 받는 사람들이 있습니다.

112쪽　**쉬어 가기**

1. 촌락과 도시의 생활 모습

① 촌락과 도시의 특징

2쪽 묻고 답하기 ①회

1 촌락 2 어업 3 생활 모습 4 도시 5 교통로
6 촌락 7 일손 8 귀촌 9 인구 10 환경

3쪽 묻고 답하기 ②회

1 어촌 2 산지촌 3 농촌 4 도시 5 문화 6 자연
환경 7 일자리 8 소득 9 교통 10 주택

4쪽~7쪽 중단원 평가

1 촌락 2 ②, ⑤ 3 예 목장을 만들어 가축을 기
르거나 밭농사를 짓습니다. 산나물, 버섯, 약초, 목
재, 석탄 등을 생산합니다. 4 ㉡, ㉢ 5 ③ 6 ⑤
7 ㉠, ㉡, ㉢ 8 민지 9 ①, ② 10 예 촌락의 인
구가 점점 줄어들고 있습니다. 11 ③ 12 ①, ④
13 ① 14 귀촌 15 예 촌락에서는 다양한 기계
를 이용하여 일손 부족 문제를 해결하고 생산량을
늘리기 위해 노력하고 있습니다. 16 ㉢ 17 ⑤
18 예 쓰레기 문제, 교통 혼잡 문제 등이 발생하고
있습니다. 19 ④, ⑤ 20 ④

1 촌락에 사는 사람들은 자연환경을 이용하여 농업,
어업, 임업 등을 하며 살아갑니다.

2 ①, ③은 바닷가에 자리 잡은 촌락인, 어촌과 관련
된 내용입니다. ④ 촌락은 자연환경의 영향을 많이
받기 때문에 계절이나 날씨에 따라 생활 모습이 달
라집니다.

3 이 외에도 산지촌에 사는 사람들은 캠핑장이나 스
키장에서 일하기도 합니다.
　채점 tip 산지촌에 사는 사람들이 하는 일을 썼으면 정답으로 합
니다.

4 촌락에서는 가뭄, 홍수 등으로 농작물이 피해를 입
거나 태풍이나 높은 파도로 인해 바다에서 일을 하
는 사람들의 안전이 위협받을 수 있기 때문에 날씨
를 중요하게 여깁니다.

5 ③ 도시에서는 사람들이 주로 회사나 공장에 다니거
나 사람들이 편리하게 생활할 수 있도록 도와주는 일
을 합니다.

6 도시의 특징을 조사할 때에는 모습, 사람들이 하는
일 등을 살펴봐야 합니다.

자료 다시보기

촌락과 도시 비교하기

구분	촌락	도시
집의 모양	낮은 집이 많으며, 마을 규모가 작고 집들이 흩어져 있는 경우가 많음.	아파트와 높은 건물이 많으며, 사람들이 사는 지역을 계획적으로 만든 곳이 많음.
사람들이 하는 일	주로 자연환경을 이용해 농업, 어업, 임업을 하는 사람들이 많음.	주로 회사나 공장에서 일하는 사람들이 많음.
땅의 이용 모습	논과 밭, 산과 나무 등이 많으며 넓은 면적의 땅을 드문드문 이용하는 모습이 나타남.	높은 건물 등을 중심으로 좁은 면적의 땅을 다양한 방법으로 이용하는 모습이 나타남.
대중교통 이용 모습	대중교통을 적게 이용함.	버스, 지하철, 기차 등 다양한 대중교통을 이용함.

7 ㉣ 농업과 관련된 시설은 촌락에서 주로 볼 수 있는
모습입니다.

8 촌락보다 도시에 사람들이 많이 살고, 촌락과 도시
모두 자연환경과 더불어 살아갑니다.

9 촌락과 도시의 공통점으로 여러 사람이 모여 산다
는 점, 자연환경과 더불어 살아간다는 점 등이 있습
니다.

10 촌락에서는 젊은 사람들이 일자리를 찾아 도시로
이동하면서 노인 인구가 늘어나고 있습니다.
　채점 tip 촌락의 인구가 줄어들고 있다고 썼으면 정답으로 합니다.

11 촌락에서는 대중교통이나 문화 시설이 부족한 문제
가 발생하고 있습니다.

12 촌락에서는 일손 부족 문제, 소득 감소 문제 등이
발생하고 있습니다. ②, ③, ⑤는 도시에서 주로 발
생하는 문제입니다.

13 촌락에서는 품질 좋은 농수산물을 생산함으로써 소
득을 높이려고 노력하고 있습니다.

14 귀촌은 도시에 살던 사람들이 촌락으로 삶의 터전
을 옮기는 것을 말합니다.

15 농기계를 이용하면 농사지을 때 사람이 많이 필요하지 않아 일손 부족 문제를 해결할 수 있습니다.

채점 tip 일손 부족 문제를 해결하기 위해 기계를 이용한다고 썼으면 정답으로 합니다.

16 도시에 인구가 많아지면서 여러 가지 문제가 발생하고 있습니다.

17 우리나라는 전체 인구 중 도시에 사는 인구가 매우 많습니다. 도시에 인구가 많아지면서 여러 가지 문제가 발생하고 있습니다.

자료 다시보기

도시 문제 해결을 위한 노력

도시 문제	해결을 위한 노력
▲ 낡고 오래된 주택	▲ 지역 재개발 사업
▲ 교통 혼잡	▲ 버스 전용 차로
▲ 수질 오염	▲ 하수 처리 시설

18 도시 인구가 많아지면서 범죄 문제, 환경 오염 문제, 교통 혼잡 문제, 쓰레기 문제 등 여러 가지 문제가 발생하고 있습니다.

채점 기준	상	도시에서 발생하는 문제 두 가지를 정확히 쓴 경우
	중	도시에서 발생하는 문제를 한 가지만 정확히 쓴 경우

19 도시의 쓰레기 문제를 해결하기 위해 공공 기관에서는 쓰레기를 처리하는 시설을 만들거나, 쓰레기를 함부로 버린 사람에게 과태료를 내게 합니다.

20 ④ 살기 좋은 촌락과 도시를 만들기 위해 화학 비료의 사용을 줄여야 합니다.

② 함께 발전하는 촌락과 도시

8쪽 묻고 답하기 ❶회

1 교류 **2** 기술 **3** 누리집 **4** 체험 마을 **5** 지역 축제 **6** 촌락 **7** (농수산물) 직거래 장터 **8** 자매결연 **9** 경제 **10** 상호 의존

9쪽 묻고 답하기 ❷회

1 교류 **2** 다르기 **3** 답사 **4** 보고서 **5** 관광 **6** 지역 축제 **7** 촌락 **8** 도시 **9** 주말 농장 **10** 경제

10쪽~13쪽 중단원 평가

1 ⑤ **2** ㉡, ㉢ **3** 예 지역마다 생산물, 기술, 문화 등이 다르기 때문에 교류가 이루어집니다. **4** ㈏ **5** ① **6** 지역 축제 **7** ⑤ **8** ② **9** ① **10** ㈎ **11** ⑤ **12** 예 촌락 사람들이 도시의 다양한 시설을 이용하면서 주변의 상점들도 이용하기 때문입니다. **13** (1) ㉡ (2) ㉠ **14** ④ **15** ① **16** 예 촌락과 도시에 사는 사람들은 서로 부족한 것들을 채워 주면서 상호 의존하고 있습니다. **17** ② **18** 예 촌락이 어려운 일을 겪을 때 도시 사람들이 봉사 활동에 참여하여 촌락 사람들을 돕습니다. **19** ㉠ 촌락 ㉡ 도시 **20** 예 촌락과 도시에 사는 사람들은 교류함으로써 서로에게 도움이 될 수 있습니다.

1 사람들이 오고 가거나 물건, 문화, 기술 등을 서로 주고받는 것을 교류라고 합니다.

2 ㉠은 혼자서 하는 활동으로, 교류의 모습이 아닙니다.

3 지역마다 자연환경이나 가지고 있는 생산물, 문화, 기술 등이 다르기 때문에 교류가 필요합니다.

채점 tip 제시된 단어를 모두 포함하여 교류가 이루어지는 까닭을 썼으면 정답으로 합니다.

4 ㈎는 다른 지역에서 온 생산물을 구입하는 교류의 모습입니다.

5 최근 촌락에서 다양한 체험 마을을 운영하여 도시 사람들이 촌락 생활을 체험하고, 여가를 즐길 수 있는 기회가 늘어나고 있습니다.

6 촌락에서는 관광 산업을 발달시켜 지역의 전통과 문화를 알리고, 지역 축제를 열어 소득을 올릴 수 있습니다.

7 도시 사람들이 지역 축제에 참여하는 동안 촌락에 있는 식당, 상점, 숙박 시설 등을 이용하기 때문에 촌락의 경제에 도움을 줄 수 있습니다.

8 ② 촌락 사람들이 도시에 가는 까닭입니다.

9 촌락에서는 관광 산업을 발달시켜 지역의 전통과 문화를 알리려고 노력합니다.

10 촌락 사람들은 첨단 기계를 갖춘 의료 시설을 이용하고 대형 종합 병원에서 검사를 받으려고 도시에 가기도 합니다.

11 촌락 사람들은 대형 할인점, 백화점 등에서 필요한 물건을 사려고 도시에 갑니다.

12 촌락 사람들이 도시에 있는 다양한 시설을 이용하여 도시의 경제에 도움이 됩니다.

> **채점 tip** 촌락 사람들이 도시의 다양한 시설을 이용하면서 주변의 상점들도 이용하기 때문이라고 썼으면 정답으로 합니다.

13 농수산물 직거래 장터에서는 촌락에서 생산한 농수산물을 중간 상인이 없이 직접 도시의 소비자들에게 팔 수 있습니다.

> **자료 다시보기**
>
> **농수산물 직거래 장터**
>
>
>
> 촌락에서 생산한 곡식, 채소, 생선 등을 도시 사람들에게 직접 판매하는 장터입니다. 직거래 장터에서 도시 사람들은 값싸고 질 좋은 농수산물을 살 수 있고, 촌락 사람들은 지역의 특산품을 홍보하고 판매하여 소득을 얻을 수 있습니다.

14 도시에 사는 사람들은 촌락의 자연환경을 이용하여 다양한 방법으로 여가 생활을 즐기며 교류합니다.

15 ㉮ 촌락에서는 도시에 농수산물, 깨끗한 자연환경 등을 제공하고, ㉯ 도시에서는 촌락에 일손, 편의 시설, 문화 시설 등을 제공합니다.

16 촌락과 도시는 다양한 교류를 통해 서로 돕고 있습니다.

> **채점 tip** 촌락과 도시가 상호 의존하고 있다고 썼으면 정답으로 합니다.

17 ② 촌락 사람들이 도시에 가는 까닭입니다.

18 도시에 사는 사람들은 촌락을 방문해 일손을 돕거나 다양한 봉사 활동에 참여하며 촌락과 교류하고 있습니다.

> **채점 tip** 촌락에 도움을 줄 수 있는 일손 돕기 활동, 봉사 활동 참여 등의 내용을 썼으면 정답으로 합니다.

19 촌락 사람들은 소득을 얻을 수 있고, 도시 사람들은 촌락에서 깨끗한 자연환경을 즐기고 전통문화를 체험할 수 있습니다.

20 촌락과 도시는 서로 교류하면서 상호 의존하고 있습니다.

> **채점 tip** 촌락과 도시에 사는 사람들은 교류함으로써 서로에게 도움이 된다는 점을 썼으면 정답으로 합니다.

> **이런 답도 가능해!**
>
> 우리 지역의 자랑거리를 많은 사람에게 알릴 수 있어서 우리 지역에 대한 자부심이 높아졌습니다.

14쪽~17쪽 **대단원 평가**

1 ④ **2** 농촌 **3** ㉠, ㉡, ㉢ **4** ㉣ **5** ㉞ 사람들이 모여 살며 사회, 정치, 경제활동의 중심이 되는 곳입니다. **6** 동훈 **7** ㉞ 사람들은 주로 무슨 일을 할까? **8** ① **9** 촌락 **10** ⑤ **11** ㉞ 우리나라 전체 인구 중 도시에 사는 인구가 많아지면서 도시에 여러 가지 문제가 발생하고 있습니다. **12** (1) ㉡ (2) ㉠ **13** 교류 **14** ⑤ **15** ⑤ **16** 체험 마을 **17** ②, ③ **18** ㉞ 첨단 기계를 갖춘 의료 시설을 이용하고 대형 종합 병원에서 검사를 받기 위해서입니다. **19** ③ **20** ㉠, ㉡, ㉣

1 ④ 도시에 대한 설명입니다.

2 농촌에서는 사람들이 주로 농업을 하며 비닐하우스, 과수원, 농산물 저장고 등의 시설을 볼 수 있습니다.

3 ㉣ 산지촌에 사는 사람들의 생산 활동 모습입니다.

4 촌락은 자연환경의 영향을 많이 받기 때문에 계절이나 날씨에 따라 생활 모습이 달라집니다.

5 도시는 인구가 밀집해 있고 여러 시설이 모여 있습니다.

> **채점 tip** 인구 밀집과 사회, 정치, 경제활동의 중심지 등의 내용을 썼으면 정답으로 합니다.

6 도시에 사는 사람들은 주로 회사나 공장에서 일을 합니다.

7 도시에서 볼 수 있는 모습과 특징, 사람들이 하는 일, 대중교통 이용 모습 등을 조사합니다.

> **채점 tip** 도시에서 볼 수 있는 모습과 특징, 사람들이 하는 일, 대중교통 이용 모습 등의 내용을 한 가지 이상 썼으면 정답으로 합니다.

8 촌락과 도시 모두 여러 사람이 모여 살고, 자연환경과 더불어 살아갑니다.

> **자료 다시보기**
>
> **촌락과 도시에서 볼 수 있는 모습**
>
>
>
> ▲ 촌락　　　　▲ 도시
>
> 촌락과 도시 모두 사람들이 생활하는 데 필요한 시설이 있습니다. 하지만 지역마다 조금씩 모습이 다릅니다.

9 도시가 발달하면서 촌락 사람들이 일자리를 찾아 도시로 이동하면서 촌락은 인구가 줄어들고 일손 부족, 시설 부족, 소득 감소 등 다양한 문제를 겪고 있습니다.

10 외국에서 값싼 농수산물이 들어오면서 농수산물 가격이 내려가 촌락에 사는 사람들의 수입이 줄어들었습니다.

11 도시에서는 인구가 많아지면서 교통 문제, 환경 문제, 범죄 문제, 주택 문제 등으로 어려움을 겪고 있습니다.

> **채점 tip** 도시에 인구가 많아지면서 여러 가지 문제가 발생하고 있다고 썼으면 정답으로 합니다.

12 도시 문제를 해결하기 위해 개인, 친구나 이웃, 공공 기관 등에서 다양한 노력을 하고 있습니다.

13 사람들이 오고 가거나 물건, 문화, 기술 등을 서로 주고받는 것을 교류라고 합니다.

14 지역마다 자연환경, 기술, 문화, 생산물 등이 다르기 때문에 교류가 이루어집니다.

15 ⑤ 교류는 사람들이 오고 가거나 물건, 문화, 기술 등을 서로 주고받는 것입니다.

16 최근 촌락에서는 도시 사람들이 촌락 생활을 체험하고, 여가를 즐길 수 있는 체험 마을이 늘어나고 있습니다.

17 촌락 사람들은 공공 기관, 문화 시설, 종합 병원 등을 이용하기 위해 도시를 찾습니다.

18 촌락 사람들은 다양한 시설과 공공 기관을 이용하려고 도시를 찾습니다.

> **채점 tip** 첨단 기계를 갖춘 의료 시설을 이용하기 위해서 또는 종합 병원에서 검사 받기 위해서라고 썼으면 정답으로 합니다.

19 촌락 사람들은 도시의 시설을 이용하면서 주변의 상점들도 이용하기 때문에 도시의 경제활동을 더욱 활발하게 해 줍니다.

20 ⓒ 촌락의 소득을 높이기 위해 촌락 사람들이 농수산물 연구 활동을 하는 것은 촌락과 도시의 상호 의존 사례로 보기 어렵습니다.

18쪽　수행 평가 ❶회

1 (1) ㉠ (2) ㉢ (3) ㉡　**2** ㉠ **예** 바다, 등대, 양식장, 해수욕장 등 ㉡ **예** 바다에 나가 물고기를 잡는다. 물고기나 미역을 기른다. ㉢ 자연환경

1 각 촌락의 사람들은 농사짓는 땅, 바다, 산 등 서로 다른 자연환경을 이용하여 살아갑니다.

2 어촌에서는 사람들이 주로 바다를 이용한 어업을 하며 생활하고 있습니다. 어촌에서는 바다를 이용해 생산 활동을 하는 사람이 많아 날씨를 매우 중요하게 여깁니다.

19쪽　수행 평가 ❷회

1 (나)　**2** 자연환경　**3** ㉠ **예** 농수산물을 판매하여 높은 소득을 올릴 수 있습니다 ㉡ **예** 싱싱하고 품질이 좋은 농수산물을 싸게 구매할 수 있습니다.

1 (나)는 도시 사람들이 촌락의 부족한 일손을 돕는 모습입니다.

2 (가)는 도시 사람들이 촌락에서 야영을 하며 여가를 보내고 있는 모습입니다.

3 농수산물 직거래 장터는 촌락과 도시 사람들이 서로 소통하고 이해할 수 있는 기회가 됩니다.

2. 필요한 것의 생산과 교환

① 경제활동과 현명한 선택

20쪽　묻고 답하기 ①회

1 경제　**2** 선택　**3** 희소성　**4** 필요성　**5** 인터넷
6 생산　**7** 소비　**8** 자연　**9** 계획　**10** 정보

21쪽　묻고 답하기 ②회

1 경제활동　　**2** 희소성　　**3** 현명한　　**4** 낭비
5 홈 쇼핑　　**6** 생산　　**7** 소비　　**8** 만드는
9 진료하기　**10** 저축

22쪽~23쪽　중단원 평가

1 선택의 문제　**2** ⑤　**3** 예 사람들이 원하는 것은
많으나 그것을 모두 가질 수 없는 상태를 말합니다.
4 ⑤　**5** ②, ⑤　**6** ③　**7** ②　**8** ⑴ ⓒ　⑵ ㉠
9 ④　**10** ③　**11** ①　**12** 예 값싸고 품질이 좋은
물건을 살 수 있습니다.

1 선택의 문제는 경제활동을 하는 모든 사람에게 일어납니다.

자료 다시보기

경제활동과 선택의 문제

경제활동	사람들이 생활하는 데 필요한 여러 가지 것들을 만들고 사용하는 것과 관련된 모든 활동
선택의 문제	• 경제활동을 하는 모든 사람에게 선택의 문제가 일어남. • 무엇을 선택하는지는 사람에 따라 다를 수 있음.

2 사람이 쓸 수 있는 돈이나 자원은 한정되어 있으므로 원하는 모든 것을 가질 수는 없습니다.

3 희소성 때문에 우리는 항상 선택의 문제에 부딪치게 됩니다.

　채점 tip 사람들이 원하는 것은 많으나 그것을 모두 가질 수 없는 상태라고 썼으면 정답으로 합니다.

4 재준이네 가족은 여행지의 숙소를 정하면서 가격, 청결도, 시설 등을 고려하지 않고 단지 여행지와 거

리가 가까운 곳을 선택하여 잘못된 선택을 하게 되었습니다.

5 ⓒ 휴대 전화는 가격이 비싸지만, 모양이 예쁘고 인터넷 속도가 빠릅니다.

6 현명한 선택을 하기 위해서는 필요성, 가격, 품질 등을 미리 꼼꼼하게 따져 보고 자신에게 가장 알맞은 것을 골라야 합니다.

자료 다시보기

물건의 정보를 얻는 다양한 방법

인터넷 검색하기	여러 물건의 가격을 한눈에 비교할 수 있고, 물건을 산 다른 사람들의 의견도 알 수 있음.
광고 보기	신문이나 텔레비전 광고에서 물건의 특징에 관한 여러 가지 정보를 얻을 수 있음.
상점 방문하기	판매원에게 궁금한 점을 물어볼 수 있고, 여러 물건을 직접 비교할 수도 있음.
주변 사람에게 물어보기	물건에 대해 아는 사람에게 궁금한 점을 물어볼 수 있음.

7 생활에 필요한 물건을 만들거나 우리 생활을 편리하고 즐겁게 해 주는 활동을 생산이라고 합니다.

자료 다시보기

생산과 소비의 의미

생산	생활에 필요한 물건을 만들거나 우리 생활을 편리하고 즐겁게 해 주는 활동
소비	생산한 것을 구매하여 사용하는 활동

8 물건을 배달하는 것은 생산 활동, 음식점에서 음식을 사 먹는 것은 소비 활동의 모습입니다.

9 ④ 벼농사 짓기는 생활에 필요한 것을 자연에서 얻는 활동입니다.

10 ⓒ 상점이나 시장에서 물건을 사고팔 때처럼 생산과 소비가 동시에 일어나기도 합니다. ⓒ 물건을 만들기만 하고 소비하는 사람이 없다면 물건을 만드는 생산 활동을 할 필요가 없게 됩니다.

11 예상하지 못한 일을 대비하거나 목돈을 마련하려고 소득의 일부를 저축합니다.

12 물건을 사기 전에 정보를 활용하여 현명한 소비 생활을 해야 합니다.

　채점 tip 값싸고 품질이 좋은 물건을 살 수 있다고 썼으면 정답으로 합니다.

BOOK ② 평가북

2 단원

2 교류하며 발전하는 우리 지역

1 큐아르(QR) 코드   2 경제적   3 자연환경
4 특산물   5 기술   6 교통   7 홈 쇼핑   8 시장
9 자원   10 도시

1 품질 인증   2 누리집   3 경제적 교류   4 다르기
5 박람회   6 이익   7 문화   8 어촌   9 농촌   10
신문

1 ㈎   2 밀가루, 바나나   3 ㈎ 우리 지역과 다른
지역의 자연환경, 생산 기술, 자원 등이 달라 우리
지역에서 만들 수 없는 상품을 다른 지역에서는 만
들 수 있기 때문입니다.   4 경제적   5 ④   6 ②
7 ㈏   8 ③   9 은결   10 ③   11 (1) ㉡ (2) ㉠
12 ㈎ 지역마다 자연환경과 기술 수준이 달라서 생
산되는 물건이 다르기 때문입니다.

1 상품의 포장에 표시되어 있는 품질 인증 표시를 살
펴보면 상품의 생산지와 같은 여러 정보를 알 수 있
습니다.

2 밀가루는 미국, 바나나는 필리핀에서 온 상품입니다.

3 다른 지역에서 생산된 다양한 상품이 우리 지역으
로 들어옵니다.

채점 tip 자연환경, 생산 기술, 자원 등이 다르다고 썼으면 정답으
로 합니다.

4 다양한 경제적 교류를 통해 개인이나 지역들은 서
로에게 도움을 줍니다.

자료 다시보기

경제적 교류

경제적 교류의 의미	개인이나 지역이 경제적 이익을 얻기 위해 물건, 기술, 정보 등을 서로 주고받는 것
경제적 교류를 하는 까닭	사는 곳의 자연환경과 생산 기술, 자원 등이 다르기 때문에

5 개인, 지역, 국가 간의 경제적 교류는 사는 곳의 자
연환경과 생산 기술, 자원 등이 다르기 때문에 발생
합니다.

6 ② 경제적 교류를 통해 지역 간의 화합을 가져올 수
있고, 경제적 이익을 얻을 수 있습니다.

7 ㈎는 개인과 기업의 경제적 교류 모습입니다.

8 오늘날에는 교통과 통신의 발달로 다양한 장소에서
여러 가지 방법으로 경제적 교류를 하고 있습니다.

9 사람들은 인터넷, 스마트폰, 홈 쇼핑 등 대중 매체를
이용한 경제적 교류를 하고 있습니다.

자료 다시보기

일상생활 속 경제적 교류 방법

대중 매체를 이용한 경제적 교류	인터넷, 스마트폰 등을 이용하면 짧은 시간에 물건의 정보를 쉽게 얻을 수 있고, 쉽고 편리하게 물건을 사고팔 수 있음.
시장을 이용한 경제적 교류	물건의 품질을 직접 확인하고 살 수 있음.
지역 간 대표 자원의 경제적 교류	지역의 기술이나 상품을 소개하고, 각 지역 들은 서로 협력해 경제적 이익을 얻음.
문화 활동과 함께하는 경제적 교류	경제적 교류는 문화, 기술, 운동 경기 등과 함께 더욱 활발히 이루어지기도 함.
촌락과 도시의 생산물에 따른 경제적 교류	각 지역의 풍부한 생산물을 중심으로 경제적 교류가 이루어짐.

10 시장을 이용해 경제적 교류를 하면 상품을 직접 확
인하고 살 수 있습니다.

11 각 지역에서 풍부한 생산물을 중심으로 경제적 교
류가 이루어집니다.

자료 다시보기

촌락과 도시의 생산물에 따른 경제적 교류

농촌	곡식, 채소, 과일 등
어촌	생선, 미역, 조개, 소금 등
산지촌	버섯, 산나물, 약초, 목 재 등
도시	자동차, 옷, 장난감, 컴 퓨터 등

12 각 지역은 자연환경과 기술을 이용해 다양한 물건
을 생산합니다.

채점 tip 자연환경, 기술 수준 등이 달라서 생산하는 물건이 다르
다고 썼으면 정답으로 합니다.

28쪽~31쪽 대단원 평가

1 선택   2 ⑳ 사람이 쓸 수 있는 돈이나 자원은 한정되어 있으므로 원하는 것을 모두 가질 수는 없기 때문입니다.   3 ㉡   4 장난감   5 ③   6 ①   7 ⑤   8 ⑳ 생산은 생활에 필요한 물건을 만들거나 우리 생활을 편리하고 즐겁게 해 주는 활동이고, 소비는 생산한 것을 구매하여 사용하는 활동입니다.   9 ㉠, ㉢   10 ⑳ 소비 생활을 현명하게 하지 않으면 가정의 살림살이가 어려워져서 필요한 물건을 못 사거나 하고 싶은 일을 못 하게 되기 때문입니다.   11 큐아르(QR) 코드   12 ⑳ 스마트폰을 이용해 상품에 있는 큐아르(QR) 코드를 찍으면 상품이 어디에서 왔는지 알 수 있습니다.   13 ㈏   14 ①, ③   15 ②   16 (1) ㉡ (2) ㉠   17 ⑳ 물건의 품질을 직접 확인하고 살 수 있습니다.   18 ③   19 ⑤   20 ⑤

1 우리는 경제활동을 하며 생활 속에서 여러 가지 크고 작은 선택을 합니다.

2 경제활동에서 선택의 문제가 일어나는 까닭은 희소성 때문입니다.

채점 tip 돈이나 자원이 한정되어 있기 때문이라고 썼으면 정답으로 합니다.

> **이런 답도 가능해!**
> 원하는 것은 많으나, 그것을 모두 가질 수는 없기 때문입니다.

3 희소성은 사람이 쓸 수 있는 돈이나 자원은 한정되어 있으므로 원하는 것을 모두 가질 수는 없는 것을 말합니다.

> **자료 다시보기**
> **시대에 따라 희소성이 달라진 자원**
>
>
>
> 환경 오염으로 깨끗한 물의 희소성이 커져 오늘날에는 생수를 사 마시기도 합니다. 경제활동에 필요한 자원의 종류와 양은 시대와 장소에 따라 다르기 때문에 자원의 희소성도 이에 따라 달라질 수 있습니다.

4 생일 선물 중 가격이 가장 비싼 것은 가방(10,000원), 가격이 가장 싼 것은 장난감(5,000원)입니다.

5 현명한 선택을 하기 위해서는 가격, 디자인, 특징 등 다양한 정보를 수집하고 분석해야 합니다.

6 선택을 할 때에는 여러 가지 상황을 고려하여 신중하게 생각해야 현명한 선택을 할 수 있습니다.

7 ⑤ 미용실에서 머리 손질을 받는 것은 소비 활동의 모습입니다. 미용실에서 다른 사람의 머리를 손질해 주는 것이 생산 활동의 모습입니다.

8 생산과 소비는 서로 영향을 주며, 생산 활동과 소비 활동이 동시에 일어나기도 합니다.

채점 tip 생산과 소비의 의미를 모두 알맞게 썼으면 정답으로 합니다.

9 ㉡은 생활에 필요한 것을 자연에서 얻는 활동, ㉣은 생활을 편리하고 즐겁게 해 주는 활동입니다.

> **자료 다시보기**
> **생산 활동의 종류**
>
> | 생활에 필요한 것을 자연에서 얻는 활동 | 농부가 논에서 벼를 기르고, 어부가 바다에서 고기를 잡는 등 생활에 필요한 것을 자연에서 얻는 활동 |
> | --- | --- |
> | 생활에 필요한 것을 만드는 활동 | 자연에서 얻은 것을 기술이나 기계를 이용해 다른 형태로 만들기도 하고 새로운 물건을 만드는 활동 |
> | 생활을 편리하고 즐겁게 해주는 활동 | 사람의 기술과 능력으로 다른 사람의 생활을 편리하고 즐겁게 해 주는 활동 |

10 소득은 한정되어 있으므로 가지고 싶은 것을 모두 사거나 하고 싶은 일을 다 할 수는 없습니다.

채점 tip 살림살이가 어려워진다는 점, 필요한 물건을 못 사거나 하고 싶은 일을 못 하게 된다는 점을 썼으면 정답으로 합니다.

11 큐아르(QR) 코드를 찍으면 해당 상품에 대한 정보를 얻을 수 있습니다.

12 우리 주변의 상품이 어디에서 왔는지는 여러 가지 방법으로 조사할 수 있습니다

채점 기준	상	큐아르(QR) 코드를 찍으면 상품이 어디에서 왔는지 알 수 있다고 쓴 경우
	중	큐아르(QR) 코드를 이용한다고만 쓴 경우

13 인터넷을 이용해 여러 상품과 관련된 누리집에서 상품 소개를 검색할 수 있습니다.

14 경제적 교류는 사는 곳의 자연환경과 생산 기술, 자원 등이 다르기 때문에 발생합니다.

15 경제적 교류를 하는 대상은 개인, 기업, 지역, 국가 등 다양합니다.

자료 다시보기

경제적 교류를 하는 대상

▲ 개인과 기업

▲ 지역과 기업

▲ 지역과 지역

▲ 국가와 국가

16 각 지역에서는 전통 시장, 도소매 시장 등의 시장을 이용한 경제적 교류, 인터넷, 홈 쇼핑 등의 대중 매체를 이용한 경제적 교류가 이루어지고 있습니다.

17 시장에서 각 지역의 다양한 물건을 볼 수 있습니다.

채점 tip 상품을 직접 확인하고 살 수 있다고 썼으면 정답으로 합니다.

18 제시된 자료는 지역의 대표 자원을 이용해 여러 지역이 경제적으로 교류하는 모습입니다.

19 국내 여러 지역뿐 아니라 중국이나 일본, 미국 등 세계 여러 나라와 교류를 하고 있습니다.

자료 다시보기

경제적 교류의 종류

물자 교류	각 지역은 그 지역에서 생산하는 물자를 다른 지역으로 보내고, 직접 생산하기 어려운 물자는 다른 지역에서 들어오며 각 지역은 경제적 이익을 얻음.
기술 교류	각 지역은 기술 교류를 통해 서로의 지역에 부족한 기술을 보완하여 경제적 이익을 얻음.
문화 교류	지역 간의 문화 교류로 각 지역이 가진 문화를 다른 지역 사람들에게 알리고 다른 지역 사람들은 다양한 문화를 경험할 수 있음.

20 ⑤ 도시뿐만 아니라 농촌, 어촌, 산지촌 등 촌락 간에도 다양한 생산물을 교류합니다

32쪽 **수행 평가 ①회**

1 ⑴ ㉠, ㉢, ㉤ ⑵ ㉡, ㉣, ㉥ **2** ㈎ 자연 ㈏ 편리

1 생산은 생활에 필요한 물건을 만들거나 우리 생활을 편리하고 즐겁게 해 주는 활동을 말하며, 소비는 생산한 것을 구매하여 사용하는 활동입니다.

2 생산 활동은 생활에 필요한 것을 자연에서 얻는 활동, 생활에 필요한 것을 만드는 활동, 생활을 편리하고 즐겁게 해 주는 활동으로 나눌 수 있습니다.

33쪽 **수행 평가 ②회**

1 경제적 교류 **2** ⑩ 사는 곳의 자연환경과 생산 기술, 자원 등이 달라서 서로 생산하는 물건이 다르기 때문입니다. **3** ㉠ 홍보 ㉡ 이익

1 개인이나 지역은 경제적 교류를 통해 서로 부족한 점을 채우고 있습니다.

2 다양한 경제적 교류를 통해 지역들은 서로 좋은 영향을 미칠 수 있습니다.

3 두 지역은 경제적 이익을 얻기 위해 물건, 기술 등을 서로 주고받고 있습니다.

자료 다시보기

지역 간 경제적 교류의 모습과 효과

자매결연	지역 간 교류를 하여 다른 지역의 우수한 상품을 소개하고 지역 간 화합을 가져올 수 있음.
기술 교류	기술 교류로 더 나은 상품을 개발하고 생산에 드는 비용을 아낄 수 있음.
상품 박람회	상품 박람회를 하여 다른 지역의 경제 소식, 상품 등 여러 가지 유용한 정보를 주고받을 수 있음.
직거래 장터	직거래 장터에서 지역의 특산물을 소개하고 지역을 홍보하여 경제적 이익을 얻을 수 있음.

3. 사회 변화와 문화 다양성

① 사회 변화로 나타난 일상생활의 모습

34쪽　묻고 답하기 ❶회

1 고령화　2 실버산업　3 생산 가능　4 배려
5 정보화　6 디지털　7 저작권　8 예의
9 세계화　10 전통문화

35쪽　묻고 답하기 ❷회

1 저출산　2 줄어들고　3 고령화　4 지원
5 정보화　6 개인 정보　7 교류　8 교통수단
9 격차　10 비판적

36쪽~37쪽　중단원 평가

1 ⑤　2 **예** 버스 정류장에 버스 도착 시간을 알려주는 기계가 생겼습니다. 다양한 나라의 음식을 파는 가게가 많이 생겨났습니다.　3 ③　4 ⑤
5 고령화　6 은하, 승윤　7 정보화　8 ①
9 ㉠, ㉡, ㉢　10 **예** 사이버 공간에서 대화할 때 예의를 지키고 상대방을 존중합니다.　11 세계화
12 문화

1 옛날에는 오늘날보다 교실에 학생이 많았고, 텔레비전이나 컴퓨터가 없었습니다.

2 우리 사회가 빠르게 변화하면서 사람들의 생활 모습은 다양해지고 있습니다.

채점기준	상	사회 변화로 달라진 생활 모습 두 가지를 정확히 쓴 경우
	중	사회 변화로 달라진 생활 모습을 한 가지만 정확히 쓴 경우

자료 다시보기

사회가 변화하면서 달라진 일상생활 모습

• 노인 전문 병원, 요양원, 노인정 등 노인 전문 시설이 많이 생겼습니다.
• 학교의 학년당 학급 수가 점점 줄어들고 있습니다.
• 버스 정류장에 버스 도착 시간을 알려 주는 기계가 생겼습니다.
• 샌드위치, 쌀국수 등 다양한 나라의 음식을 파는 가게가 많이 생겨났습니다.

3 제시된 그래프를 보면 최근 출생아 수가 예전에 비해 많이 줄어들어 저출산 현상이 심해지고 있음을 알 수 있습니다.

4 ⑤ 출산과 육아의 부담을 개인만이 아니라 사회도 함께 책임져야 한다는 인식을 가져야 합니다.

5 고령화로 인해 노인들을 위한 일자리 사업이 확대되고 있습니다.

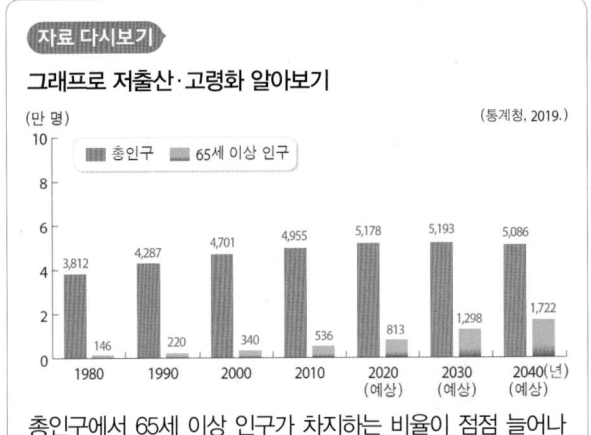

자료 다시보기

그래프로 저출산·고령화 알아보기

(통계청, 2019.)

6 노인들이 행복하고 건강하게 살아갈 수 있도록 돕는 복지 제도가 마련되고 있습니다.

7 정보화 사회가 되면서 사람들의 생활 모습이 빠르게 변화하고 있습니다.

8 디지털 교과서, 인터넷 자료 조사, 학교 누리집, 학교 알리미, 도서 대출 프로그램 등 학교에서도 정보와 지식을 다양하게 활용하고 있습니다.

9 ㉢ 정보화 사회에서는 정보와 지식을 활용하여 새로운 자료를 만들 수 있습니다.

10 얼굴이 안 보인다고 해서 함부로 말을 하는 것은 상대방에게 상처를 줄 수 있는 행동이라는 것을 알아야 합니다.

채점 tip 사이버 폭력 문제를 해결할 수 있는 방안을 정확히 썼으면 정답으로 합니다.

11 세계화로 인해 여러 나라가 활발하게 교류하고 서로 의존하고 있습니다.

12 세계화는 우리 생활에 긍정적인 영향을 미치기도 하지만 부정적인 영향을 미치기도 합니다.

BOOK ❷ 평가북

3 단원

② 다양한 문화에 대한 이해와 존중

38쪽 　묻고 답하기 ❶회

1 문화　**2** 집　**3** 편견　**4** 차별　**5** 다르다
6 남녀(성별)　**7** 존중　**8** 남녀　**9** 캠페인
10 살구색

39쪽 　묻고 답하기 ❷회

1 문화　**2** 더위　**3** 털　**4** ⑩ 장애, 피부색, 종교
5 차별　**6** 부당　**7** 늦어지는　**8** 다양성　**9** 교육
10 법

40쪽~41쪽 　중단원 평가

1 문화　**2** ⑤　**3** ⑩ 문화에는 공통점도 있지만 차이점도 있습니다.　**4** ㉠ 편견 ㉡ 차별　**5** ③　**6** ①
7 ⑤　**8** ㈎　**9** ⑩ 사람들이 자신의 능력을 발휘하지 못해 사회의 발전이 늦어집니다.　**10** ㉠, ㉢
11 ②　**12** ④

1 문화란 사람들이 가지고 있는 공통의 생활 방식을 말합니다.

2 ⑤ 문화에는 사람들의 옷차림, 음식을 먹는 방법, 사는 집 등이 포함됩니다.

3 옷차림, 음식을 먹는 방법, 사는 집 등을 살펴보면 각 문화의 공통점과 차이점을 찾을 수 있습니다.
　채점 tip 문화에는 공통점과 차이점이 있다고 썼으면 정답으로 합니다.

> **자료 다시보기**
>
> **문화에 따른 다양한 옷차림**
>
>
>
> | 더운 지역은 천으로 된 긴 옷을 입음. | 추운 지역은 동물의 가죽이나 털로 만든 옷을 입음. |
> | --- | --- |

4 우리 주변에는 편견과 차별로 부당한 대우를 받는 사람들이 있습니다.

5 차별은 어떤 기준을 두어 대상을 구별하고 다르게 대우하는 것으로, 편견 때문에 차별이 나타납니다.

6 제시된 그림은 외국 사람이 원래 자신이 먹던 방법으로 음식을 먹었는데, 우리나라 사람이 그 모습을 이상하다고 편견을 가지는 모습입니다.

7 우리 주변에는 피부색, 언어, 종교, 출신 지역 등이 다르다는 이유로 차별을 받는 사람들이 있습니다.

8 ㈎는 성별(남녀), ㈏는 나이에 대한 차별의 모습입니다.

9 편견과 차별이 지속될 경우 자신이 존중받지 못하고 있다는 생각이 들고 사회 분위기도 나빠질 것입니다.
　채점 tip 사람들이 자신의 능력을 발휘하지 못해 사회 발전이 늦어지고 사회 분위기가 나빠진다고 썼으면 정답으로 합니다.

> **자료 다시보기**
>
> **편견과 차별이 지속될 때 발생할 수 있는 문제**
>
> | 사회 | 사람들이 자신의 능력을 발휘하지 못해 사회의 발전이 늦어짐. |
> | --- | --- |
> | 학교 | 친구들과 관계가 나빠져 학교에 가기 싫어짐. |

10 ㉢ 편견과 차별이 지속될 경우 친구들이 서로 존중하고 이해하지 않게 됩니다.

11 ② 한쪽으로 치우치지 않는 생각을 하도록 노력해야 합니다.

> **자료 다시보기**
>
> **편견과 차별을 없애는 방법**
>
> • 다른 문화도 우리 문화처럼 존중해야 합니다.
> • 한쪽으로 치우치지 않는 생각을 하도록 노력해야 합니다.

12 ④ 서로 다른 문화를 가진 사람들이 서로 이해할 수 있는 기회를 제공해야 합니다.

> **자료 다시보기**
>
> **편견과 차별이 없는 사회를 만들기 위한 노력**
>
>
>
> | 편견을 가지고 있는 사람들의 생각을 바꾸기 위한 캠페인을 함. | 세계 여러 나라의 문화를 직접 체험할 수 있는 축제를 개최함. |
> | --- | --- |

42쪽~45쪽 대단원 평가

1 ④ **2** ① **3** 저출산 **4** ① **5** 예 노인들을 위한 복지 제도를 늘려야 합니다. 노인들이 사회 활동을 할 수 있도록 지원해야 합니다. **6** ④
7 ㉠, ㉢, ㉣ **8** 예 허락받지 않은 프로그램, 글, 사진, 음악 등을 함부로 복제하거나 내려받지 않습니다.
9 ② **10** 예 생활 속에서 우리의 전통문화가 점점 사라지고 있습니다. **11** ㉡, ㉢, ㉣ **12** ③
13 (1) ㉡ (2) ㉠ **14** 차별 **15** 예 공정하지 못하고 한쪽으로 치우친 의견이나 생각을 가지고 있기 때문입니다. **16** ⑤ **17** 존중 **18** ① **19** ⑤
20 예 편견과 차별 문제를 해결하기 위한 법을 만들고 기관을 세우는

1 제시된 글은 정보화에 대한 설명입니다. 정보화로 인해 버스 정류장에서 버스 도착 시간을 알려 주는 기계를 볼 수 있습니다.

2 저출산이란 태어나는 아이의 수가 줄어드는 현상으로, 우리나라는 오늘날 출생아 수가 예전에 비해 많이 줄어들고 있어 저출산이 심해지고 있습니다.

3 제시된 대책은 저출산에 대비하기 위한 방법입니다.

4 노인 인구가 증가하면서 노인을 위한 전문 시설과 노인을 대상으로 하는 여러 가지 산업이 발달하고 있습니다.

> **자료 다시보기**
>
> **노인 전문 시설**
>
>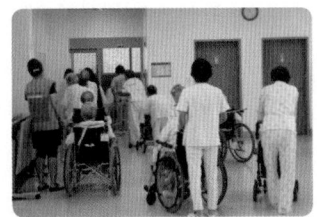
>
> 고령화 현상으로 우리 주변에서 노인 전문 병원, 노인정, 요양원 등 노인을 위한 전문 시설을 많이 볼 수 있습니다.

5 고령화에 대비하려면 노인을 위한 복지 제도를 마련하고, 일하기를 원하는 노인들이 일할 수 있도록 지원해야 하며, 노인을 위한 복지 시설도 늘려야 합니다.

채점기준	상	고령화에 대비하기 위한 방법 두 가지를 정확히 쓴 경우
	중	고령화에 대비하기 위한 방법을 한 가지만 정확히 쓴 경우

6 ④ 정보화 사회에서는 누구나 쉽고 빠르게 정보와 지식을 얻을 수 있습니다.

7 ㉡ 휴대 전화를 이용해 어디서나 은행 업무를 쉽게 볼 수 있습니다.

8 다른 사람이 만든 창작물을 허락 없이 사용하면 만든 사람에게 손해를 끼칩니다.

> **채점 tip** 허락받지 않은 자료를 함부로 복제하거나 내려받지 않는다고 썼으면 정답으로 합니다.

> **자료 다시보기**
>
> **정보화 사회의 문제점을 해결하기 위한 방안**
> - 사이버 공간에서 대화할 때 예의를 지키고 상대방을 존중합니다.
> - 개인 정보가 유출되지 않도록 조심합니다.
> - 허락받지 않은 프로그램, 글, 사진, 음악 등을 함부로 복제하거나 내려받지 않습니다.
> - 인터넷과 스마트폰의 사용 시간을 정하고, 정해진 시간에만 사용합니다.

9 세계화란 교통·통신 수단이 발달하면서 세계 여러 나라들이 다양한 분야에서 교류하고 가까워지는 것입니다. ②는 정보화로 달라진 생활 모습입니다.

10 이 외에도 서로의 문화를 이해하지 못해 문제가 생기고, 경제 교류가 확대되면서 경쟁력을 갖춘 나라와 그렇지 못한 나라의 격차가 커지기도 합니다.

> **채점 tip** 세계화의 부정적인 영향 한 가지를 정확히 썼으면 정답으로 합니다.

> **자료 다시보기**
>
> **세계화의 영향**
>
>
>
> 일상생활에서 한복을 입는 사람보다 청바지를 입는 사람을 쉽게 볼 수 있습니다. 이처럼 세계화로 지역의 고유한 문화가 점점 약해지고 전 세계의 문화가 비슷해지고 있습니다.

11 문화란 사람들이 가지고 있는 공통의 생활 방식으로 옷차림, 음식을 먹는 방법, 사는 집 등이 포함됩니다.

12 문화는 서로 비슷한 모습을 가지고 있기도 하지만 다른 모습을 가지고 있기도 합니다.

13 더운 지역에 사는 사람들은 천으로 된 긴 옷을 입고, 추운 지역에 사는 사람들은 가죽이나 털로 만든 옷을 입습니다.

14 제시된 그림은 장애에 대한 차별을 나타내고 있습니다.

15 제시된 그림은 일상생활에서 찾아볼 수 있는 편견과 차별의 모습입니다.

> **채점 tip** 공정하기 못하고 한쪽으로 치우친 의견이나 생각을 가지고 있기 때문이라고 썼으면 정답으로 합니다.

16 우리 주변에는 임신, 출산에 대한 차별을 당하는 경우가 있습니다.

17 편견과 차별이 없는 사회를 만들기 위해 나와 다른 문화도 이해하고 존중해야 합니다.

18 ① 서로의 문화를 소개하고 이해하도록 노력해야 합니다.

19 남녀의 구분 없이 자기 자신이 원하는 운동 경기에 참여할 수 있어야 합니다.

20 이 외에도 사람들이 다문화에 대한 이해를 높일 수 있도록 교육을 시행하거나, 다양한 문화를 가진 사람들이 직업을 구할 수 있도록 다양한 정보를 제공하기도 합니다.

> **채점 tip** 편견과 차별이 없는 사회를 만들기 위한 노력을 정확히 썼으면 정답으로 합니다.

자료 다시보기

편견과 차별이 없는 사회를 만들기 위한 노력

| 사람들이 다문화에 대한 이해를 높일 수 있도록 교육을 시행함. | 다양한 문화를 가진 사람들이 직업을 구할 수 있도록 다양한 정보를 제공함. |

| 법을 만들고 기관을 세워 편견과 차별을 없애려고 노력함. | 다양한 문화를 가진 사람들이 일상생활을 하는 데 도움이 되는 교육을 제공함. |

46쪽 **수행 평가 ❶회**

> **1** (1) (나) (2) (다) (3) (가) (4) (라) **2** (1) **예** 걱정 없이 아이를 낳아 키울 수 있도록 다양한 지원을 합니다. 아이를 안전하게 키울 수 있는 시설과 서비스를 마련합니다. (2) **예** 노인들을 위한 복지 제도를 늘립니다. 노인들이 사회 활동을 할 수 있도록 지원합니다. 노인들을 위한 복지 시설을 늘립니다.

1 우리 사회가 빠르게 변화하면서 사람들의 생활 모습은 다양해지고 있습니다.

자료 다시보기

여러 가지 사회 변화

저출산	태어나는 아이의 수가 줄어드는 현상
고령화	전체 인구에서 노인이 차지하는 비율이 높아지는 현상
정보화	사회가 발전해 나가는 데 정보가 중요한 자원이 되어 중심 역할을 담당하는 것
세계화	교통·통신 수단이 발달하면서 세계 여러 나라들이 다양한 분야에서 교류하고 가까워지는 것

2 저출산·고령화 사회 속에서 세대 간에 서로 소통하고 배려하는 태도가 필요합니다.

47쪽 **수행 평가 ❷회**

> **1** (가) 나이 (나) 장애 **2** **예** 사람들이 자신의 능력을 발휘하지 못해 사회의 발전이 늦어지고, 사회 분위기가 나빠집니다. **3** **예** 한쪽으로 치우치지 않는 생각을 하도록 노력해야 합니다. 상대방의 입장에서 생각해야 합니다.

1 (가)는 그 사람의 능력을 생각해 주지 않고 나이를 이유로 일자리 지원을 거절하는 상황이고, (나)는 장애가 있다는 이유로 차별하고 있는 상황입니다.

2 편견과 차별이 지속되면 사람들 간 갈등이 일어나고 사회 발전이 어렵게 됩니다.

3 편견과 차별 문제를 해결하기 위해서는 서로 다른 문화를 이해하고 존중하려고 노력해야 하며, 상대방의 입장에서 생각하는 태도를 가져야 합니다.

동아출판

바른 국어 독해의 빠른시작

초등부터 빠작

바른 독해의 빠른시작 빠작!

비문학 독해·문학 독해 영역별로 깊이 있게
지문 독해·지문 분석·어휘 학습 3단계로 체계적인 독해 훈련
다양한 배경지식·어휘 응용 학습

비문학 독해 1~6단계   **문학 독해** 1~6단계

친절한 해설북

초등학교   학년   반   번   이름

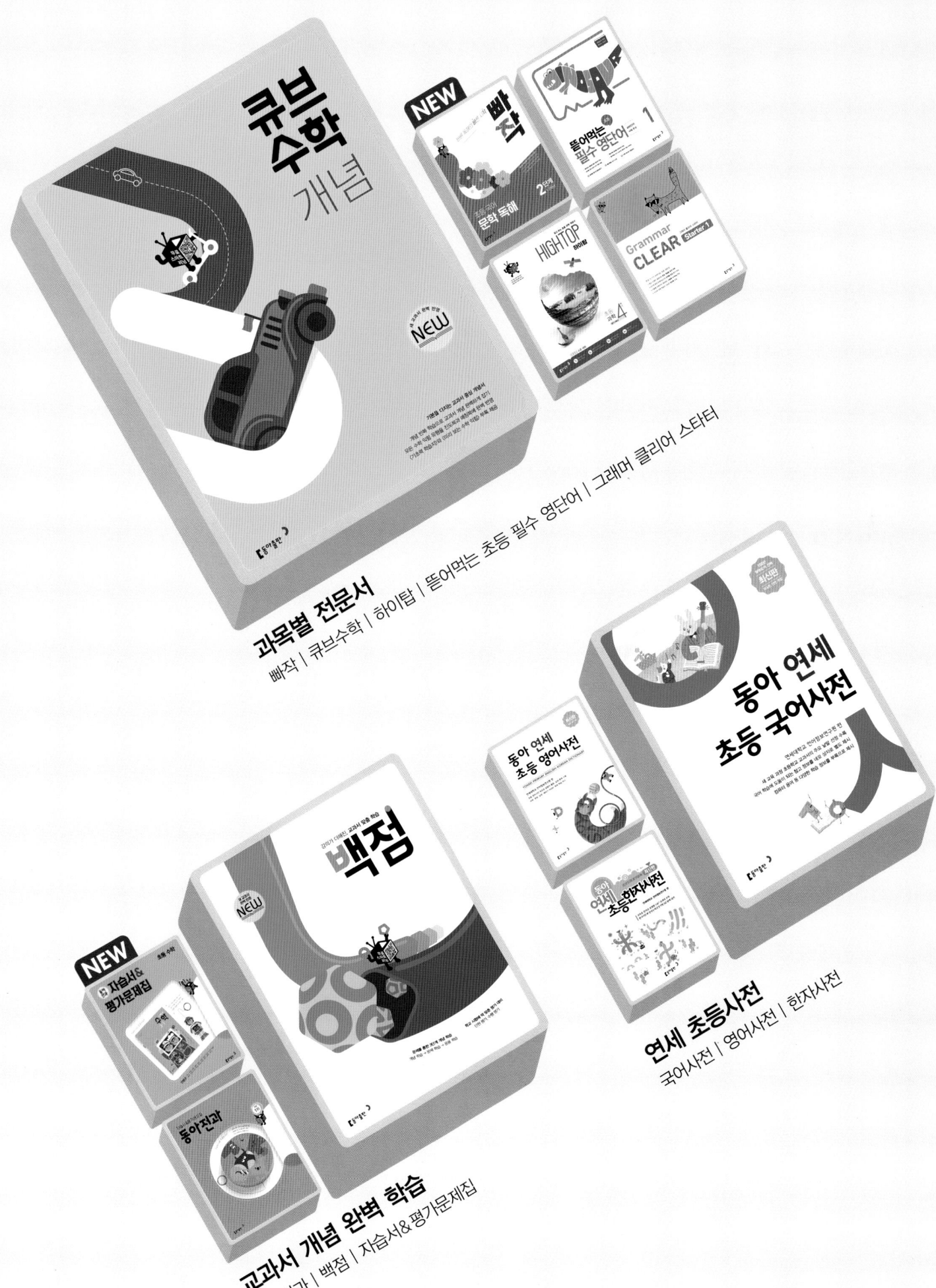

동아출판

과목별 전문서
빠작 | 큐브수학 | 하이탑 | 뜯어먹는 초등 필수 영단어 | 그래머 클리어 스타터

연세 초등사전
국어사전 | 영어사전 | 한자사전

교과서 개념 완벽 학습
동아전과 | 백점 | 자습서&평가문제집

동아출판 무료 스마트러닝으로
초등 자기주도 학습 완성!

백점
사회 4·2

백점 사회에서 제공되는 강의는
• 핵심 개념 강의
• 수행 평가 문제 풀이 강의

동아출판 초등 모든 교재 제공 **100%**

친절한 동영상 강의를 QR코드 스캔하면 바로! **1초**

교재별 최적화된 강의 커리큘럼으로 학습 효과 UP! **2배**

무료 스마트 러닝

9 788900 469417 63300
ISBN 978-89-00-46941-7
정가 15,000원
KC마크는 이 제품이 공통안전기준에 적합하였음을 의미합니다.

⚠ 주의
책 모서리에 다칠 수 있으니 주의하시기 바랍니다.

초등학교   학년   반   번

이름

📞 **Telephone** 1644-0600
🏠 **Homepage** www.bookdonga.com
✉ **Address** 서울시 영등포구 은행로 30 (우 07242)

• 정답 및 풀이는 동아출판 홈페이지 내 학습자료실에서 내려받을 수 있습니다.
• 교재에서 발견된 오류는 동아출판 홈페이지 내 정오표에서 확인 가능하며, 잘못 만들어진 책은 구입처에서 교환해 드립니다.
• 학습 상담, 제안 사항, 오류 신고 등 어떠한 이야기라도 들려주세요.

활용 방법

❶ 오늘 공부할 단원과 내용을 찾습니다.
❷ 내가 배우는 교과서의 출판사명에서 공부할 내용에 해당하는 쪽수를 찾습니다.
❸ 찾은 쪽수와 해당하는 백점 과학은 몇 쪽인지 확인합니다.

백점 과학 무료 스마트러닝

첫째 QR코드 스캔하여 1초 만에 바로 강의 시청

둘째 최적화된 강의 커리큘럼으로 학습 효과 UP!

❶ 교과서 핵심 개념을 짚어 주는 개념 강의
❷ 검정 교과서별 대표 실험을 직접 해보듯이 생생한 실험 동영상
❸ 다양한 수행 평가에 대비할 수 있는 수행 평가 문제 풀이 강의

#백점 #초등과학 #무료

백점 초등과학 4학년 강의 목록

단원	강의명	개념 강의	실험 동영상	수행 평가 문제 풀이 강의
1. 식물의 생활	❶ 들이나 산에 사는 식물, 식물의 잎 분류	6쪽	–	26, 27쪽
	❷ 강이나 연못에 사는 식물	10쪽	11쪽	
	❸ 특수한 환경에 사는 식물, 식물의 활용	14쪽	–	
2. 물의 상태 변화	❶ 물의 세 가지 상태, 물이 얼 때와 얼음이 녹을 때의 변화	30쪽	31쪽	54, 55쪽
	❷ 물이 증발할 때의 변화	34쪽	35쪽	
	❸ 물이 끓을 때의 변화	38쪽	39쪽	
	❹ 수증기의 응결, 물의 상태 변화 이용	42쪽	43쪽	
3. 그림자와 거울	❶ 그림자가 생기는 조건, 투명한 물체와 불투명한 물체의 그림자	58쪽	59쪽	82, 83쪽
	❷ 물체 모양과 그림자 모양	62쪽	63쪽	
	❸ 그림자의 크기 변화	66쪽	67쪽	
	❹ 거울의 성질과 이용	70쪽	71쪽	
4. 화산과 지진	❶ 화산, 화산 활동으로 나오는 물질	86쪽	87쪽	106, 107쪽
	❷ 화강암과 현무암, 화산 활동이 미치는 영향	90쪽	–	
	❸ 지진, 지진 발생 시 대처 방법	94쪽	95쪽	
5. 물의 여행	❶ 물의 순환	110쪽	111쪽	126, 127쪽
	❷ 물이 중요한 까닭, 물 부족 현상을 해결하기 위한 방법	114쪽	–	

백점 과학

초등과학 4학년
학습 계획표

학습 계획표를 따라 차근차근 과학 공부를 시작해 보세요.
백점 과학과 함께라면 과학 공부, 어렵지 않습니다.

단원	교재 쪽수	학습한 날		
1. 식물의 생활	5~9쪽	1일차	월	일
	10~13쪽	2일차	월	일
	14~17쪽	3일차	월	일
	18~22쪽	4일차	월	일
	23~28쪽	5일차	월	일
2. 물의 상태 변화	29~33쪽	6일차	월	일
	34~37쪽	7일차	월	일
	38~41쪽	8일차	월	일
	42~45쪽	9일차	월	일
	46~50쪽	10일차	월	일
	51~56쪽	11일차	월	일
3. 그림자와 거울	57~61쪽	12일차	월	일
	62~65쪽	13일차	월	일
	66~69쪽	14일차	월	일
	70~73쪽	15일차	월	일
	74~78쪽	16일차	월	일
	79~84쪽	17일차	월	일
4. 화산과 지진	85~89쪽	18일차	월	일
	90~93쪽	19일차	월	일
	94~97쪽	20일차	월	일
	98~102쪽	21일차	월	일
	103~108쪽	22일차	월	일
5. 물의 여행	109~113쪽	23일차	월	일
	114~117쪽	24일차	월	일
	118~122쪽	25일차	월	일
	123~128쪽	26일차	월	일

백점 과학과 내 교과서 비교하기

단원		1. 식물의 생활	2. 물의 상태 변화
주제명		❶ 들이나 산에 사는 식물, 식물의 잎 분류 ❷ 강이나 연못에 사는 식물 ❸ 특수한 환경에 사는 식물, 식물의 활용	❶ 물의 세 가지 상태, 물이 얼 때와 얼음이 녹을 때의 변화 ❷ 물이 증발할 때의 변화 ❸ 물이 끓을 때의 변화 ❹ 수증기의 응결, 물의 상태 변화 이용
백점 쪽수	개념북	5 ~ 28	29 ~ 56
	평가북	2 ~ 13	14 ~ 25
교과서별 쪽수	동아출판	8 ~ 29	30 ~ 53
	금성출판사	8 ~ 31	32 ~ 51
	김영사	8 ~ 29	30 ~ 53
	비상교과서	10 ~ 33	34 ~ 55
	아이스크림미디어	8 ~ 31	32 ~ 55
	지학사	8 ~ 31	32 ~ 53
	천재교과서	12 ~ 33	34 ~ 57